Dörrschmidt/Metzler-Müller

Wie löse ich einen Privatrechtsfall?

W0070610

Wie löse ich einen Privatrechtsfall?

Aufbauschemata – Mustergutachten – Klausurschwerpunkte

von

Professor Dr. Harald **Dörrschmidt**

und

Professor Dr. Karin **Metzler-Müller**

Verwaltungsfachhochschule in Wiesbaden

3., völlig neu bearbeitete und verbesserte Auflage, 2002

RICHARD BOORBERG VERLAG
Stuttgart · München · Hannover · Berlin ·
Weimar · Dresden

Die Deutsche Bibliothek – CIP-Einheitsaufnahme

Dörrschmidt, Harald:
Wie löse ich einen Privatrechtsfall? : Aufbauschemata – Mustergutachten –
Klausurschwerpunkte / von Harald Dörrschmidt und Karin Metzler-Müller.
– 3. völlig neu bearb. und verb. Aufl. – Stuttgart ; München ; Hannover ;
Berlin ; Weimar ; Dresden : Boorberg, 2002
    ISBN 3-415-02984-0

Satz: Utesch GmbH, Hamburg
Druck und Verarbeitung: C. Maurer Druck und Verlag
© Richard Boorberg Verlag GmbH & Co, 1995

Vorwort zur 3. Auflage*

Das am 1. 1. 2002 in Kraft getretene Schuldrechtsmodernisierungsgesetz, das auf alle Schuldverhältnisse anzuwenden ist, die ab diesem Tag entstanden sind, stellt die tief greifendste Reform seit In-Kraft-Treten des Bürgerlichen Gesetzbuchs am 1. 1. 1900 dar. Die dadurch erfolgten gravierenden sachlichen Änderungen betreffen vor allem das Kauf- und Werkvertragsrecht, das Verjährungsrecht, die Neugestaltung des Leistungsstörungsrechts sowie die Integrierung der meisten Verbraucherschutzgesetze in das BGB.

Vorgenannte Novellierungen werden den Studierenden mit diesem Buch – wie auch das weiterhin geltende Privatrecht – durch praktische Fälle, Beispiele und zahlreiche Prüfungsschemata anwendungsbezogen und anschaulich dargestellt. Dabei wurden auch die Materialien und Dokumente der Gesetzgebungsorgane bei der Schuldrechtsreform berücksichtigt.

Die materielle Stoffvermittlung erfolgt im Rahmen der „Vertiefungen". Hier haben wir die in der Klausurpraxis wichtigen Probleme des Werkvertragsrechts und der Anfechtung neu aufgenommen.

Die Technik der Fallbearbeitung können die Studierenden anhand von 12 ausgewählten Prüfungsfällen, die dem neuen Recht angepasst wurden, erlernen. Die konkreten Formulierungsvorschläge für das juristische Gutachten stammen zum Teil von Studierenden der Verwaltungsfachhochschule Wiesbaden. Die positiven Rückmeldungen von Kolleginnen und Kollegen sowie Studierenden dokumentieren, wie wichtig eine sichere Hilfe beim Aufbau und bei der Lösung von Übungs- und Prüfungsklausuren im Privatrecht ist.

Für seine wertvollen Anregungen danken wir unserem Kollegen Herrn Prof. Dr. Rainer Wörlen vom Fachbereich Wirtschaftsrecht der Fachhochschule Schmalkalden.

Wir hoffen, dass dieses Falllösungsbuch – wie auch die Vorauflagen – vielen Studierenden eine Hilfestellung sein wird und freuen uns über Resonanz aus dem Leserkreis.

Bad Orb / Heidelberg, im Juni 2002

Karin Metzler-Müller
Wemmstr. 44
63619 Bad Orb

Harald Dörrschmidt
Kastellweg 30
69120 Heidelberg

---

* Die Leser mögen bitte auch die folgenden Auszüge aus dem Vorwort zur ersten Auflage, in dem die Arbeitsweise mit diesem Buch dargestellt wird, zur Kenntnis nehmen.

Vorwort zur 1. Auflage

Der Einstieg in das Bürgerliche Recht und vor allem das Klausurenschreiben fällt den Studienanfängern nicht leicht. Die vorliegende Sammlung von Klausurfällen mit Lösungsgutachten soll Studierenden der Fachhochschulen für Verwaltung und Wirtschaft, Studierenden der Volks- und Betriebswirtschaftslehre sowie Jurastudenten in den Anfangssemestern die Möglichkeit geben, sich gezielt auf das Klausurenschreiben vorzubereiten und den Anforderungen gerecht zu werden, die bei Prüfungsarbeiten an den Fachhochschulen und bei Übungsarbeiten für Anfänger an den Universitäten an sie gestellt werden.

Die Fallösung wird mit einem **besonderen didaktischen Konzept** vermittelt:

Anhand eines ausführlichen „Prüfschemas" (= Gliederung) wird zunächst der Lösungsweg aufgezeigt. Anschließend wird in einem ausformulierten Gutachten die – vor allem für Anfänger schwierige – **Klausurtechnik** (Prüfung der Tatbestandsvoraussetzungen und Subsumtion) **optisch dargestellt**.

Alle ausgearbeiteten Fälle sind Prüfungsklausuren, die an der Verwaltungsfachhochschule in Wiesbaden geschrieben wurden. Mit dem vorliegenden Buch wollen die Verfasser aus der Erfahrung ihrer langjährigen Lehr- und Prüftätigkeit als Professoren eine Hilfestellung und Beispiele für die Lösung von Fällen aus dem Bürgerlichen Recht geben.

Über Hinweise und Anregungen aus dem Kreis der Leser würden wir uns freuen.

Bad Orb/Heidelberg, im September 1994   *Karin Metzler-Müller*
                                                        Harald Dörrschmidt

Inhaltsverzeichnis

Abkürzungsverzeichnis 10
Literaturverzeichnis 13
Verzeichnis der Prüfschemata 17
Einleitung 19

1. Abschnitt: Allgemeine Anleitung zur Lösung eines
    Zivilrechtsfalles 21

I.   Konzept erstellen 21
    1. Erfassen des Sachverhalts 21
    2. Skizze anfertigen 22
    3. Fallfrage feststellen 22
    4. Die Anspruchsgrundlage suchen 23
    5. Voraussetzungen der Anspruchsgrundlage aufzeigen und
       den Sachverhalt subsumieren 24
    6. Ergebnis überprüfen 25

II. Gutachten formulieren 25
    1. Aufstellen eines hypothetischen Ergebnisses 25
    2. Voraussetzungen der Anspruchsgrundlage aufzeigen 26
    3. Sachverhalt subsumieren 26
    4. Ergebnis (einschließlich Endergebnis) feststellen 27

III. Prüfung der einzelnen Anspruchsgrundlage 28

IV. Prüfungsreihenfolge für die Ansprüche 29
    1. Anspruch entstanden? 30
    2. Rechtshindernde Einwendungen
       (bei Verträgen: Wirksamkeitshindernisse) 31
    3. Rechtsvernichtende Einwendungen 31
    4. Rechtshemmende Einwendungen 32

V. Beispielsfall/Technik der Fallbearbeitung 32

VI. Zusammenfassung: Arbeitsschritte für die Lösung eines Falles 34
    1. Konzept erstellen 34
    2. Gutachten formulieren 35

2. Abschnitt: Fälle und Lösungen 36

Fall 1: Der minderjährige Stellvertreter
(Stellvertretung – Anscheins- und Duldungsvollmacht –
Haftung des Vertreters ohne Vertretungsmacht –
Offenkundigkeitsprinzip – Minderjährigenrecht – Anfechtung) 36

Vertiefung: Minderjährigenrecht 45
Vertiefung: Anfechtung 47
Vertiefung: Stellvertretung 54

Fall 2: Die verspätet gelieferten Möbel
(Aufnahme von Vertragsverhandlungen – Pflichtverletzung
des Schuldners durch Verzug – Verzögerungsschaden). 57
Vertiefung: Pflichtverletzung – Schuldnerverzug 64
Exkurs: Vertretenmüssen 69
Vertiefung: Pflichtverletzung – Gläubigerverzug. 71

Fall 3: Das zerstörte Fotokopiergerät
(Nichtleistung als Pflichtverletzung – Unmöglichkeit der Leistung –
Gläubigerverzug) 73
Vertiefung: Pflichtverletzung – Unmöglichkeit der Leistung 77
Exkurs: Konkretisierung gem. § 243 II. 87

Fall 4: Unzuverlässige Handwerker
(Mängel der Kaufsache – Schadensersatz wegen Pflichtverletzung) . . . 88
Vertiefung: Schadensersatz wegen Pflichtverletzung 95
**Vertiefung: Schadensersatz wegen Pflichtverletzung vor
Vertragsschluss/Aufnahme von Vertragsverhandlungen** 100
Vertiefung: Schadensumfang (§§ 249–255). 104

Fall 5: Autokauf mit Hindernissen und Tücken beim „Kleingedruckten"
(Rechtsfolgen bei Mängeln der Kaufsache – Haftungsbeschränkungen
durch Allgemeine Geschäftsbedingungen). 107
Vertiefung: Kaufrecht 117
Vertiefung: Allgemeine Geschäftsbedingungen 130

Fall 6: Die defekte Heizung
(Gewährleistungsrecht beim Werkvertrag – Abtretung, Forderungs-
übergang, gesetzlicher Schadensersatzanspruch – Aufrechnung) 136
Vertiefung: Werkvertragsrecht 144

Fall 7: Ärger mit den Mietern
(Mietrecht – unbefristeter und befristeter Mietvertrag – Beendigung
des Mietvertrages – Schadensersatzansprüche des Vermieters –
Verzugszinsen) 155

Fall 8: Der Mietvertrag des Junggesellen
(Mietrecht – fristlose und ordentliche Kündigung durch den
Vermieter – Unmöglichkeit der Rückgabepflicht nach § 546 I –
Wegnahmerecht des Mieters) 163
Vertiefung: Mietrecht 172

Fall 9: Der undankbare Nachbar
(Vertragliche und dingliche Herausgabeansprüche –
ungerechtfertigte Bereicherung – Unterlassungsansprüche im
Nachbarrecht – Unterlassungs- und Schadensersatzansprüche
bei Verletzungen des Persönlichkeitsrechts) 177

Vertiefung: Ungerechtfertigte Bereicherung 185
Vertiefung: Unerlaubte Handlungen (Deliktsrecht) 190

Fall 10: Die Geburtstagsfeier mit Hindernissen
(deliktische Haftung – Anstiftung – Rechtfertigungsgrund –
Erfüllungsgehilfe – Verrichtungsgehilfe) 198

Fall 11: Der enttäuschte Briefmarkensammler
(dinglicher Herausgabeanspruch – gutgläubiger Eigentumserwerb) . . . 210
Vertiefung: Gutgläubiger Eigentumserwerb vom Nichtberechtigten . . 215

Fall 12: Eine Panne kommt selten allein
(Schadensersatz- und Herausgabeansprüche bei der Vermietung
beweglicher Sachen – Abtretung) 217

3. Abschnitt: Zusammenfassung 225

Paragraphenregister 229
Sachregister 233

Abkürzungsverzeichnis

ABl.	Amtsblatt
Abs.	Absatz
AG	Aktiengesellschaft
AGB	Allgemeine Geschäftsbedingungen
AGBG	Gesetz zur Regelung des Rechts der Allgemeinen Geschäftsbedingungen
Alt.	Alternative
a. F.	alte Fassung
a. M.	andere/r Meinung
Anm.	Anmerkung
anschl.	anschließend
AT	Allgemeiner Teil
BAG	Bundesarbeitsgericht
BB	Betriebsberater (Zeitschrift)
BBankG	Bundesbankgesetz
BBesG	Bundesbesoldungsgesetz
BeamtVG	Gesetz über die Versorgung der Beamten und Richter in Bund und Ländern (Beamtenversorgungsgesetz)
BGB	Bürgerliches Gesetzbuch
BGBl.	Bundesgesetzblatt
BGH	Bundesgerichtshof
BGHZ	Entscheidungen des Bundesgerichtshofs in Zivilsachen
BR	Bürgerliches Recht
BSHG	Bundessozialhilfegesetz
BT	Besonderer Teil
	Bundestag
c. i. c.	culpa in contrahendo
DB	Der Betrieb (Zeitschrift)
ders./dies.	derselbe/dieselben
EG	Europäische Gemeinschaft
	Einführungsgesetz
EGBGB	Einführungsgesetz zum Bürgerlichen Gesetzbuch
EU	Europäische Union
f./ff.	folgende (Seite)/folgende (Seiten)
Fa.	Firma
Fußn.	Fußnote
GmbH	Gesellschaft mit beschränkter Haftung

HBG	Hessisches Beamtengesetz
HGB	Handelsgesetzbuch
HGO	Hessische Gemeindeordnung
hL	herrschende Lehre
h. M.	herrschende Meinung
Hrsg.	Herausgeber
HS	Halbsatz
i. H. v.	in Höhe von
i. S. d./v.	im Sinne des/der/von
i. V. m.	in Verbindung mit
Jura	Juristische Ausbildung (Zeitschrift)
JuS	Juristische Schulung (Zeitschrift)
JZ	Juristenzeitung (Zeitschrift)
lat.	lateinisch
m. w. N.	mit weiteren Nachweisen
MDR	Monatsschrift für Deutsches Recht (Zeitschrift)
n. F.	neue Fassung
NJW	Neue Juristische Wochenschrift (Zeitschrift)
NJW-RR	NJW-Rechtsprechungs-Report Zivilrecht (Zeitschrift)
Nr.	Nummer
ProdHaftG	Produkthaftungsgesetz
pVV	positive Vertragsverletzung
RGZ	Entscheidungen des Reichsgerichts in Zivilsachen
Rn.	Randnummer
S.	Seite/Satz
s.	siehe
ScheckG	Scheckgesetz
s. o.	siehe oben
sog.	so genannt/e/er
StGB	Strafgesetzbuch
StVG	Straßenverkehrsgesetz
StVO	Straßenverkehrsordnung
u. a.	und andere; unter anderem
UrhG	Urheberrechtsgesetz
v. g.	vorgenannte/r/s
WE	Willenserklärung
WG	Wechselgesetz
z. B.	zum Beispiel
z. T.	zum Teil
Ziff.	Ziffer
zit.	zitiert
ZMR	Zeitschrift für Miet- und Raumrecht
ZPO	Zivilprozessordnung
ZRP	Zeitschrift für Rechtspolitik

Für Anfänger seien noch folgende „Zeichen" erklärt:

§	Paragraph
§§	Paragraphen
§ 433 I	§ 433 Absatz 1 (Absätze werden in römischen Ziffern zitiert)
§ 433 I 1	§ 433 Absatz 1 Satz 1 (einzelne Sätze eines Absatzes werden in arabischen Ziffern zitiert)
§ 929 S. 1	§ 929 Satz 1 (eine Vorschrift hat keine Absätze, sondern nur mehrere Sätze)
$\longrightarrow$	„will von" (bei der Prüfung „Wer will von wem was woraus?")[*]
(+)	Ergebnis der Prüfung ist positiv
(-)	Ergebnis der Prüfung ist negativ
? (im Prüfschema/ in der Lösungsskizze)	Die betreffende Voraussetzung ist fraglich, das Problem ist (ggf.) ausführlich zu erörtern.

---

[*] Siehe S. 23

Literaturverzeichnis

Baur/Stürner	Lehrbuch des Sachenrechts, 17. Aufl. 1999
Bertermann	Klausuraufbauschemen – Schuldrecht 2002, 2002
Brehm	Allgemeiner Teil des BGB, 4. Aufl. 2000
Brox	Allgemeiner Teil des Bürgerlichen Gesetzbuchs, 25. Aufl. 2001 (zit.: AT)
Brox	Allgemeines Schuldrecht, 27. Aufl. 2000 (zit.: Schuldrecht)
ders./Walker	Besonderes Schuldrecht, 27. Aufl. 2002
Canaris	Das allgemeine Leistungsstörungsrecht im Schuldrechtsmodernisierungsgesetz, ZRP 2001, 329
ders.	Die Reform des Rechts der Leistungsstörungen, JZ 2001, 499
Danne/Keil	Wirtschaftsprivatrecht I, Bürgerliches Recht und Handelsrecht, 2000
Dauner-Lieb (Hrsg.)	Das neue Schuldrecht – Fälle und Lösungen (zit.: Dauner-Lieb/Bearbeiter, Fälle)
Dauner-Lieb/Heidel/ Lepa/Ring (Hrsg.)	Das neue Schuldrecht in der anwaltlichen Praxis, 2002 (zit.: Dauner-Lieb u. a./Bearbeiter)
dies. (Hrsg.)	Schuldrecht, Anwaltkommentar, 2002 (zit.: AnwKom/Bearbeiter)
Deutsch/Ahrens	Deliktsrecht – Unerlaubte Handlungen, Schadensersatz und Schmerzensgeld, 4. Aufl. 2002
Diederichsen	Die BGB-Klausur, 9. Aufl. 1998
Emmerich	BGB-Schuldrecht, Besonderer Teil, 8. Aufl. 1996
Ernst/Zimmermann (Hrsg.)	Zivilrechtswissenschaft und Schuldrechtsrefom, 2001 (zit.: Bearbeiter in: Ernst/Zimmermann)
Esser/Schmidt	Schuldrecht, Band I: Allgemeiner Teil, Teilband 2, 8. Aufl. 1999 (zit.: Schuldrecht 1)
dies.	Schuldrecht, Band II: Allgemeiner Teil, Teilband 2, 8. Aufl. 1999 (zit.: Schuldrecht 2)
Esser/Weyers	Schuldrecht, Band II, Besonderer Teil, Teilband 1, 8. Aufl. 1998; Teilband 2, 8. Aufl. 2000

Fahse/Hansen	Übungen für Anfänger im Zivil- und Strafrecht, 9. Aufl. 2000
Fikentscher	Schuldrecht, 9. Aufl. 1997
Grunewald	Bürgerliches Recht, 5. Aufl. 2002
Gursky	Schuldrecht, Besonderer Teil, 3. Aufl. 1999
Haas	Entwurf eines Schuldrechtsmodernisierungsgesetzes; Kauf- und Werkvertrag, BB 2001, 1313
Haase/Keller	Grundformen des Rechts, Eine Einführung, 10. Aufl. 1995
Hinz/Ormanschick/ Riecke/Schett	Das neue Mietrecht, 2001
Hirsch	Allgemeines Schuldrecht – Lerneinheiten, Fälle mit Lösungen, Frage/Antwort-Diagramme, 3. Aufl. 1998 (zit.: Schuldrecht)
ders.	Der Allgemeine Teil des BGB, Lerneinheiten, Fälle mit Lösungen, Frage/Antwort-Diagramme, 4. Aufl. 2001 (zit.: AT)
Huber/Faust	Schuldrechtsmodernisierung – Einführung in das neue Recht, 2002
Kittner	Schuldrecht, 2. Auflage 2002
Jauernig/Schlechtriem/ Stürner/Teichmann/ Vollkommer	Bürgerliches Gesetzbuch, Kommentar, 9. Aufl. 1999
Klunzinger	Einführung in das Bürgerliche Recht, 10. Aufl. 2001
ders.	Übungen im Privatrecht, 7. Aufl. 1993
Köbler	Die Anfängerübung mit Leistungskontrolle im bürgerlichen Recht, Strafrecht und öffentlichen Recht, 7. Aufl. 1995
Kötz	Deliktsrecht, 9. Aufl. 2001
Krebs	Die große Schuldrechtsrefom, DB 2000, Beilage 14, 1
Larenz	Lehrbuch des Schuldrechts, Bd. I: Allgemeiner Teil, 14. Aufl. 1987 (zit.: Schuldrecht AT)
ders.	Lehrbuch des Schuldrechts, Bd. II: Besonderer Teil, 1. Halbband, 13. Aufl. 1986 (zit.: Schuldrecht BT)
ders./Canaris	Lehrbuch des Schuldrechts, Bd. II: Besonderer Teil, 2. Halbband, 13. Aufl. 1994
ders./Wolf	Allgemeiner Teil des deutschen Bürgerlichen Rechts, 8. Aufl. 1997

Leenen	Die Anfechtung von Verträgen, Jura 1991, 393
Lindacher	Zur Gewährleistungshaftung des Händlers bei Veräußerung von Lebensmitteln nach Ablauf des Mindesthaltbarkeitsdatums, NJW 1985, 2933
Lorenz	Schadensersatz wegen Pflichtverletzung – ein Beispiel für die Überlastung der Kritik an der Schuldrechtsrefom, JZ 2001, 742
Lorenz/Riehm	Lehrbuch zum neuen Schuldrecht, 2002
Luther (Hrsg.)	Die Schuldrechtsreform – Ein Leitfaden für die Praxis, 2001 (zit.: Luther/Bearbeiter)
Marx/Wenglorz	Schuldrechtsreform 2002, Das neue Vertragsrecht, 2002
Medicus	Allgemeiner Teil des BGB, 7. Aufl. 1997 (zit.: AT)
ders.	Bürgerliches Recht, 18. Aufl. 1999 (zit.: BR)
ders.	Schuldrecht I, Allgemeiner Teil, 13. Aufl. 2002 (zit.: Schuldrecht AT)
ders.	Schuldrecht II, Besonderer Teil, 10. Aufl. 2000 (zit.: Schuldrecht BT)
Müller	Sachenrecht, 4. Aufl. 1997
Münchener Kommentar	zum Bürgerlichen Gesetzbuch, Band 1: Allgemeiner Teil, 4. Aufl. 2001; Band 2: Schuldrecht, Allgemeiner Teil, 3. Aufl. 1994 (zit.: Münchener Kommentar/Bearbeiter)
Musielak	Grundkurs BGB, 7. Auflage 2002
Palandt (Hrsg.) u. a.	Bürgerliches Gesetzbuch, Kommentar, 61. Aufl. 2002 (zit.: Palandt/Bearbeiter)
ders.	Gesetz zur Modernisierung des Schuldrechts, Ergänzungsband zu Palandt, BGB, 61. Aufl. 2002 (zit.: Palandt/Bearbeiter, Ergänzung)
Schapp	Empfiehlt sich die „Pflichtverletzung" als Generaltatbestand des Leistungsstörungsrechts?, JZ 2001, 283
Schellhammer	Schuldrecht nach Anspruchsgrundlagen, 4. Aufl. 2002
Schmalz	Methodenlehre für das juristische Studium, 8. Aufl. 1998
Schmidt-Räntsch	Das neue Schuldrecht – Anwendung und Auswirkungen in der Praxis, 2002
Schreiber	Sachenrecht, 3. Aufl. 2000

Schwab/Prütting	Sachenrecht, 30. Aufl. 2002
Sklarzik	Einführung in die Reform des deutschen Schuldrechts, apf 2002, 1 ff.
Soergel	Bürgerliches Gesetzbuch mit Einführungsgesetz und Nebengesetzen, 12. Aufl. 1987 ff., 13. Aufl. 2000 ff. (zit.: Soergel/Bearbeiter)
Steffen	Die Persönlichkeitsrechte, NJW 1997, 10 ff.
Teichmann	Strukturveränderungen im Recht der Leistungs-störungen nach dem Regierungsentwurf eines Schuldrechtsmodernisierungsgesetzes, BB 2001, 1485
Wenzel/Tschichoflas/ Hütte/Helbron	Schuldrecht Besonderer Teil I, Vertragliche Schuldnerverhältnisse, 2002
Werner	Fälle mit Lösungen für Anfänger im Bürgerlichen Recht, 10. Aufl. 2000
Westermann	Grundbegriffe des BGB, Eine Einführung anhand von Fällen (begründet von Harry Westermann, überarbeitet von Harm-Peter Westermann), 15. Aufl. 1999 (zit.: Westermann, Einführung)
Westermann, H. P. (Hrsg.)	Das Schuldrecht 2002, 2002 (zit.: Westermann/Bearbeiter)
ders.	BGB – Schuldrecht, Allgemeiner Teil, 5. Aufl. 1999 (zit.: Schuldrecht)
ders.	BGB – Sachenrecht, 10. Aufl. 2001 (zit.: Sachenrecht)
Wörlen	Anleitung zur Lösung von Zivilrechtsfällen – Methodische Hinweise und 20 Musterklausuren, 6. Aufl. 2002 (zit.: Anleitung)
ders.	BGB AT, Einführung in das Recht und Allgemeiner Teil des BGB, 6. Aufl. 2001 (zit.: BGB AT)
ders.	Sachenrecht, 4. Aufl. 2002 (zit.: Sachenrecht)
ders.	Schuldrecht AT, 5. Aufl. 2002 (zit.: Schuldrecht AT)
ders.	Schuldrecht BT, 5. Aufl. 2002 (zit.: Schuldrecht BT)
ders./Metzler-Müller	Zivilrecht 2002 – 1001 Fragen und 1001 Antworten, Bürgerliches Recht, Handelsrecht, Arbeitsrecht, 4. Aufl. 2002

Verzeichnis der Prüfschemata

Seite

§§ 106 ff.	Wirksamkeit der Willenserklärung eines beschränkt Geschäftsfähigen	46
§§ 119 ff.	Anfechtung einer Willenserklärung	53
§ 164 I 1	Stellvertretung	56
§ 179 I	Haftung des Vertreters ohne Vertretungsmacht	57
§§ 280 I, II, 286	Ersatz des Verzögerungsschadens	66
§§ 280 I, III, 281 I 1	Schadensersatz statt der Leistung (bei Verzug) . . .	67
§§ 346 ff. i. V. m. § 323 I	Rückgewähranspruch bei Pflichtverletzung durch Verzögerung der Leistung im gegenseitigen Vertrag.	69
§ 311 a II	Schadensersatz bei anfänglicher Unmöglichkeit	80
§ 280 I	Schadensersatz wegen Pflichtverletzung	81, 99
§§ 280 I, III i. V. m. § 283	Schadensersatz statt der Leistung bei (nachträglicher) Unmöglichkeit	83
§§ 280 I, 311 II, 241 II	Schadensersatz wegen Pflichtverletzung vor Vertragsschluss	103
§ 437 Nr. 1 i. V. m. § 439	Anspruch des Käufers auf Nacherfüllung.	121
§§ 437 Nr. 2, 1. Alt. i. V. m. §§ 440, 323, 326 V	Rücktritt des Käufers bei behebbarer mangelhafter Kaufsache	122
§§ 437 Nr. 2, 2. Alt. i. V. m. §§ 440, 323, 326 V	Minderungsrecht des Käufers bei mangelhafter Kaufsache	123
§§ 437 Nr. 3, 1. Alt. i. V. m. §§ 440, 280 I und III, 281 I 1	„Kleiner Schadensersatz" des Käufers bei mangelhafter Kaufsache	125
§§ 437 Nr. 3, 1. Alt., 280 I	Schadensersatz neben der Leistung bei Mangelfolgeschaden aufgrund einer mangelhaften Kaufsache	126

§§ 437 Nr. 3, 2. Alt.,   Aufwendungsersatz statt der Leistung wegen
440, 281 I 1 i. V. m.   behebbar mangelhafter Kaufsache 126
§ 284

§§ 305 ff.   Prüfung von AGB-Klauseln 135

§§ 634 Nr. 1, 635   Anspruch des Bestellers auf Nacherfüllung 147

§§ 634 Nr. 2, 637   Anspruch des Bestellers auf Ersatz der
Aufwendungen für die Selbstvornahme. 148

§§ 634 Nr. 3, 1. Alt.,   Rücktritt bei behebbar mangelhaftem Werk 149
636, 323

§§ 634 Nr. 3, 2. Alt.,   Minderung bei behebbar mangelhaftem
638   Werk 150

§§ 634 Nr. 4, 1. Alt.,   Schadensersatz statt der Leistung bei
636, 281 I 1   behebbar mangelhaftem Werk 152

§§ 634 Nr. 4, 1. Alt.,   Schadensersatz neben der Leistung
280 I   bei Mangelfolgeschaden
(aufgrund eines mangelhaften Werks) 152

§§ 634 Nr. 4, 2. Alt.,   Aufwendungsersatz statt der Leistung bei
636, 281 I 1 i. V. m.   behebbar mangelhaftem Werk 153
§ 284

§ 536 I   Voraussetzungen der Mietminderung 173

§ 536 a   Schadensersatz wegen eines Mangels. 173

§ 546 I   Anspruch des Vermieters gegen den Mieter
auf Räumung der Wohnung 176

§ 812 I 1, 1. Alt.   Leistungskondiktion 186

§ 812 I 1, 2. Alt.   Nichtleistungskondiktion 188

§ 816 I 1   Entgeltliche Verfügung eines
Nichtberechtigten. 188

§ 816 I 2   Unentgeltliche Verfügung eines
Nichtberechtigten. 189

§ 816 II   Leistung an einen Nichtberechtigten. 189

§ 823 I   Grundtatbestand der unerlaubten Handlung. . . . 193

§ 823 II i. V. m.   Schutzgesetz. 194

§ 831 I   Haftung für den Verrichtungsgehilfen 195

§ 929 S. 1   Rechtsgeschäftlicher Eigentumserwerb 215

§ 932 I 1   Gutgläubiger Erwerb vom Nichtberechtigten . . . 216

Einleitung

Die Studierenden müssen während des Studiums und im Examen zahlreiche Klausuren aus verschiedenen Rechtsgebieten lösen. In der Regel wird eine Falllösung im Gutachtenstil verlangt. Es geht dabei um die Aufgabe, einen Sachverhalt entsprechend der Fallfrage im Hinblick auf alle in Betracht kommenden Rechtsfragen zu begutachten. Das Erlernen der Gutachtentechnik ist nicht nur für das Studium von Bedeutung, sondern wird auch später in der Berufspraxis gebraucht. Schwierige Fälle müssen zunächst im Gutachtenstil gelöst werden, um zu einer folgerichtigen Entscheidung zu gelangen. Diese wird schließlich – ggf. als Urteil oder Bescheid – im Urteilsstil formuliert.

Nach einer „Allgemeinen Anleitung zur Lösung eines Zivilrechtsfalles" folgen Prüfungsklausuren, die so ausgewählt wurden, dass sie die für die jeweiligen Rechtsgebiete typischen Fallgestaltungen wiedergeben. Sie beziehen sich auf den Allgemeinen Teil des BGB, das Schuldrecht (einschließlich Deliktsrecht) und die für die Falllösungen notwendigen Anspruchsgrundlagen des Sachenrechts (nur Recht der beweglichen Sachen). Die Studierenden sollten versuchen, jeden Fall selbst zu lösen. Das geschieht zunächst in einem „Prüfschema" (= Lösungsskizze), das dann die Grundlage des anschließenden juristischen Gutachtens darstellt. Genauso wird in diesem Buch verfahren:

Zunächst wird der Lösungsweg für die Fallfragen anhand eines Prüfschemas/einer Lösungsskizze aufgezeigt; dann folgen konkrete Formulierungsvorschläge für das juristische Gutachten. Darin werden die *Anspruchsvoraussetzungen durch Kursivdruck hervorgehoben;* anschließend folgt die Subsumtion. Der Lernerfolg ist umso größer, wenn die Studierenden nach ihrer eigenen Ausarbeitung die aufgezeigte Falllösung durcharbeiten. Jede zitierte Vorschrift sollte dabei aufmerksam gelesen werden.

Im Anschluss an einige Lösungsgutachten sind Themenschwerpunkte, die für die Lösung der einzelnen Fälle von besonderer Bedeutung sind, methodisch zur Vertiefung aufbereitet.

Häufig wiederholen sich in Klausurfällen Rechtsprobleme, wobei es aber nicht darauf ankommt, Klausuren nach „ähnlichen" Fällen, wie man sie im Studium gehört oder gelesen hat, zu lösen. Jeder Klausurfall kann anders gelagert sein, und deshalb müssen die Lösungsgutachten immer neu durchdacht werden, da bereits geringe Abwandlungen im Sachverhalt zu anderen Ergebnissen führen können.

Mit dieser Fallsammlung kann und soll nicht erst der Stoff vermittelt werden, der zur Falllösung präsent sein muss. Sie soll vielmehr den Studierenden eine Gelegenheit bieten, ihre Kenntnisse anzuwenden und zu überprüfen. Außerdem dient sie zur Wiederholung und Vertiefung des im Studium erlernten Wissens.

Im Übrigen wird das Durcharbeiten von Grundrissen oder Lehrbüchern zu den ersten beiden Büchern des BGB empfohlen.[1] Darüber hinaus kann ein Anleitungsbuch über den Aufbau eines zivilrechtlichen Gutachtens zur Vertiefung des hier Dargestellten herangezogen werden.[2]

---

1 Sehr zu empfehlen sind die Lehrbücher von Wörlen, BGB AT, Schuldrecht AT und BT sowie Sachenrecht (siehe Literaturverzeichnis): Der Stoff wird didaktisch optimal dargeboten, das Privatrecht auf verständliche Weise vermittelt.
2 Sehr lehrreich wiederum Wörlen (Anleitung zur Lösung von Zivilrechtsfällen); weitere Anleitungsbücher: Diederichsen (Die BGB-Klausur), Fahse/Hansen (Übungen für Anfänger im Zivil- und Strafrecht), Klunzinger (Übungen im Privatrecht), Köbler (Die Anfängerübung), Schmalz (Methodenlehre), Werner (Fälle mit Lösungen).

1. Abschnitt

Allgemeine Anleitung zur Lösung eines Zivilrechtsfalles

I. Konzept erstellen[1]

1. Erfassen des Sachverhalts

Zunächst muss der in der Klausur mitgeteilte Sachverhalt richtig und vollständig erfasst werden. Hierbei genügt nicht oberflächliches Lesen; vielmehr sollte der Text mehrmals gründlich durchgearbeitet werden. Der Gesetzestext sollte zunächst noch nicht benutzt werden. Es ist auf Zahlenangaben, wie z. B. das Alter (Minderjährigkeit?) und Daten (Fristen? Verjährung?), zu achten. Wichtiges im Sachverhalt kann durch Unterstreichen von Textteilen hervorgehoben werden, damit dies während der weiteren Bearbeitung der Klausur präsent ist.

Fallbearbeitungen scheitern manchmal daran, dass der Bearbeiter von einem ganz anderen Sachverhalt ausgeht oder aber wichtige Hinweise im Text außer Acht gelassen hat. Bei manchen Studierenden stellen sich beim ersten Lesen des Klausurtextes Erinnerungen an bekannte ähnliche Fälle ein. Dies verleitet dazu, die Besonderheiten der gestellten Aufgabe zu vernachlässigen und eine „Sachverhaltsquetsche" vorzunehmen.

Deshalb sollte der Sachverhalt immer so gelesen werden, als ob er „ganz neu" wäre. Sofern in der Sachverhaltsschilderung sachliche Argumente oder Rechtsansichten vorhanden sind, müssen diese beachtet werden. Denn dadurch wird der Bearbeiter zu bestimmten Prüfungen veranlasst bzw. auf weniger bekannte Rechtsnormen hingewiesen; auf alle Fälle muss man sich mit diesen gutachtlich auseinander setzen. Entsprechend der allgemeinen Lebenserfahrung darf der Sachverhalt auch insoweit ergänzt werden, wie es dem **Regelfall** entspricht (falls jemand eine Bürgschaft übernommen hat, für die gem. § 766 S. 1 BGB Schriftform vorgeschrieben ist, und im Sachverhalt auf ein Schreiben Bezug genommen wird, darf unterstellt werden, dass dieses vom Aussteller – wie in § 126 I BGB gefordert – eigenhändig unterzeichnet ist).

Bei Anfängern kommt es auch vor, dass sie sich nicht für eine Lösung entscheiden können und deshalb Alternativlösungen aufzeigen. Davor ist zu warnen! Bei richtigem Erfassen des Sachverhalts ist nur **eine** Lösung möglich. Nur für den – sehr seltenen – Fall einer Sachverhaltslücke kann der Studierende ein „Hilfsgutachten" anfertigen.

---

1 Dieses wird nicht in die schriftliche Lösung (das Gutachten) übernommen.

2. Skizze anfertigen

Es empfiehlt sich, die Personenbeziehungen in einer Skizze darzustellen. Die Linie bedeutet „Vertrag"; die Angabe der entsprechenden Vorschrift zeigt den Sachverhalt „auf einen Blick", z. B.:

K ——————— V   Zwischen K und V wurde ein Kaufvertrag
   § 433 BGB[2]   geschlossen.

U ——————— B   Zwischen U und B besteht ein Werkvertrag.
    § 631

Vor allem die Beteiligung von mehr als zwei Personen kann hier optisch verdeutlicht werden, z. B.:

K ——————— V   Zwischen K und V ist ein Kaufvertrag zustande
·   § 433   gekommen, wobei K durch M vertreten wurde.
·
· § 164
·
·
M

Sofern es auf die Abfolge mehrerer Ereignisse ankommt, sollte man eine chronologisch geordnete Tabelle erstellen[3]; z. B.:

1.2.   Abgabe des Angebots durch V

3.2.   Zugang des Angebots bei K

4.2.   Widerruf des Angebots durch V

usw.

Durch eine solche Zeittafel kann auch die Prüfungsreihenfolge verdeutlicht werden.

3. Fallfrage feststellen

Die Fallfrage legt fest, welche der im Sachverhalt aufgeworfenen Fragen beantwortet werden sollen. Nur das muss geprüft werden! Deshalb ist es wichtig, der Fragestellung genügend Aufmerksamkeit zu schenken.

Bei den Fallfragen gibt es mehrere Möglichkeiten:

a) Abstrakte Fallfragen

Diese Fragen müssen erst noch konkretisiert werden, so z. B.: „Wie ist die Rechtslage?". Hier sind alle möglichen Ansprüche unter allen Beteiligten zu erörtern.

---

2 Sofern die zitierten Paragraphen nicht anders bezeichnet sind, handelt es sich um solche des BGB.
3 Auch diese soll nur die eigene Übersicht erleichtern; sie erscheint nicht in der abschließenden Darstellung.

Hilfreich ist es, wenn man sich – zunächst ganz „unjuristisch" – die Frage stellt, welches „natürliche Interesse" die Beteiligten haben. Worum streiten sie sich? Mit welchem Ziel? Geht es um Geld, um eine Sache, um Ersatz, Erfüllung o. Ä.? Wenn Sie beim Erfassen des Sachverhalts eine Skizze – wie eingangs erwähnt – angefertigt haben, wird das Auffinden der erörterungsbedürftigen Personenbeziehungen sehr erleichtert. Innerhalb der möglichen Rechtsbeziehungen kann dann nach dem Anspruchsziel gefragt werden.

Bei der Fallfrage „Welche Ansprüche hat K gegen V?" müssen alle in Betracht kommenden Ansprüche zwischen diesen Personen geprüft werden.[4] Beispiel: Hat K gegen V einen Anspruch aus Vertrag, auf Herausgabe einer Sache, aus Delikt ... usw.? Kann V von K Kaufpreiszahlung, Schadensersatz ... verlangen?

b) Konkrete Fallfragen

z. B.: „Kann V von K Zahlung des Kaufpreises verlangen?"

Das zu Prüfende wird genau vorgegeben. Bei mehreren konkreten Fragen sollte die vorgegebene Reihenfolge eingehalten werden, da diese Fragen regelmäßig logisch aufeinander aufbauen. Im Gutachten kann man bei der Beantwortung von nachfolgenden Fragen zurückverweisen.

4. Die Anspruchsgrundlage suchen

Zunächst müssen der Anspruchsteller, der Anspruchsgegner sowie das Anspruchsbegehren ermittelt werden:

Wer z. B.: V	will von wem will von K	was? Kaufpreiszahlung

Man kann die Fallfrage auch um ein „Warum" ergänzen und somit auf die mögliche Anspruchsgrundlage stoßen.

Wer z. B.: V	will von wem will von K	was Kaufpreiszahlung	warum? weil er glaubt, dass K aufgrund eines Kaufvertrages dazu verpflichtet ist.

Das Wichtigste ist das „Woraus", d. h. das Auffinden der Anspruchsgrundlage, der gesetzlichen Vorschrift, die die begehrte Rechtsfolge enthält. Die Anspruchsgrundlage bestimmt regelmäßig den Gang der weiteren Prüfung und entscheidet

---

4 In vielen Fällen ist dies nur eine rhetorische Frage, die in Bezug auf den vorhergehenden Klausurtext zu lesen ist, z. B.: „V verweist auf die Minderjährigkeit der K und verlangt die übereignete Ware zurück. Wie ist die Rechtslage?" Fehlt ein solcher Zusammenhang, ist anhand des unter 4. aufgezeigten Schemas die konkrete Fallfrage zu ermitteln.

– fast wie der Ansatz bei einer mathematischen Aufgabe – weitgehend über Erfolg und Misserfolg der ganzen Arbeit.

In einer Zivilrechtsklausur wird in der Regel nach Ansprüchen gefragt.[5] Möglich ist aber auch eine Frage nach der Ausübung eines Gestaltungsrechts, z. B.: „Kann K den Vertrag anfechten?", oder „Kann der Personalchef P der Angestellten A fristlos kündigen?"

Bei der Prüfung eines Anspruchs ist nach folgendem Schema vorzugehen:

Wer z. B.: V	will von wem will von K	was Kaufpreiszahlung	warum[6]	woraus? § 433 II

Das **„will von"** wird im Folgenden als **Pfeil** „———→" dargestellt.

5. Voraussetzungen der Anspruchsgrundlage aufzeigen und den Sachverhalt subsumieren

Zunächst müssen die einzelnen Tatbestandsvoraussetzungen aufgezeigt werden.[7] Dann folgt die Subsumtion:[8] Für jedes einzelne Tatbestandsmerkmal muss ein entsprechendes Element im Sachverhalt gesucht, beides muss auf Deckungsgleichheit hin untersucht werden. Die tatsächlichen Geschehensabläufe bzw. Mitteilungen des Sachverhalts werden also (schrittweise) den Tatbestandsvoraussetzungen der Anspruchsgrundlage unter- bzw. zugeordnet.[9] Die einzelnen Prüfpunkte sowie die Ergebnisse sollten stichwortartig niedergeschrieben werden; damit wird eine sichere Grundlage für die spätere „Reinschrift", das Gutachten, geschaffen. Das Ergebnis der Subsumtion kann durch ein Plus- oder Minuszeichen markiert werden. „Plus" bedeutet, die Voraussetzungen liegen vor; ein „Minus" besagt, dass diese Anspruchsvoraussetzung nicht gegeben ist. Im letztgenannten Fall muss die Prüfung abgebrochen, der Anspruch verneint werden.[10]

Beispiel:

V ———→ K Kaufpreiszahlung gem. § 433 II

Kaufvertrag

1. Angebot (+)
Äußerung des K gegenüber V, die Hose für 58 € kaufen zu wollen.

---

5 Legaldefinition s. § 194 I: „Das Recht, von einem anderen ein Tun oder Unterlassen zu verlangen."
6 Dieser Zwischenschritt des „Warum" wird bei den folgenden Falllösungen nicht eingeschoben, da er für die gutachtliche Prüfung nicht zwingend erforderlich ist. Vielmehr folgen die Gliederungen dem Schema **„Wer will von wem was woraus?"**
7 Z. B. § 812 I 1, 1. Alt.: (1) Der Anspruchsgegner muss etwas erlangt haben, (2) durch Leistung des Anspruchstellers, und (3) die Leistung muss ohne rechtlichen Grund erfolgt sein.
8 Subsumtio (lat.) = Unterordnung (hier: Unterordnung eines Sachverhalts unter einen Rechtssatz).
9 Beispiele für § 812 I 1, 1. Alt, siehe Fall 1, Aufgabe 5 und Fall 9, Aufgabe 1.
10 Sofern sich bei den Falllösungen in dem Prüfschema/der Lösungsskizze ein Fragezeichen (?) befindet, bedeutet dies, dass die betreffende Voraussetzung fraglich und das Problem (ausführlich) zu erörtern ist.

2. Annahme (+)
Entgegnung des V: „ja"

Ergebnis: V ———→ K Kaufpreiszahlung gem. § 433 II (+)

6. Ergebnis überprüfen

Es muss gefragt werden, ob das gefundene Ergebnis eine gerechte Entscheidung ist. Sollte das Ergebnis dem eigenen Rechtsempfinden widersprechen, ist zu überlegen, ob vielleicht irgendetwas übersehen wurde.

Das Ergebnis des Konzepts stellt eine Lösungsskizze dar, die Grundlage für das ausformulierte juristische Gutachten ist.[11]

II. Gutachten formulieren

Zunächst sollte man sich vergewissern, ob bei einer (Prüfungs-)Klausur gewisse Formalien einzuhalten sind (z. B. einseitiges Beschreiben, Korrekturrand . . . usw.).

Der Leser soll eine verständliche, nachprüfbare, erschöpfende und überzeugende Antwort auf die Fallfrage erhalten. Dies gelingt am besten im Gutachtenstil[12], der wie folgt formuliert wird:

1. Aufstellen eines hypothetischen Ergebnisses

Die Arbeitshypothese ist im Konjunktiv aufzustellen. Denn im Gutachten ist erst noch zu prüfen, ob tatsächlich auch ein Anspruch besteht. Hier hilft die herausgearbeitete Fragestellung.

Wer z. B.: V	will von wem ———→ K	was Kaufpreiszahlung	woraus? § 433 II

Mit einem **„könnte"** (über dem Pfeil gedacht) ist der „Einstieg", das hypothetische Ergebnis, leicht formuliert:

„V **könnte** von K die Zahlung des Kaufpreises gem. § 433 II verlangen." Oder: „V **könnte** gegen K einen Anspruch auf Zahlung des Kaufpreises gem. § 433 II haben."

Die einschlägigen Rechtsvorschriften müssen mit Absatz, Satz, Ziffer bzw. Nummer, Buchstabe (evtl. auch Halbsatz oder Alternative) exakt angegeben werden.[13] Sofern sich die Anspruchsgrundlage aus mehreren Rechtsvorschriften er-

---

11 Bei den folgenden praktischen Fällen wird jedem Gutachten ein Prüfschema (= Lösungsskizze) vorangestellt.
12 Anders: gerichtliches Urteil, behördlicher Bescheid – hier wird die Entscheidung vorangestellt und anschließend begründet.
13 Z. B. § 433 I 1 (oder: § 433 Abs. 1 S. 1), § 812 I 1, 1. Alt, (oder: § 812 Abs. 1 S. 1, 1. Alt.).

gibt, sind Paragraphenketten zu bilden. Die Norm, die die gesuchte Rechtsfolge enthält, steht an der Spitze.[14]

2. Voraussetzungen der Anspruchsgrundlage aufzeigen

Hier müssen die einzelnen Tatbestandsvoraussetzungen genannt, der Gesetzestext sollte aber nicht wortwörtlich abgeschrieben werden. Man kann Merkmal für Merkmal aufzeigen oder aber einzelne Voraussetzungen zusammenfassen.

Beispiel für den Kaufpreiszahlungsanspruch gem. § 433 II:

„Voraussetzung ist, dass zwischen K und V ein wirksamer Kaufvertrag geschlossen wurde."

Beispiel für § 823 I:

„Dann müsste S zunächst durch eine Handlung eines der in § 823 I genannten Rechtsgüter des B verletzt haben."

Durch die Formulierung „zunächst" wird angezeigt, dass noch weitere Tatbestandsmerkmale zu prüfen sind.

Oft ergibt sich auch die Notwendigkeit – vor allem wegen der Komplexität vieler Tatbestandsmerkmale –, das jeweilige Tatbestandsmerkmal, sofern es nicht ganz selbstverständlich ist, zur Verdeutlichung und zur Erleichterung der Zu- bzw. Unterordnungen inhaltlich darzustellen. Dies geschieht in der Regel durch eine Definition des Tatbestandsmerkmals oder durch sog. Hilfsnormen.

Beispiel Kaufvertrag (für den Kaufpreiszahlungsanspruch gem. § 433 II oder den Lieferanspruch nach § 433 I 1):

„Ein wirksamer Kaufvertrag kommt durch übereinstimmende Willenserklärungen zweier Parteien, Angebot und Annahme, zustande."[15]

Beispiel Eigentumsverletzung i. R. d. § 823 I:

„In Betracht kommt die Verletzung des Eigentums des B. Darunter ist jede Zerstörung oder Beschädigung einer Sache zu verstehen."

Durch diese Vorgehensweise hat man genau beschrieben, was man prüfen will.

---

14 Z. B. Anspruchsgrundlage für den Anspruch des Käufers auf Rückzahlung des Kaufpreises bei mangelhafter Kaufsache (Rücktritt vom Kaufvertrag): §§ 346 I, 323 I, 437 Nr. 2, 1. Alt., 434; Beispiel hierfür in Fall 5, Aufgabe 1.

15 Wann ein Vertrag vorliegt, ergibt sich nicht aus § 433 I 1. Dies folgt vielmehr aus den Bestimmungen der §§ 145 ff. Diese Normen sind selbst keine Anspruchsgrundlagen, da sie keinen Anspruch gewähren, sondern nur den Vertragsschluss regeln. Man bezeichnet derartige Vorschriften, die man im Zusammenhang mit der Anspruchsgrundlage ergänzend heranziehen muss, als **Hilfsnormen**.

3. Sachverhalt subsumieren

Der Sachverhalt ist unter jede Voraussetzung (bzw. unter die zusammengefassten Tatbestandsvoraussetzungen) zu subsumieren; man muss also – wie unter 1.5. angedeutet – prüfen, ob die aufgestellten Voraussetzungen vom Sachverhalt erfüllt werden. Hinweise auf Gerichtsentscheidungen, Literaturmeinungen und Zitate gehören nicht in eine Klausur.

Beispiele für die Subsumtion:

„Mit seiner Äußerung, er wolle den Pkw für 20 000 € an K verkaufen, hat V ein wirksames Angebot abgegeben. K hat das Angebot des V mit der Erklärung, es gehe in Ordnung, uneingeschränkt angenommen."

„Da S den Pkw des B zu Schrott gefahren hat, hat er dessen Auto zerstört."

Wenn man den Satz mit „da", „dadurch", „dass", „weil" beginnt, verhindert man, dass man den Sachverhalt – den man als bekannt vorauszusetzen hat – wiederholt und ihn offenkundig nicht verarbeitet.

Behauptungen („davon kann ausgegangen werden", „die Voraussetzung ist laut Sachverhalt gegeben" usw.) stellen keine Begründung dar und dürfen nicht in einer Klausur vorkommen. Die Sätze sollten einfach und klar formuliert werden.[16]

4. Ergebnis (einschließlich Endergebnis) feststellen

Wenn alle Voraussetzungen geprüft sind, wird das Ergebnis festgestellt.

Beispiel:

„Folglich ist ein Kaufvertrag zwischen K und V zustande gekommen."

Endergebnis:

„Danach hat V einen Anspruch gegen K auf Zahlung des Kaufpreises gem. § 433 II."

oder

„Somit hat S das Eigentum des B durch eine Handlung verletzt" und – falls auch die anderen Voraussetzungen des § 823 I erörtert wurden: „Folglich ist ein Anspruch des B gegen S auf Schadensersatz gem. § 823 I gegeben."

Als „Schlusssatz" kann man auch ganz einfach den „Einleitungssatz" wiederholen; nur statt des Konjunktivs **„könnte"** steht hier der Indikativ **„kann"**:

„V kann von K Kaufpreiszahlung gem. § 433 II verlangen."

> Um den Lesern eine Hilfestellung bei dem Erlernen der Gutachtentechnik zu geben, wurden in den ausformulierten Falllösungen die Tatbestandsvoraussetzungen optisch (durch ein anderes Druckbild) hervorgehoben.

---

16 Fehlerfreie Rechtschreibung und Interpunktion sind leider nicht immer vorzufinden!

Da in einem Gutachten immer Schlussfolgerungen gezogen werden, können die Worte „somit", „danach", „folglich", „deshalb", „also", „mithin" u. Ä. benutzt werden. Für die Niederschrift muss mindestens die Hälfte der Arbeitszeit zur Verfügung stehen.

Diese Arbeitsschritte können aus folgender Übersicht und der Zusammenfassung ersehen und für jede Klausur als „Schablone" benutzt werden. Am Ende befindet sich eine Auflistung der – nach ihrem Entstehungsgrund – verschiedenen Ansprüche.[17]

III. Prüfung der einzelnen Anspruchsgrundlage

Fragestellung = gesuchte Rechtsfolge
Voraussetzungen (z. B. Voraussetzung 1, 2, 3)[18]
Voraussetzung 1 (Definition – falls erforderlich) Subsumtion des Sachverhalts Ergebnis
Voraussetzung 2 (Definition – falls erforderlich) Subsumtion des Sachverhalts Ergebnis
Voraussetzung 3 (Definition – falls erforderlich) Subsumtion des Sachverhalts Ergebnis
Antwort auf die Fragestellung

Falls **eine** Voraussetzung **nicht** vorliegt (z. B. Voraussetzung 2), bleiben die einzelnen Arbeitsschritte die gleichen, d. h. es ist von der Fragestellung auszugehen und die erste Voraussetzung zu erörtern. Gleiches gilt für die zweite Voraussetzung, die dann aber nicht erfüllt ist. Die Prüfung muss hier abgebrochen und als Ergebnis festgestellt werden, dass diese Anspruchsgrundlage einen Anspruch nicht trägt. Wurde das Vorliegen einer Anspruchsgrundlage verneint, so bedeutet

---

17 Die Einteilung (S. 30) ist weder vollständig noch ausschließlich. In den meisten Fällen ist sie aber praktisch gut brauchbar.
18 Eine Anspruchsgrundlage mit drei Tatbestandsvoraussetzungen ist z. B. § 812 I 1, 1. Alt. Beispiele hierzu befinden sich in Fall 1, Aufgabe 5 und Fall 9, Aufgabe 1 a.

dies nicht, dass die Prüfung automatisch beendet ist. Es sind vielmehr **alle** vernünftigerweise in Betracht kommenden Anspruchsgrundlagen zu prüfen.

Das vorgenannte Verfahren eignet sich für die – meist in Klausuren vorkommenden – Aufgaben, für deren Lösung einzelne Ansprüche zu prüfen sind. Zielt die Fallfrage auf etwas anderes ab – z. B. „Kann K seine Willenserklärung anfechten?", oder „Was ist X zu raten?" bzw. „Hat K ein Minderungsrecht?"[19] – muss evtl. die Ausübung eines Gestaltungsrechts (z. B. Anfechtung gem. §§ 119 ff.) erörtert werden.

IV. Prüfungsreihenfolge für die Ansprüche

Die verschiedenen Ansprüche kann man nach ihrem Entstehungsgrund unterscheiden und auf diese Weise eine allgemeine Regel entwickeln: Es gibt die Gruppe der vertraglichen bzw. rechtsgeschäftlichen Ansprüche, die auf einem Vertrag beruhen und meist Erfüllungsansprüche sind (z. B. Anspruch des Käufers auf Lieferung der Ware), die dinglichen Ansprüche, die sich auf ein dingliches Recht gründen (z. B. der Herausgabeanspruch des Eigentümers gem. § 985), die deliktischen Ansprüche, die aus einer unerlaubten Handlung entstehen und die sonstigen ausgleichenden Ansprüche. Die Einhaltung der vorgenannten Reihenfolge entspricht dem Gesichtspunkt der Zweckmäßigkeit: Dadurch wird vermieden, dass Fragen aus dem Bereich einer Anspruchsnorm zu Vorfragen für eine andere werden und die Fallprüfung somit nicht mehr konsequent verläuft.[20]

Man kann die Anspruchsgrundlagen in folgendes Schema (S. 30) einordnen, das eine Art „Checkliste" darstellt.

---

19 Beispiel in Fall 5, Aufgabe 3: es ist das Minderungsrecht zu prüfen.
20 Ausführlich hierzu MEDICUS, BR, Rn. 7 ff.

Jeder Anspruch sollte wie folgt durchgeprüft werden:

1. Anspruch entstanden?

Die Anspruchsgrundlage suchen + inhaltliche Bestimmung, was geschuldet ist

Ansprüche aus Rechtsgeschäft
 	
(vertragliche Ansprüche)
	1. Rechtsgeschäftliche/Vertragliche Ansprüche:
	a) Primärleistungspflichten
	z. B. § 433 (Kauf), § 535 (Miete), § 611 (Dienst-/Arbeitsvertrag), § 631 (Werkvertrag)
	= Erfüllungsansprüche
	b) Sekundärleistungspflichten
	aa) Schadensersatz wegen Pflichtverletzung
	   • § 280 I (Grundsatz)
	   • §§ 280 I, 241 II (Verletzung nicht leistungsbezogener Nebenpflichten)
	   • §§ 280 I, 311 II, 241 II – **vor** Vertragsschluss
	bb) Schadensersatz statt der Leistung
	   • §§ 280 I, 281 I 1 (Verzug)
	   • §§ 280, 282, 241 II (Verletzung leistungsbezogener Nebenpflichten)
	   • §§ 280 I, III, 283, 275 IV (Ausschluss der Leistungspflicht bei nachträglicher Unmöglichkeit)
	   • §§ 311 a II, 275 IV (Ausschluss der Leistungspflicht bei anfänglicher Unmöglichkeit)
	cc) Schadensersatz als „Gewährleistung"
	   § 437 Nr. 3, 1. Alt. (Kaufvertrag), § 536 a (Mietvertrag), § 634 Nr. 4, 1. Alt. (Werkvertrag)
	c) Rückgabe:
	z. B. § 546 (Miete), § 604 (Leihe), § 667 (Auftrag), § 695 (Verwahrung), § 732 S. 2 (Gesellschaft)
	d) Vertragsähnliche Ansprüche
	z. B. Schadensersatz nach § 678 (G. o. A.)

Ansprüche aus Gesetz (gesetzliche Ansprüche)	**2. Dingliche Ansprüche** (Rechtsfolge: Herausgabe) z. B. § 985 (stellt auf Eigentum des Antragstellers ab) §§ 861 I, 1007 (stellen auf Besitz des Antragstellers ab)
	3. Deliktische Ansprüche (Rechtsfolge: Schadensersatz) §§ 823 ff.
	4. Bereicherungsrechtliche (ausgleichende) Ansprüche (Rechtsfolge: Herausgabe) §§ 812 ff.
	5. Sonstige Ansprüche z. B. aus Gefährdungshaftung (§ 7 StVG)

Kommen in einem Fall sowohl vertragliche als auch dingliche und/oder bereicherungsrechtliche Ansprüche in Betracht, dann sind **alle** zu prüfen, und zwar in der Reihenfolge des vorgenannten Schemas.[21] Es sind allerdings nur die **vernünftigerweise** in Betracht kommenden Anspruchsgrundlagen zu prüfen – und nicht in jedem Fall zu erörtern, ob vertragliche, sachenrechtliche, deliktische oder bereicherungsrechtliche Ansprüche vorliegen. Wenn eine einzelne Prüfung bereits zur Bejahung des Anspruchs führt, müssen allerdings im Gutachten alle in Betracht kommenden rechtlichen Möglichkeiten geprüft werden – unabhängig vom Ergebnis.[22]

2. Rechtshindernde Einwendungen (bei Verträgen: Wirksamkeitshindernisse)

Es wird die Frage erörtert, ob der Anspruch auch wirksam entstanden ist.

Beispiele:

Ist die vorgeschriebene (bestimmte) Form des Vertrages eingehalten? – Sonst: § 125

§§ 104 ff. (Geschäftsunfähigkeit)[23]; §§ 117, 118 (Willensmängel);

§§ 134, 138 (Gesetzes- oder Sittenverstoß); § 142 I i. V. m. §§ 119, 120, 123 (Anfechtung).[24]

3. Rechtsvernichtende Einwendungen

Ist der Anspruch untergegangen oder erloschen?

Beispiele:

§ 275 (Unmöglichkeit)[25]; § 362 (Erfüllung);

§§ 378 f. (Hinterlegung); § 389 (Aufrechnung)[26];

§ 397 (Erlass); §§ 346 ff. (Rücktritt)[27]; § 398 (Abtretung)

---

21 Beispiel hierfür u. a. in Fall 9, Aufgabe 1 a. Siehe hierzu auch WESTERMANN, Schuldrecht, § 1.
22 Fehlt ein Rechtsgeschäft, kommen rechtsgeschäftliche Ansprüche nicht in Betracht (hier ist die Skizze sehr nützlich!). Wird nichts herausverlangt, dürfen auch keine Herausgabeansprüche geprüft werden. Ergibt der Sachverhalt keinen Schaden, so scheiden Schadensersatzansprüche aus . . . Man muss nur die Checkliste „Schritt für Schritt" durchgehen!
     Es ist wichtig, auch nach Bejahen eines Anspruchs andere Anspruchsgrundlagen mit demselben Ziel zu prüfen.
23 Beispiel hierfür in Fall 1, Aufgabe 3.
24 Dies ist umstritten. Die Anfechtung wird auch als rechtsvernichtende Einwendung angesehen, weil der Vertrag zunächst zustande kommt und erst später, aber eben mit rückwirkender Kraft, wieder entfällt. Beispiel in Fall 1, Aufgabe 4.
25 Beispiel: Fall 3, Aufgabe 1.
26 Beispiel: Fall 6, Aufgabe 5, Fall 8, Aufgabe 3 b.
27 Beispiel: Fall 5, Aufgabe 1.

4. Rechtshemmende Einwendungen

Der Anspruch ist wirksam entstanden und auch nicht wieder untergegangen, aber nicht durchsetzbar, sofern der Schuldner sich auf sein Gegenrecht beruft.[28]

Beispiele:

Verjährung (§ 214) = rechtshindernde Einrede (der Schuldner ist berechtigt, die Erfüllung des Anspruchs zu verweigern, obwohl dieser fortbesteht); Stundung; Einrede des nicht erfüllten Vertrages (§ 320)
Zurückbehaltungsrecht (§§ 273, 1000)

V. Beispielsfall/Technik der Fallbearbeitung

Veit (V) hat sich entschlossen, wegen Platzmangels sein zehnbändiges Nachschlagewerk zu verkaufen. Zufällig trifft er seine Nachbarin Klara (K) und erzählt ihr von seiner Absicht. K bekundet ihr Interesse, die Bücher zu erwerben. V verlangt daraufhin 200 €. K ist einverstanden. Beide kommen überein, dass die Werke am nächsten Tag um 15.00 Uhr in der Wohnung des V gegen Zahlung des Kaufpreises übergeben werden sollen.
Kann K die Bücher von V verlangen?

Prüfschema/Lösungsskizze

1. **Fallfrage (hypothetisches Ergebnis)**	K ⟶ V Übereignung und Übergabe des Nachschlagewerks gem. § 433 I 1
2. **Voraussetzung der Anspruchsgrundlage aufzeigen**	*wirksamer Kaufvertrag zwischen K und V* *§§ 145 ff. – Angebot und (uneingeschränkte) Annahme*
3. **Sachverhalt subsumieren**	Erklärung des V, die Bücher für 200 € an K zu verkaufen = Angebot i. S. d. § 145 Einverständniserklärung der K = Annahme, § 147
4. **Ergebnis feststellen**	Zwischen K und V ist ein wirksamer Kaufvertrag zustande gekommen. K kann von V Übereignung und Übergabe der Bücher gem. § 433 I 1 verlangen.

---

28 Diese Einwendungen heißen im Privatrecht auch **Einreden**, weil sie vom Gericht nur berücksichtigt werden, wenn der Schuldner sie geltend macht ("redet"), während die übrigen Einwendungen von Amts wegen zu berücksichtigen sind, da sie den Anspruch kraft Gesetzes nicht entstehen oder erlöschen lassen.

Ausarbeitung (Gutachten):

K könnte gegen V einen Anspruch auf Übereignung der Bücher gem. § 433 I 1 haben.

Voraussetzung hierfür ist, dass zwischen K und V ein wirksamer Kaufvertrag zustande gekommen ist. Dies ist der Fall, wenn zwei übereinstimmende Willenserklärungen, Angebot und Annahme, vorliegen. Erforderlich ist zunächst ein hinreichend bestimmtes Angebot. Die Erklärung des V, seine Bücher verkaufen zu wollen, ist noch zu unbestimmt, zumal der Preis nicht feststeht. Erst als er erklärt, die Lexika für 200 € verkaufen zu wollen, liegt ein Angebot vor. *Dieses Angebot müsste K angenommen haben.* Dies hat sie durch ihre vorbehaltlose Erklärung, mit dem Preis einverstanden zu sein, getan. Deshalb liegt ein wirksamer Kaufvertrag vor.

Also kann K von V Übereignung der Lexika gem. § 433 I 1 verlangen.

Variante 1 (= Beispiel für Wirksamkeitshindernis bei Verträgen):
V ist geisteskrank.

Prüfung wie im Ausgangsfall; anschließend:
rechtshindernde Einwendung des § 105 I.

Ausarbeitung (Gutachten) Variante 1:

Zu berücksichtigen ist, dass V geisteskrank und somit gem. § 104 Nr. 2 geschäftsunfähig ist. Gem. § 105 I sind Willenserklärungen Geschäftsunfähiger nichtig mit der Folge, dass der ganze Vertrag nichtig ist.

Somit war das Angebot des V nicht wirksam, und es ist kein wirksamer Kaufvertrag zwischen K und V zustande gekommen.

K kann nicht von V Übereignung der Bücher gem. § 433 I 1 verlangen.

Variante 2 (= Beispiel für rechtsvernichtende Einwendung):
Versehentlich hat eine „Entrümpelungsfirma" die Lexika bei V nach Abschluss des Kaufvertrages mitgenommen und zum Altpapier gegeben.

Prüfung wie im Ausgangsfall, anschließend:
rechtsvernichtende Einwendung gem. § 275 – Erlöschen der Leistungspflicht.

Ausarbeitung (Gutachten) Variante 2:

Wie im Ausgangsfall: „Deshalb liegt ein wirksamer Kaufvertrag vor. Also könnte K von V Übereignung und Übergabe der Lexika gem. § 433 I 1 verlangen."

Der Anspruch der K könnte aber gem. § 275 I ausgeschlossen sein. *Dazu müsste dem V die Leistung unmöglich sein.* Dem V kamen die Lexika nach Vertragsschluss durch die Entrümpelungsfirma abhanden, und er kann sie deshalb nicht mehr an K übergeben. V wurde daher nach § 275 I von seiner Leistungspflicht frei.

Deshalb kann K von V nicht Übereignung und Übergabe der Lexika gem. § 433 I 1 verlangen.

Variante 3 (= Beispiel für rechtshemmende Einwendung):
K hat am nächsten Tag ihren Geldbeutel zu Hause vergessen. V will ihr die Bücher erst dann mitgeben, wenn sie das Geld dabei hat.

---

§ 320 I legt für gegenseitige Verträge (= z. B. Kaufvertrag) fest, dass in der Regel keine Partei vorleistungspflichtig ist, sondern die Leistungen Zug um Zug zu erbringen sind. Da K ihr Geld vergessen hat, kann V die Übereignung der Lexika so lange verweigern, wie K nicht ihrerseits zur Leistung in der Lage ist.

Ausarbeitung (Gutachten) Variante 3:

Wie im Ausgangsfall: „Deshalb liegt ein wirksamer Kaufvertrag vor. Also könnte K von V Übereignung der Lexika gem. § 433 I 1 verlangen."

Möglicherweise kann V die *Einrede des nichterfüllten Vertrages gem. § 320 I 1* erheben. *Voraussetzung ist, dass V aus einem gegenseitigen Vertrag verpflichtet ist.* Der Kaufvertrag ist ein gegenseitiger Vertrag i. S. d. §§ 320 ff. Die Pflichten zur Übereignung der Sache einerseits und zur Kaufpreiszahlung und Abnahme andererseits stehen im Gegenseitigkeitsverhältnis. Aufgrund der Vereinbarung zwischen K und V über die Leistungszeit ist auch die Kaufpreisforderung des V um 15.00 Uhr in der Wohnung fällig. V verhält sich selbst vertragstreu, und K hat nicht erfüllt. Damit kann V seine Leistung bis zur Bewirkung der Gegenleistung gem. § 320 I 1 verweigern und muss nur Zug um Zug leisten.

K kann somit von V Übereignung der Bücher gem. § 433 I 1 nur Zug um Zug gegen Zahlung des Kaufpreises verlangen.

VI. Zusammenfassung: Arbeitsschritte für die Lösung eines Falles

1. Konzept erstellen

a) *Aufgabe/Fall mehrmals lesen*

b) *Skizze anfertigen – graphische Erfassung des Sachverhalts*
   (falls mehrere aufeinander folgende Handlungen: chronologisch geordnete Tabelle)

c) *Fallfrage feststellen*
   Es gibt
   – **abstrakte Fallfragen**, z. B.: „Welche Ansprüche hat V gegen K?" Diese müssen noch konkretisiert, ggf. in mehrere konkrete Einzelfragen aufgeschlüsselt werden (z. B. Anspruch des V gegen K auf Schadensersatz, auf Herausgabe der Sache . . .)

- **konkrete Fallfragen**, z. B.: „Kann V von K die Kaufpreiszahlung verlangen?"

d) Die Anspruchsgrundlage suchen

Wer z. B.: V	will von wem ————→ K	was Kaufpreiszahlung	woraus? § 433 II

e) Voraussetzungen der Anspruchsgrundlage aufzeigen
Sachverhalt subsumieren

f) Ergebnis überprüfen

2. Gutachten formulieren

a) Aufstellen eines hypothetischen Ergebnisses (im Konjunktiv!)
„V könnte gegen K einen Anspruch auf Zahlung des Kaufpreises in Höhe von 100 € gem. § 433 II BGB haben."

b) Voraussetzungen der Anspruchsgrundlage aufzeigen, ggf.
Tatbestandsmerkmal definieren
„Dann müsste zwischen K und V ein wirksamer Kaufvertrag zustande gekommen sein."
oder:
„Voraussetzung ist, dass zwischen K und V ein wirksamer Kaufvertrag über . . . geschlossen wurde."
„Dies ist der Fall, wenn zwei sich gegenseitig entsprechende Willenserklärungen, nämlich ein (Kaufvertrags-)Antrag und eine (Kaufvertrags-)Annahme vorliegen. Erforderlich ist demnach ein Antrag eines der Beteiligten auf Abschluss eines Kaufvertrages und die Annahme des Antrages durch . . ."

c) Sachverhalt subsumieren
„V hat dem K das . . . (z. B.: Bild) zum Preis von 100 € angeboten, und K hat erklärt, er nehme das Bild."

d) Ergebnis (einschließlich Endergebnis) feststellen
„Folglich ist ein Kaufvertrag zwischen K und V zustande gekommen. V hat einen Anspruch gegen K auf Kaufpreiszahlung gem. § 433 II BGB."

2. Abschnitt
Fälle und Lösungen

Fall 1: Der minderjährige Stellvertreter

Schwerpunkte:
Stellvertretung – Anscheins- und Duldungsvollmacht – Haftung des Vertreters ohne Vertretungsmacht – Offenkundigkeitsprinzip – Minderjährigenrecht – Anfechtung

Der 17-jährige Auszubildende A ärgert sich darüber, dass sein Lehrmeister, Kaufmann (K), ihm keine leistungsfähige Bohrmaschine zur Verfügung stellt.

Er bestellt telefonisch bei Viktor (V) mit den Worten:
„Hier Firma K, bitte liefern Sie uns sofort . . ."
eine bestimmte Bohrmaschine zum Preis von 400 €.

Den Boten des V, der die Maschine bringt, fängt A ab. A unterzeichnet auch den Lieferschein.

Nach Erhalt der Rechnung verweigert K die Bezahlung des Kaufpreises gegenüber V mit der Begründung, er habe von dem Kauf nichts gewusst, A sei erst seit zwei Wochen bei ihm beschäftigt und habe keine Einkäufe tätigen dürfen; bisher habe sich A auch daran gehalten.

Aufgabe 1: V möchte wissen, ob und von wem er 400 € verlangen kann.

1. Variante

A befindet sich bereits im dritten Lehrjahr. Er hatte schon wiederholt bei V Material und Werkzeuge bestellt, die stets von K bezahlt worden waren, nachdem K jeweils den A wegen seines eigenmächtigen Vorgehens gerügt hatte. Jetzt aber wird die Sache dem K zu dumm, und er verweigert die Bezahlung mit der Begründung, er habe den A nicht mit dem Kauf beauftragt.

Aufgabe 2: Kann V die 400 € nunmehr von der Fa. K verlangen?
Ist auch ein Anspruch gegen A gegeben?

2. Variante

Der 17-jährige A geht in das Geschäft des V, um dort die Bohrmaschine zu kaufen. Er wird mit V einig und erklärt, ohne den Namen des K erwähnt zu haben:
„Ich nehme die Maschine, bitte liefern Sie sie in die Weberstraße 5."

Danach geht er.

Erst jetzt wird dem V klar, dass er überhaupt nicht weiß, wer A ist. Er packt die Maschine ein und fährt in die Weberstraße 5, wo K seine Werkstatt unterhält. Dort ist auch A.

K verweigert die Annahme der Maschine mit der Begründung, ihn gehe die Sache nichts an. A verweigert die Annahme ebenfalls und erklärt, er habe die Maschine nicht für sich, sondern für K kaufen wollen.

Aufgabe 3: Kann V unter den Voraussetzungen der Variante 2 die 400 € von der Fa. K oder von A verlangen?

K bezieht das Material für seine Werkstatt beim Zulieferer V. Als V ihm schriftlich einen Posten Sägeblätter zu einem äußerst günstigen Preis anbietet, will K die Gelegenheit nutzen und 10 Stück ordern. Er diktiert seiner Sekretärin eine entsprechende Bestellung. Die Sekretärin, die durch das Läuten des Telefons abgelenkt war, verschreibt sich und fügt statt der Zahl 10 die Zahl 100 in die Bestellung ein. K unterschreibt kurz vor Geschäftsschluss in Eile mehrere Schriftstücke, darunter auch diese Bestellung. Ihm entgeht dabei das Versehen der Sekretärin. V erhält die Bestellung des K und bestätigt sie. Erst jetzt stellt sich das Versehen heraus. K weigert sich schriftlich gegenüber V, die 100 irrtümlich bestellten Sägeblätter zu bezahlen und erklärt die Anfechtung des Vertrags. V besteht jedoch auf Erfüllung des Vertrags über 100 Sägeblätter.

Aufgabe 4: Kann V von K Bezahlung und Abnahme der 100 Sägeblätter verlangen?

Gehen Sie davon aus, dass V dem K bereits die 100 Sägeblätter geliefert und übereignet hat. Erst in seiner Werkstatt bemerkt K sein Versehen und ficht seine Willenserklärung („den Kaufvertrag") an.

Aufgabe 5: Kann V die Sägeblätter von K herausverlangen?

Fall 1: Prüfschema/Lösungsskizze

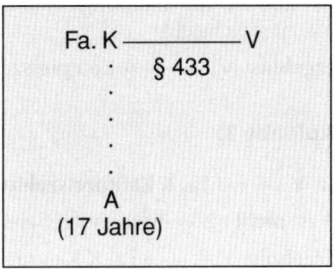

Aufgabe 1:

I. V ⟶ Fa. K Kaufpreiszahlung in Höhe von 400 € gem. § 433 II

wirksamer Kaufvertrag
Angebot durch Fa. K?
A als Vertreter der Fa. K – § 164 I 1

1. WE des A (§ 165) (+)

2. im Namen der Fa. K (+)

3. innerhalb der Vertretungsmacht, § 166 II 1 (–), § 177 I (–)

Duldungsvollmacht, Anscheinsvollmacht (–)

Ergebnis: V ⟶ Fa. K Kaufpreiszahlung in Höhe von 400 € gem. § 433 II (–)

II. V ⟶ A Kaufpreiszahlung gem. §§ 179 I i. V. m. 433 II

A ist Vertreter ohne Vertretungsmacht
aber: § 179 III 2

Ergebnis: V ⟶ A Kaufpreiszahlung gem. §§ 179 I i. V. m. 433 II (–)

Aufgabe 2:

I. V ⟶ Fa. K Kaufpreiszahlung in Höhe von 400 € gem. § 433 II

Kaufvertrag

1. Angebot durch A als Vertreter der Fa. K – s. o.
   Vertretungsmacht (–),
   aber: Duldungsvollmacht (+)
   a) Vertretener weiß vom Auftreten des angeblichen Vertreters und duldet dies
   b) Dritter (V) ist gutgläubig

   Rechtsfolge: Vertretener muss sich den von ihm gesetzten Rechtsschein zurechnen lassen – §§ 164 ff. analog

2. Annahme durch V (+), folglich: Kaufvertrag (+)

Ergebnis: V ⟶ Fa. K Kaufpreiszahlung in Höhe von 400 € gem. § 433 II (+)

II. V ⟶ A Kaufpreiszahlung gem. §§ 179 I i. V. m. 433 II

A handelte mit Duldungsvollmacht, die der rechtsgeschäftlich erteilten Vollmacht gleichsteht

Ergebnis: V ⟶ A Kaufpreiszahlung gem. §§ 179 I i. V. m. 433 II (–)

Aufgabe 3:

I. V ⟶ Fa. K Kaufpreiszahlung gem. § 433 II

A ist **nicht** als Vertreter aufgetreten

Ergebnis: V ⟶ Fa. K Kaufpreiszahlung gem. § 433 II (–)

II. V ⟶ A Kaufpreiszahlung gem. § 433 II

Kaufvertrag (−) oder (+)
Angebot durch A − § 164 II (+)
Annahme durch V (+)
aber: ist WE des A wirksam?
da A minderjährig ist: §§ 106 ff.

§ 107: lediglich rechtlicher Vorteil (−)
        Einwilligung der Eltern (−)

§ 108 I: Genehmigung der Eltern?

Ergebnis: V ⟶ A Kaufpreiszahlung gem. § 433 II (−) oder (+)

Aufgabe 4:

V ⟶ K Kaufpreiszahlung und Abnahme der Sägeblätter gem. § 433 II

1. Kaufvertrag
   a) „Angebot" des V = invitatio ad offerendum
   b) Bestellung des K = Angebot
   c) Annahme durch V

Zwischenergebnis: Kaufvertrag (+)

2. Kaufvertrag durch Anfechtung nichtig?
   a) Anfechtungsgrund: Erklärungsirrtum, § 119 I, 2. Alt. (+)
      (eigene Erklärung des K, da von ihm unterschrieben)
   b) Anfechtungserklärung: § 143 I, II, 1. Alt. (+)
   c) Anfechtungsfrist, § 121 I 1 (+)
   d) Wirkung der Anfechtung: § 142 I

Ergebnis: V ⟶ K Kaufpreiszahlung und Abnahme der Sägeblätter
         gem. § 433 II (−)

Aufgabe 5:

I. V ⟶ K Herausgabe der Sägeblätter gem. § 985
1. Besitz des K (+)
2. Eigentum des V (−)
§ 929 S. 1 − Eigentum wirksam an K übertragen

Ergebnis: V ⟶ K Herausgabe der Sägeblätter gem. § 985 (−)

II. V ⟶ K Herausgabe der Sägeblätter gem. § 812 I 1,1. Alt.[1]
1. K muss etwas erlangt haben (+)
   Besitz und Eigentum
2. durch die Leistung des V (+)

---

[1] Es kommt die 1. Alt. von Satz 1 in Betracht oder aber die 1. Alt. von Satz 2: Wegen der Rückwirkung der Anfechtung (§ 142 I) wird z. T. ein Bereicherungsanspruch nach Satz 1 angenommen. Da der Rechtsgrund für die Leistung tatsächlich bis zur Erklärung der Anfechtung bestanden hat, kann auch § 812 I 2, 1. Alt. als Anspruchsgrundlage genannt werden (vgl. Palandt/Thomas, § 812 Rn. 77).

3. ohne rechtlichen Grund (+)
Kaufvertrag ist gem. § 142 I von Anfang an nichtig

Ergebnis: V ———→ K Herausgabe der Sägeblätter gem. § 812 I 1, 1. Alt. (+)

Fall 1: Ausarbeitung (Gutachten)

Aufgabe 1:

I. V könnte gegen die Firma K (K) einen Anspruch auf Zahlung des Kaufpreises in Höhe von 400 € gem. § 433 II haben.

Dann müsste zwischen V und K ein Kaufvertrag zustande gekommen sein. Ein Kaufvertrag setzt zwei übereinstimmende Willenserklärungen, Angebot und Annahme, voraus.

Den für einen Vertragsschluss erforderlichen Antrag hat A erklärt. Fraglich ist, ob diese Willenserklärung unmittelbar für K wirkt. Dies ist der Fall, wenn A für K als Vertreter gem. § 164 I 1 gehandelt hat.

1. *Voraussetzung hierfür ist, dass der Vertreter – hier A – selbst eine Willenserklärung*

2. *im Namen des Vertretenen abgibt.* A ist allerdings nach § 2 minderjährig und gem. § 106 in der Geschäftsfähigkeit beschränkt. Willenserklärungen, die ein Minderjähriger für einen anderen abgibt, verpflichten ihn aber nicht selbst und sind deshalb für ihn sog. neutrale Geschäfte. Dementsprechend *schadet nach § 165 die beschränkte Geschäftsfähigkeit eines Vertreters der Wirksamkeit seiner Willenserklärung nicht.* Indem A bei V telefonisch eine Bohrmaschine zum Preis von 400 € im Namen von K bestellte, liegt eine Willenserklärung im Namen des Vertretenen (K) vor.

3. Damit das von A abgegebene Angebot unmittelbar für K wirkt, müsste A innerhalb der ihm zustehenden Vertretungsmacht gehandelt haben. *Gem. § 167 I wird die durch Rechtsgeschäft erteilte Vertretungsmacht (Vollmacht, vgl. § 166 II 1) durch Erklärung gegenüber dem zu Bevollmächtigenden oder dem Dritten erteilt.* K hat den A weder ausdrücklich noch konkludent dazu ermächtigt, für die K Verträge abzuschließen, noch dies gegenüber dem V geäußert.

Der Antrag, den A erklärt hat, könnte aber nach den *Regeln der Duldungs- oder Anscheinsvollmacht für und gegen K wirken. Danach muss derjenige, der es duldet, dass jemand ohne Vollmacht für ihn handelt, das vollmachtlose Handeln gegen sich gelten lassen, wenn der Vertragspartner aus bestimmten Gründen von einer Vollmacht des Handelnden ausgehen durfte (Duldungsvollmacht). Dieselbe Rechtsfolge tritt ein, wenn der Vertretene das vollmachtlose Handeln eines anderen für sich zwar nicht bewusst duldet, dieses aber aus Fahrlässigkeit nicht kannte und bei Kenntnis hätte verhindern können (Anscheinsvollmacht).* Es ist indessen nicht bekannt, dass K von der Bestellung durch A etwas wusste oder dass A schon früher ähnlich gehandelt hat. Da A erst seit zwei Wochen bei K beschäftigt ist, besteht auch kein Grund zu der Annahme, dass K ein vollmachtloses Handeln des A geduldet oder fahrlässig nicht gekannt hat.

Somit hängt die Wirksamkeit der von A abgegebenen Bestellung gegenüber K *nach § 177 I von deren Genehmigung ab.* Diese verweigert K.

Nach alledem ist zwischen V und K kein Kaufvertrag zustande gekommen. Ein Anspruch des V gegen K auf Kaufpreiszahlung gem. § 433 II ist nicht gegeben.

II. V könnte gegen A einen Anspruch auf Zahlung des Kaufpreises nach §§ 179 I, 433 II haben.

Wie oben bereits festgestellt, hat A als Vertreter der K mit V einen Kaufvertrag abschließen wollen, obwohl er keine Vollmacht hatte. Seine Vertretungsmacht kann er nicht nachweisen.[2]

Nach § 179 III 2 haftet der Vertreter allerdings dann nicht, wenn er in der Geschäftsfähigkeit beschränkt war, es sei denn, die gesetzlichen Vertreter stimmen dem Rechtsgeschäft zu. A ist als 17-Jähriger nach §§ 2, 106 beschränkt geschäftsfähig. Eine Zustimmung seiner gesetzlichen Vertreter (Eltern gem. §§ 1626, 1629) liegt nicht vor.

Folglich besteht kein Anspruch des V gegen A auf Kaufpreiszahlung.

Aufgabe 2:

I. V könnte gegen K einen Anspruch auf Zahlung des Kaufpreises gem. § 433 II haben.

Wie bei Frage 1 bereits erörtert, wollte A als Vertreter der K – allerdings ohne entsprechende Vertretungsmacht – mit V einen Kaufvertrag über die Bohrmaschine zum Preis von 400 € abschließen.

1. In diesem Fall könnte das von A erklärte *Angebot nach den Regeln über die Duldungsvollmacht* bewirken, dass – nach Annahme durch V – zwischen V und K ein Kaufvertrag zustande gekommen ist.

a) *Voraussetzung hierfür ist, dass der Vertretene den Rechtsschein der Vertretung zurechenbar gesetzt hat und der Vertragspartner (V) auf die Vertretungsmacht vertraute sowie*

b) *dabei gutgläubig war.* K hatte ein gleichartiges Verhalten des A geduldet. Er wusste davon und hätte es verhindern können – z. B. durch eine kurze Nachricht an V, dass A keine Vollmacht besitze, Bestellungen aufzugeben. Da alle früheren Lieferungen, die A für K bestellt hatte, bezahlt worden waren, durfte V auch darauf vertrauen, dass A Vollmacht von K habe.

Das von A erklärte Angebot wirkte also in entsprechender Anwendung von § 164 I 1 gegen K.

---

2 Bereits Geprüftes muss nicht mehr im Gutachtenstil erörtert, sondern kann (im Urteilsstil) festgestellt werden.

2. Dieses *Angebot* müsste V *angenommen* haben. Eine ausdrückliche Erklärung wurde von V nicht abgegeben. Indem V die Ware lieferte, hat er schlüssig die Annahme des Angebots erklärt.

Somit ist zwischen V und K ein Kaufvertrag zustande gekommen, und V hat gegen K einen Kaufpreiszahlungsanspruch in Höhe von 400 € nach § 433 II.

II. V könnte von A die Zahlung des Kaufpreises nach §§ 179 I, 433 II verlangen.

Die Duldungsvollmacht steht der rechtsgeschäftlich erteilten Vollmacht gleich. Deshalb handelte A nicht als vollmachtloser Vertreter.

Ein Anspruch des V gegen A gem. §§ 179 I, 433 II scheidet folglich aus.

Aufgabe 3:

I. V könnte gegen K einen Anspruch auf Zahlung des Kaufpreises gem. § 433 II haben.

Voraussetzung für das Zustandekommen eines Kaufvertrages zwischen V und K ist, dass A als Vertreter i. S. d. §§ 164 ff. für K eine *entsprechende Willenserklärung (Angebot)* abgegeben hat.

Dies ist fraglich. A hat nur eine Maschine ausgesucht und angegeben, wohin diese geschickt werden soll. Er hat nicht den Adressaten benannt, sondern nur den Lieferort. Aus diesen Umständen ist nicht zu entnehmen, dass A als Vertreter für K auftritt. Somit konnte V nicht davon ausgehen, dass er mit der von A vertretenen Fa. K einen Vertrag schließen soll.

Folglich ist kein Vertrag zwischen V und K zustande gekommen. K braucht den Kaufpreis nicht an V zu zahlen.

II. V könnte von A die Kaufpreiszahlung gem. § 433 II verlangen.

Voraussetzung hierfür sind Angebot und Annahme, d. h. zwei übereinstimmende Willenserklärungen.

A hat gegenüber V ein Angebot auf Abschluss eines Kaufvertrages erklärt. Dass er dabei nicht für sich, sondern für K handeln wollte, kann nach seiner Erklärung bei Anlieferung der Maschine angenommen werden. *Gem. § 164 II kommt allerdings der Mangel des Willens, für sich handeln zu wollen, nicht in Betracht.* Folglich könnte der „Vertreter" A selbst Vertragspartner werden. Das von ihm gemachte Angebot hat V – durch Lieferung der Maschine – auch angenommen (vgl. §§ 145, 151 S. 1). Fraglich ist, ob die von A abgegebene Willenserklärung wirksam war. Denn der 17-jährige A ist in seiner Geschäftsfähigkeit beschränkt. *Gem. § 107 bedarf er für das Kaufangebot, das keinen rechtlichen Vorteil mit sich bringt (Kaufpreiszahlungsanspruch des Verkäufers), der Einwilligung seiner gesetzlichen Vertreter. Eine vorherige Zustimmung (§ 183 S. 1) liegt nicht vor.[3] Nach § 108 I können diese den Vertrag noch genehmigen.*

---

3 Für § 110 („Taschengeldparagraph") gibt es keine Anhaltspunkte im Sachverhalt.

Solange die gesetzlichen Vertreter des A keine nachträgliche Zustimmung erteilen, ist der Vertrag schwebend unwirksam, ein Kaufpreiszahlungsanspruch des V gegen A besteht (noch) nicht.

Aufgabe 4:

V könnte gegenüber K einen Anspruch auf Bezahlung und Abnahme der 100 Sägeblätter gem. § 433 II haben.

1. Dies setzt voraus, dass zwischen K und V ein wirksamer Kaufvertrag besteht. Ein Kaufvertrag kommt durch zwei übereinstimmende Willenserklärungen, Angebot und Annahme, zustande.

a) Ein Angebot könnte in dem Schreiben des V zu sehen sein, mit dem er K einen Posten Sägeblätter zu einem bestimmten Preis anbietet. Hier fehlt jedoch eine Bestimmung der Menge. Das Angebot ist damit nicht hinreichend konkretisiert, sodass K es lediglich durch ein „Ja" annehmen könnte. Es handelt sich hierbei um eine sog. „invitatio ad offerendum".

b) K unterschreibt die Bestellung und hat damit ein Angebot gegenüber V abgegeben.

c) *V müsste dieses Angebot angenommen haben.* Indem V die Bestellung dem K gegenüber bestätigt, sind zwei übereinstimmende Willenserklärungen bezüglich des Kaufs von 100 Sägeblättern abgegeben worden.

V könnte somit die Bezahlung der Sägeblätter von K verlangen.

2. Die Willenserklärung des K könnte jedoch gem. § 142 I nichtig sein, wenn K diese wirksam angefochten hat.

a) Zunächst ist ein Anfechtungsgrund erforderlich. In Betracht kommt ein Erklärungsirrtum gem. § 119 I, 2. Alt. Bei diesem Irrtum gibt der Erklärende eine andere Erklärung ab, als er wollte, weil er sich verspricht, verschreibt oder vergreift. Außerdem dürfte der Erklärende bei Kenntnis der Sachlage und Würdigung des Einzelfalls eine solche Erklärung nicht abgegeben haben. K wollte ein Kaufangebot für 10 Sägeblätter abgeben, hat objektiv jedoch eine Erklärung über den Kauf von 100 Sägeblättern abgegeben. Dieser Fehler beruhte auf einem Verschreiben seiner Sekretärin. Da K das Schreiben, ohne es noch einmal durchzulesen, in der Vorstellung eines bestimmten Inhalts unterschrieben hat und das Schreiben diesen Inhalt nicht aufwies, hat K eine Erklärung abgegeben, die er mit diesem Inhalt überhaupt nicht abgeben wollte. Also liegt ein Anfechtungsgrund gem. § 119 I, 2. Alt. vor.

b) K müsste gem. § 143 I und II gegenüber V die Anfechtung erklären. Diese Voraussetzung hat K durch die schriftliche Anfechtungserklärung gegenüber V erfüllt.

c) Die Anfechtung muss nach § 121 I 1 unverzüglich, d. h. ohne schuldhaftes Zögern nach Kenntnis des Anfechtungsgrundes erklärt werden. K hat die Anfechtung unmittelbar nach dem Erkennen des Versehens erklärt, sodass die Frist eingehalten worden ist.

d) Gem. § 142 I ist das angefochtene Rechtsgeschäft, d. h. die aufgrund des Irrtums abgegebene Willenserklärung des K, als von Anfang an nichtig anzusehen. Mit der wirksamen Anfechtung wird eine der für den Vertrag erforderlichen Willenserklärungen beseitigt, sodass der Kaufvertrag hinfällig ist.

Somit hat V gegenüber K keinen Anspruch auf Bezahlung und Abnahme der 100 Sägeblätter gem. § 433 II.

Aufgabe 5:

I. Ein Herausgabeanspruch des V gegen K hinsichtlich der Sägeblätter könnte gem. § 985 in Betracht kommen.

1. Voraussetzung hierfür ist, dass K Besitzer der Sägeblätter ist. Gemäß § 854 I ist Besitzer derjenige, der die tatsächliche Gewalt über eine Sache hat. Da sich 100 Sägeblätter in der Werkstatt des K befinden, ist dieser auch Besitzer.

2. Weiterhin müsste V Eigentümer der Sägeblätter sein. V könnte das Eigentum jedoch durch eine wirksame Eigentumsübertragung an K gemäß § 929 S. 1 verloren haben. Voraussetzung hierfür sind Einigung und Übergabe. Eine Einigung setzt zwei übereinstimmende Willenserklärungen voraus. V und K haben sich über den Eigentumsübergang geeinigt und die Ware wurde auch übergeben. Demnach ist K Eigentümer der Sägeblätter geworden.[4]

Ein Herausgabeanspruch des V gegen K gem. § 985 ist nach alledem nicht gegeben.

II. V könnte von K die Herausgabe der Sägeblätter gemäß § 812 I 1, 1. Alt. verlangen.

1. Voraussetzung hierfür ist zunächst, dass V etwas erlangt hat. „Etwas" ist jeder Vermögensvorteil. K hat Besitz und Eigentum an den Sägeblättern erlangt.

2. Weiterhin muss dies durch die Leistung des V geschehen sein. Eine Leistung ist jede bewusste und zweckgerichtete Vermehrung fremden Vermögens. Indem V dem K das Eigentum an den Sägeblättern übertragen hat, wollte er seine Verpflichtung aus dem Kaufvertrag erfüllen.

3. Letztlich muss diese Leistung ohne rechtlichen Grund erfolgt sein. Der zwischen K und V geschlossene Kaufvertrag ist aufgrund der durch K erfolgten Anfechtung gem. § 142 I von Anfang an nichtig. Die Leistung der K ist also ohne rechtlichen Grund erfolgt.

---

4 Die Anfechtung bezog sich auf das Grundgeschäft. Siehe hierzu „Vertiefung Anfechtung" II. 4. Die Lösung dieses Falles erfordert die einwandfreie Beherrschung des **Abstraktionsprinzips** (= Grundsatz, dass Verpflichtungsgeschäft und Erfüllungsgeschäft in ihrem Bestand voneinander unabhängig sind). Der schuldrechtliche Kaufvertrag begründet lediglich die Pflicht des Verkäufers V zur Übergabe der verkauften Sache an den Käufer und zur Übertragung des Eigentums, lässt aber die dingliche Rechtslage (Eigentum) unberührt. Das Eigentum muss erst durch ein besonderes dingliches Rechtsgeschäft gem. § 929 S. 1 übertragen werden. Bei der Prüfung von § 985 kommt es auf das Verfügungsgeschäft (Eigentumserwerb an den Sägeblättern) an; bei § 812 I 1, 1. Alt. ist hingegen das Verpflichtungsgeschäft (= Kaufvertrag) relevant.

Folglich hat V gegenüber K einen Herausgabeanspruch hinsichtlich der Sägeblätter gemäß § 812 I 1, 1. Alt.

Vertiefung: **Minderjährigenrecht**[5]

> Beschränkt geschäftsfähig ist der Minderjährige, der das 7. Lebensjahr, aber noch nicht das 18. Lebensjahr vollendet hat (§§ 2, 106).

I. Für Rechtsgeschäfte eines beschränkt Geschäftsfähigen gilt Folgendes:

1. Rechtsgeschäfte, die der Minderjährige ohne Zustimmung tätigen kann

Gem. § 107 ist die von einem Minderjährigen abgegebene Willenserklärung wirksam, wenn sie für ihn lediglich **rechtlich** vorteilhaft ist. Bei dieser Beurteilung kommt es allein auf die unmittelbar ausgelöste rechtsgeschäftliche Folge an; eine wirtschaftliche Betrachtung darf nicht stattfinden.[6] Vorteilhafte Rechtsgeschäfte sind:

a) bei den **Verpflichtungsgeschäften** nur die Schenkung, denn durch diesen Vertrag wird dem Minderjährigen unentgeltlich eine Leistung versprochen. Die gegenseitig verpflichtenden Verträge (Kaufvertrag, Werkvertrag . . . usw.) sind für den Minderjährigen nachteilig.

b) alle **Verfügungsgeschäfte**, aufgrund derer der Minderjährige Rechte, das Eigentum an Sachen, eine Hypothek o. Ä. erwirbt.

c) bei den **einseitigen Rechtsgeschäften** die Mahnung sowie die Kündigung eines unverzinslichen Darlehens.[7]

Zustimmungsfrei sind auch die **neutralen Geschäfte**, zumal sie nur für bzw. gegen einen Dritten wirken (z. B. die von einem beschränkt geschäftsfähigen Vertreter abgegebene Willenserklärung gem. § 165[8]). Gem. §§ 112,113 kann der Minderjährige für bestimmte gesetzlich festgelegte Bereiche mit Ermächtigung des gesetzlichen Vertreters volle Geschäftsfähigkeit (sog. Teilgeschäftsfähigkeit) erlangen.

---

5 Literatur zur Vertiefung: BREHM, § 9, BROX, AT, §§ 23–27; HIRSCH, AT, 6. Kapitel, A; MEDICUS, AT, § 39, WESTERMANN, Einführung Kapitel 3; WÖRLEN, BGB AT, Rn. 105 ff.; WÖRLEN/METZLER-MÜLLER, Fragen 60–75; MUSIELAK, § 5 III; SCHELLHAMMER, S. 976 ff..

6 Siehe dazu KLUNZINGER, § 11 II 2. So müssen auch die mittelbaren Rechtsnachteile, die sich evtl. auf Grund des rechtlich vorteilhaften Geschäfts ergeben (z. B. Vertragskosten, Steuerpflichten), außer Betracht bleiben; vgl. PALANDT/HEINRICHS, § 107 Rn. 3 m. w. N.

7 Auslobung, Kündigung eines verzinslichen Darlehens, Anfechtung . . . usw. sind rechtlich nachteilig.

8 Siehe hierzu Fall 1, Aufgabe 1 (I).

2. Zustimmungsbedürftige Rechtsgeschäfte

Rechtsgeschäfte, die nicht nach den unter 1. aufgezeigten Grundsätzen zustimmungsfrei sind, sind erst dann wirksam, wenn der (vertretungsberechtigte) gesetzliche Vertreter seine Einwilligung (= vorherige Zustimmung, vgl. § 183 S. 1) erteilt hat. Fehlt diese, so sind gem. § 111 einseitige Rechtsgeschäfte unwirksam. Verträge können nach § 108 genehmigt werden; bis zur Erteilung bzw. Verweigerung der Genehmigung (= nachträgliche Zustimmung, vgl. § 184 I) ist der Vertrag schwebend unwirksam.[9]

Gem. § 110 ist ein vom Minderjährigen geschlossener Vertrag ohne Zustimmung wirksam, wenn der Minderjährige die vertragsmäßige Leistung mit Mitteln bewirkt hat, die ihm zu diesem Zweck oder zur freien Verfügung überlassen worden sind (sog. „Taschengeldparagraph")[10] Das „Bewirken" setzt voraus, dass der Minderjährige die gesamte Leistung mit den überlassenen Mitteln erbracht hat.

II. Sonstige Rechtshandlungen des beschränkt Geschäftsfähigen

Gem. § 828 II ist der Minderjährige für einen Schaden, den er einem anderen zufügt, nicht verantwortlich, wenn er bei der Begehung der schädigenden Handlung nicht die zur Erkenntnis der Verantwortlichkeit erforderliche Einsicht hat.[11]

Prüfschema – Wirksamkeit der Willenserklärung eines beschränkt Geschäftsfähigen:

Beispiel:

Kaufpreiszahlungsanspruch des Verkäufers V gegen 16-jährigen Käufer K gem. § 433 II; das Angebot zum Abschluss des Vertrages hat V gemacht. K hat die Annahme erklärt.

Ist die Annahmeerklärung des K wirksam?
1. § 107 – lediglich rechtlicher Vorteil
2. § 107 – vorherige Zustimmung (Einwilligung) des gesetzlichen Vertreters
3. § 110 – Taschengeldparagraph
4. § 108 I – nachträgliche Zustimmung (Genehmigung) des gesetzlichen Vertreters.

---

9 Beispiel in Fall 1, Aufgabe 3 (II).

10 Nach der herrschenden Lehre ist § 110 eine Form der konkludenten Einwilligung; s. hierzu Münchener Kommentar/GITTER, § 110, Rn. 3 m. w. N. Zur Gegenansicht (selbstständiger Anwendungsbereich des § 110) vgl. LARENZ/WOLF, § 6 III a 3.

11 Beispiel in Fall 10, Aufgabe 3 (I).

Vertiefung: **Anfechtung**[12]

I. Allgemeines

Wenn dem Erklärenden bei seiner Willenserklärung ein Irrtum unterläuft, steht ihm nach §§ 119 ff. unter bestimmten Voraussetzungen ein Anfechtungsrecht zu. Damit erhält er die Möglichkeit, seine Willenserklärung rechtlich zu vernichten. Die Regelungen über den Inhalts- und Erklärungsirrtum (Fälle des unbewussten Abweichens von Wille und Erklärung) beruhen auf der Erwägung, dass der Erklärende nicht gegen seinen Willen an einer Erklärung festgehalten werden soll, die nicht seinem Geschäftswillen entspricht.

Zunächst ist allerdings Voraussetzung, dass eine Willenserklärung existiert und nicht nichtig ist – was nach den §§ 116–118 („Geheimer Vorbehalt", „Scheingeschäft", „Mangel der Ernstlichkeit") der Fall sein kann. Außerdem muss geprüft werden, ob der Erklärungsempfänger in seinem Vertrauen auf das Erklärte schutzwürdig ist, d. h., wie er die Willenserklärung aufgefasst hat bzw. bei Anwendung der ihm zumutbaren Sorgfalt auffassen musste. Dies ist ggf. durch Auslegung der Willenserklärung zu ermitteln (Merke: **Auslegung geht vor Anfechtung!**).

Die Anfechtung der Willenserklärung führt nach § 142 I zu deren Nichtigkeit. In dieser Vorschrift wird allerdings nicht die Willenserklärung, sondern ein „anfechtbares Rechtsgeschäft" genannt. Da ein Rechtsgeschäft aus mindestens einer Willenserklärung besteht (ein Vertrag aus zwei sich deckenden Willenserklärungen), wird also, wenn dieses angefochten wird, automatisch die dem Rechtsgeschäft zugrunde liegende Willenserklärung angefochten.

> **Wichtig:**
> Die Anfechtung darf erst geprüft werden, wenn feststeht, dass z. B. ein Vertrag zu Stande gekommen ist.[13] Dann kann erörtert werden, „. . .. ob die Willenserklärung des K (sein Angebot oder seine Annahme) gem. § 142 I als von Anfang an nichtig anzusehen ist. Das ist der Fall, wenn der Erklärende seine Willenserklärung wirksam angefochten hätte . . ."

---

12 Literatur zur Vertiefung: Brehm, § 8; Brox, AT, §§ 18–20; Danne/Keil, B 5.8; Haase/Keller, Rn. 323 ff.; Hirsch, AT, Sechstes Kapitel, C II–IV; Kern, Ausgewählte Probleme der Anfechtung, JuS 1998, 41; Larenz/Wolf, § 36; Medicus, AT, §§ 47 ff.; Schellhammer, S. 1016 ff.; Westermann, Einführung, Kapitel 6 I, II; Wörlen, BGB AT, Rn. 196 ff.; Wörlen/Metzler-Müller, Fragen 116–135.
13 Siehe hierzu auch das Prüfschema auf S. 30.

II. Voraussetzungen der Anfechtung

1. Anfechtungsgrund

Zunächst muss ein in den §§ 119 ff. genannter Anfechtungsgrund vorliegen.

a) Inhaltsirrtum

Ein solcher liegt nach § 119 I, 1. Alt. vor, wenn der Erklärende bei der Abgabe einer Willenserklärung über deren Inhalt im Irrtum war. Er erklärt zwar, was er erklären will, irrt aber über die rechtliche Bedeutung seiner Erklärung. Der Erklärende misst dieser einen anderen Sinn bei, als sie in Wirklichkeit hat.

Beispiele:

Irrtum über den Vertragspartner (statt Malermeister Meier wird Malermeister Meyer telefonisch beauftragt); Irrtum über die Geschäftsart (der Erklärende will sich verbürgen, unterschreibt aber einen Schuldbeitritt); Irrtum über die Vertragsart (der Erklärende unterzeichnet einen Mietvertrag im Glauben, es handele sich um einen Leihvertrag), Irrtum über den Vertragsgegenstand (K bestellt 25 Gros (= 3 600) Rollen Toilettenpapier und meint, es handele sich um 25 große Rollen).

b) Erklärungsirrtum

Nach § 119 I, 2. Alt. liegt ein Irrtum in der Erklärungshandlung (= Erklärungsirrtum) vor, wenn der Erklärende bei der Abgabe der Willenserklärung „eine Erklärung dieses Inhalts überhaupt nicht abgeben wollte". Der Erklärende erklärt nicht das, was er erklären will, sondern verschreibt, vergreift oder verspricht sich.

Beispiel:

V will dem K seinen Pkw für 9600 € verkaufen, schreibt aber 6900 €.

Weitere Voraussetzungen der genannten Irrtümer ist nach § 119 I, dass die Erklärung bei Kenntnis der Sachlage und bei verständiger Würdigung des Falls nicht abgegeben worden wäre. Ein Irrtum, der sich nur auf nebensächliche Punkte erstreckt oder wirtschaftlich unbedeutend ist, ist deshalb nicht erheblich[14] (z. B. die Preisangabe von 1000,98 € statt 1000,99 €).

c) Motivirrtum

Ein Motivirrtum (Irrtum bei der Willensbildung, also im „Beweggrund") liegt vor, wenn der Erklärende irrtümlich von einem falschen Umstand ausgeht, der für den Geschäftswillen bedeutsam ist. Dieser Irrtum berechtigt **nicht** zur Anfechtung.

Beispiele:

K kauft ein Service für die Hochzeit seines Freundes, die dann aber nicht stattfindet. Dachdeckermeister V verrechnet sich bei der Abgabe seines Angebots und teilt dem Auftraggeber nur das Ergebnis seiner Berechnung mit (sog. Kalkulationsirrtum).

---

14 Vgl. Palandt/Heinrichs, § 119 Rn. 31 m. w. N.

Beim **Kalkulationsirrtum** irrt der Erklärende über den Umstand (Rechnungsfaktor), den er seiner Berechnung zugrunde legt. Wenn die Kalkulation dem Vertragspartner nicht offen gelegt worden ist, handelt es sich um einen Motivirrtum. Gleiches gilt für den sog. offenen Kalkulationsirrtum, bei dem die fehlerhafte Kalkulation ausdrücklich zum Gegenstand der Vertragsverhandlungen gemacht worden ist.[15]

d) Eigenschaftsirrtum

Nach § 119 II berechtigt auch der „Irrtum über solche Eigenschaften der Person oder der Sache, die im Verkehr als wesentlich angesehen werden", zur Anfechtung. Dieser Eigenschaftsirrtum stellt einen Spezialfall des Motivirrtums dar.[16] Dem Erklärenden ist bei der Willensbildung ein Irrtum unterlaufen.

Eigenschaften einer Sache sind alle wertbildenden Faktoren. Keine Eigenschaft hingegen ist der Wert oder Preis des Gegenstands[17], da der Preis kein wertbildender Faktor ist, sondern von den Gegebenheiten des Marktes abhängt.

Beispiele:

Lage, Grenze und Bebaubarkeit eines Grundstücks; Unfallfreiheit und Laufleistung eines Pkw; Echtheit eines Bildes oder von Schmuck (V verkauft dem K ein Armband zu einem Kaufpreis von 80 €, da er annimmt, das Schmuckstück sei nur vergoldet. Tatsächlich besteht das Armband aus reinem Gold und hat einen Wert von 600 €).

Bei den **Eigenschaften einer Person** – wie u. a. Alter, Geschlecht, Konfession, politische Einstellung, Vorstrafen, berufliche Fähigkeiten, Kreditwürdigkeit – ist auf den konkret abgeschlossenen Vertrag abzustellen.

Beispiele:

Alter, Sachkunde, Zuverlässigkeit, Vertrauenswürdigkeit, Diskretion, Qualifikation bei einer Chefsekretärin[18]; Kreditwürdigkeit des Käufers beim Kauf auf Kredit; Parteizugehörigkeit eines Redakteurs für den politischen Teil einer Zeitung.

e) Falsche Übermittlung

Ein Irrtum bei der Willensäußerung liegt auch bei der unrichtigen Übermittlung des Willens vor (§ 120). In diesem Fall bedient sich der Erklärende zur Übermittlung seiner Willenserklärung einer Person oder Anstalt (z. B. Bote, Dolmetscher, Telekom, Post-AG, private Netzanbieter), die die „Willenserklärung . . . unrichtig übermittelt".

---

15 So die hL und auch der BGH (139, 177). Das RG hat in diesen Fällen einen erweiterten Inhaltsirrtum angenommen und ein Anfechtungsrecht bejaht (RG 64, 268; 162, 201). Ausführlich: Brox, AT, § 18 (Rn. 378).

16 H. M.; Larenz/Wolf, § 36.

17 BGHZ 16, 57.

18 Eine Schwangerschaft ist allerdings keine Eigenschaft einer Person, sondern ein vorübergehender, in der Regel neun Monate dauernder Zustand.

Beispiel:

V schickt einen Boten zu K, um diesem zu übermitteln, dass er den Pkw für 9400 € verkaufen solle; der Bote überbringt dem K die Erklärung, V wolle den Wagen für 4900 € veräußern.

Die unrichtige Übermittlung wird nach § 120 wie ein Erklärungsirrtum behandelt, denn Wille und Erklärung weichen voneinander ab.

f) Arglistige Täuschung

Nach § 123 I, 1. Alt. kann eine Willenserklärung angefochten werden, wenn sie auf einer arglistigen Täuschung beruht. Dadurch soll die Freiheit der Willensentschließung geschützt werden.

Es muss eine **Täuschungshandlung** vorliegen, d. h. ein Tun oder Unterlassen[19], wie z. B. das Vorspiegeln oder Unterdrücken von Tatsachen (ein Verkäufer verschweigt, dass es sich bei dem Pkw um einen Unfallwagen handelt). Die Täuschungshandlung muss bei dem Erklärenden einen **Irrtum** hervorrufen, diesen bestärken oder ihn aufrechterhalten. Der Erklärende hat also eine falsche Vorstellung von der Realität (der Käufer meint, es handele sich um einen unfallfreien Pkw) und gibt deshalb eine **Willenserklärung** ab (der Käufer nimmt das Verkaufsangebot hinsichtlich des Wagens für 15 000 € an). Die Täuschungshandlung muss für die abgegebene Willenserklärung **ursächlich** gewesen sein, d. h. der Erklärende hätte die Willenserklärung ohne die Täuschung nicht bzw. nicht so abgegeben (der K hätte bei Kenntnis des Unfalls nicht den entsprechenden Kaufpreis bezahlt oder sogar von einem Vertragsschluss abgesehen).

Die Täuschung muss widerrechtlich sein.[20] Außerdem muss der Täuschende **arglistig** gehandelt haben. Es ist also Vorsatz erforderlich. Der Täuschende muss wissen und wollen, dass der andere durch die Täuschung zu einer Willenserklärung bestimmt wird, die er ohne Täuschung möglicherweise nicht oder nicht so abgeben würde (V wusste von dem Unfall des Pkw und auch, dass K bei Kenntnis der richtigen Umstände den Wagen nicht – bzw. nicht zu dem Preis – gekauft hätte).

Gem. § 123 II ist, wenn ein Dritter die Täuschung verübte, die Erklärung, die einem anderen gegenüber abzugeben war (also eine empfangsbedürftige Willenserklärung), nur anfechtbar, wenn dieser die Täuschung kannte oder kennen musste. Dritter i. S. dieser Vorschrift ist nur der am Geschäft Unbeteiligte, nicht hingegen z. B. der Vertreter des Erklärungsgegners, da er auf dessen Seite steht und maßgeblich am Zustandekommen des Vertrags mitgewirkt hat.[21]

g) Widerrechtliche Drohung

Voraussetzung dieses Anfechtungsgrundes ist, dass der Erklärende widerrechtlich durch Drohung zur Abgabe der Willenserklärung bestimmt worden ist (§ 123 I, 2. Alt.).

---

19 Dieses ist nur dann als Täuschung zu werten, wenn eine Rechtspflicht zum Handeln bestand.
20 Diese Voraussetzung ergibt sich – anders als bei der Drohung – nicht aus dem Gesetzeswortlaut. Der Gesetzgeber ging davon aus, dass eine arglistige Täuschung immer widerrechtlich sei.
21 Einzelfälle bei PALANDT/HEINRICHS, § 123 Rn. 12 ff.

Bei diesem Tatbestand des § 123 I liegt kein Irrtum des Erklärenden vor. Die widerrechtliche Drohung berechtigt zur Anfechtung der Willenserklärung, weil die Freiheit der Willensentschließung geschützt werden soll.

Unter einer Drohung versteht man das Inaussichtstellen eines zukünftigen empfindlichen Übels, auf dessen Eintritt der Drohende Einfluss zu haben vorgibt.

Beispiele:

Drohung mit einer Strafanzeige, Drohung mit einer negativen Presseveröffentlichung.

Der Bedrohte muss Furcht vor diesem künftigen Übel haben und deshalb eine Willenserklärung abgeben; die Drohung muss hierfür ursächlich sein (Kausalität): Ohne Drohung hätte der Erklärende die Willenserklärung nicht bzw. nicht so abgegeben. Widerrechtlichkeit liegt vor, wenn das angewandte Mittel der Drohung (z. B. Schläge) oder der erstrebte Erfolg/Zweck (z. B. Drogenkauf) verwerflich ist; sie kann sich auch aus der Mittel-Zweck-Relation ergeben:

Beispiel:

Drohung mit einer Strafanzeige wegen tatsächlich begangener Unfallflucht, damit der Betroffene den alten PC des Drohenden abkauft. Die Anzeige wegen Unfallflucht ist – für sich betrachtet – rechtmäßig. Ebenso der Zweck, der Abschluss eines Kaufvertrags. Durch die Kombination des Mittels mit dem Zweck wird der andere einem mittelbaren Zwang (Angst vor einer Anzeige) ausgesetzt und zum Abschluss des Vertrags veranlasst, den er ansonsten nicht abgeschlossen hätte.

Der Drohende muss den Willen haben, den Willen des Bedrohten zu bestimmen (Vorsatz ist also erforderlich).

Bei der Anfechtung wegen widerrechtlicher Drohung ist es gleichgültig, ob der Erklärungsempfänger oder ein Dritter droht (anders bei der arglistigen Täuschung, vgl. § 123 II). Selbst bei Gutgläubigkeit des Erklärungsempfängers kann die Willenserklärung angefochten werden.[22]

2. Anfechtungserklärung

Gem. § 143 I muss die Anfechtung ausdrücklich oder konkludent erklärt werden. Dabei ist der Ausdruck „Anfechtung" nicht wichtig, sondern es genügt, wenn der Erklärende zu erkennen gibt, dass er seine Erklärung wegen eines Anfechtungsgrunds nicht gelten lassen will.

Die Anfechtungserklärung ist ein formfreies, empfangsbedürftiges Rechtsgeschäft (= Willenserklärung). Sie muss gegenüber dem Anfechtungsgegner erfolgen – bei einem Vertrag also gegenüber dem Vertragspartner (vgl. § 143 II). Anfechtungsberechtigt ist, wer die Willenserklärung, die auf dem Willensmangel beruht, abgegeben hat (im Fall des § 120 also der Geschäftsherr und nicht die Übermittlungsperson bzw. -anstalt).

---

22 Dies folgt aus dem Umkehrschluss aus § 123 II.

3. Anfechtungsfrist

In den Fällen der §§ 119, 120 muss die Anfechtung unverzüglich (ohne schuldhaftes Zögern) erfolgen, nachdem der Anfechtungsberechtigte von dem Anfechtungsgrund Kenntnis erlangt hat (§ 121 I 1). Wenn seit der Abgabe der Willenserklärung zehn Jahre verstrichen sind, ist die Anfechtung ausgeschlossen (§ 121 II).

In den Fällen des § 123 kann die Anfechtung binnen Jahresfrist erfolgen (§ 124 I); auch hier gilt die Zehn-Jahresfrist (§ 124 III). Die Frist beginnt mit der Entdeckung der Täuschung bzw. Beendigung der Zwangslage bei der Drohung.

4. Wirkung und Rechtsfolgen der Anfechtung

Nach § 142 I ist das Rechtsgeschäft als von Anfang an (ex tunc)[23] nichtig anzusehen. Es wird also so behandelt, als sei es überhaupt nicht vorgenommen worden.

Die Anfechtung führt nicht nur zur Nichtigkeit von einseitigen Rechtsgeschäften, sondern auch zur Nichtigkeit von Verträgen. Denn angefochten wird die einzelne, mit einem Irrtum behaftete Willenserklärung. Der Anbieter kann also sein Angebot, der Annehmende seine Annahmeerklärung anfechten. Wenn eine dieser beiden Willenserklärungen wirksam angefochten ist, fehlt eine der für den Vertrag erforderlichen Willenserklärungen, sodass der Vertrag selbst hinfällig ist.[24]

Gem. § 122 I hat der Anfechtende bei einer Anfechtung nach § 119 oder § 120 dem Vertragspartner Schadensersatz in Höhe des sog. negativen Interesses (sog. Vertrauensschaden), begrenzt auf das positive Interesse (sog. Erfüllungsschaden[25]), zu leisten. Der Vertrauensschaden ist der Schaden, den der Geschädigte dadurch erleidet, dass er auf die Gültigkeit des Rechtsgeschäfts (der Erklärung) vertraut hat. Der Anfechtungsgegner muss also so gestellt werden, als hätte er von dem Geschäft nie etwas gehört (meist: Ersatz der Porto-, Telefon-, Transportkosten). Der Schadensersatz ist nach § 122 II ausgeschlossen, wenn der Geschädigte den Grund der Nichtigkeit oder der Anfechtung kannte oder infolge von Fahrlässigkeit nicht kannte.

Bei einer nach § 123 erfolgten Anfechtung kann der Anfechtungsgegner keinen Schadensersatz verlangen; dies wäre auch unbillig, zumal dieser den Erklärenden getäuscht oder bedroht hat. Der Anfechtende hat vielmehr gegen den Täuschenden bzw. Drohenden einen Anspruch aus §§ 280 I, 311 II, 241 II und Delikt (§§ 826 bzw. 823 II i. V. m. §§ 263, 240 StGB).

---

23 Bei Arbeits- und Gesellschaftsverträgen wirkt die Anfechtung grundsätzlich nur für die Zukunft (ex nunc), denn die erbrachten Leistungen sollen Bestand haben und nicht über das Bereicherungsrecht abgewickelt werden; siehe hierzu: PALANDT/HEINRICHS, § 142 Rn. 2.

24 So BROX, AT, § 18 IV; LARENZ/WOLF, § 20 II; aA LEENEN, Jura 1991, 303: Für ihn ist der Vertrag Gegenstand der Anfechtung. Er ist anfechtbar, wenn eine der zum Vertragsschluss erforderlichen Willenserklärungen mit einem Willensmangel behaftet ist.

25 = der Schaden, der dem Schuldner infolge der Nichterfüllung entsteht. Der Geschädigte muss so gestellt werden, wie er stünde, wenn ordnungsgemäß erfüllt worden wäre (z. B. Ersatz des entgangenen Gewinns). In der Regel ist der Erfüllungsschaden höher als der Vertrauensschaden.

Wird ein Verpflichtungsgeschäft wirksam angefochten, sind die erbrachten Leistungen nach Bereicherungsrecht (gem. § 812 I 1, 1. Alt.[26]; a. A.: § 812 I 2, 1. Alt.[27]) zurückzugewähren.

Auch ein angefochtenes Verfügungsgeschäft ist von Anfang an nichtig. Das bedeutet z. B. bei einer Übereignung, dass der Erwerber von Anfang an Nichtberechtigter war. Hat er inzwischen weiterverfügt, so richtet sich die Wirksamkeit dieser Verfügung nach den Vorschriften über den gutgläubigen Erwerb (§§ 929, 932[28]).

Verpflichtungs- und Erfüllungsgeschäft sind voneinander losgelöst zu betrachten (Abstraktionsprinzip). Die Anfechtung des Verpflichtungsgeschäfts führt nicht automatisch zur Unwirksamkeit des Erfüllungsgeschäfts.[29] Die Anfechtbarkeit beider Geschäfte ist daher jeweils getrennt zu prüfen.

Nur die Anfechtung gem. § 123 erfasst in der Regel das Verpflichtungs- und das Erfüllungsgeschäft.

Prüfschema – Anfechtung einer Willenserklärung:

1. Anfechtbare Willenserklärung
2. Anfechtungsgrund
   a) Inhaltsirrtum, § 119 I, 1. Alt.
   b) Erklärungsirrtum, § 119 I, 2. Alt.
   c) Eigenschaftsirrtum, § 119 II
   d) falsche Übermittlung, § 120
   e) arglistige Täuschung, § 123 I, 1. Alt.
   f) widerrechtliche Drohung, § 123 I, 2. Alt.
3. Anfechtungserklärung, § 143
4. Anfechtungsfrist, §§ 121, 124

Wirkung der Anfechtung: WE ist von Anfang an nichtig, § 142 I

---

26 Wegen der Rückwirkung der Anfechtung (§ 142 I) wird z. T. ein Bereicherungsanspruch nach Satz 1 angenommen.

27 Da der Rechtsgrund für die Leistung tatsächlich bis zur Erklärung der Anfechtung bestanden hat, kann auch dieser Satz als Anspruchsgrundlage genannt werden (vgl. PALANDT/THOMAS, § 812, Rn. 77). Ausführlich unter Vertiefung: Ungerechtfertigte Bereicherung.

28 Siehe hierzu die Vertiefung „Gutgläubiger Eigentumserwerb vom Nichtberechtigten".

29 PALANDT/HEINRICHS, Überblick vor § 104 Rn. 22 ff.

Vertiefung: **Stellvertretung (§§ 164 ff.)**[30]

> Stellvertretung ist rechtsgeschäftliches Handeln für einen anderen mit der Folge, dass dieser aus dem Geschäft unmittelbar berechtigt oder verpflichtet wird.

Es handelt sich hierbei meist um ein Dreiecksverhältnis

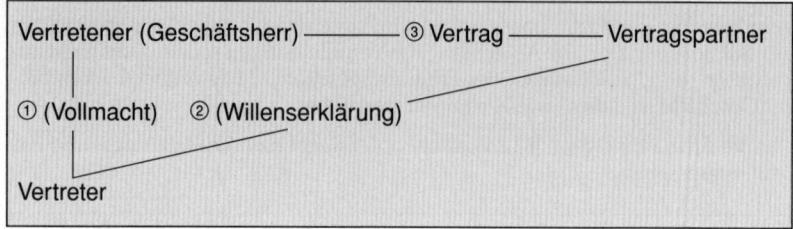

① = **Innenverhältnis** – der Vertreter darf für den Vertretenen handeln; Grundlage ist meist eine Vollmacht i. S. d. §§ 167 I, 166 II 1 – diese beruht oft auf einem Auftrag (§ 662).

② = **Außenverhältnis** – der Vertreter gibt eine Willenserklärung im Namen des Vertretenen gegenüber dem Vertragspartner ab.

③ = **Rechtsfolgen der wirksamen Vertretung** (z. B. Zustandekommen eines Vertrages).

I. Zulässigkeit der Stellvertretung

Die Stellvertretung ist bei allen Rechtsgeschäften zulässig, die nicht höchstpersönlich vorzunehmen sind.[31]

II. Voraussetzungen der Stellvertretung

1. Eigene Willenserklärung des Vertreters

Der Vertreter formuliert die Erklärung selbstständig und entscheidet über das „Ob" und „Wie" des Rechtsgeschäfts – im Gegensatz zum **Boten**, der nur eine

---

30 Literatur zur Vertiefung Brehm, § 15; Brox, AT, §§ 23–27, Hirsch, AT, 7. Kapitel; Schellhammer, S. 921 ff.; Westermann, Einführung, Kapitel 6; Wörlen, BGB AT, Rn. 301 ff.; Wörlen/Metzler-Müller, Fragen 173–197.

31 Beispiele für höchstpersönlich vorzunehmende Rechtsgeschäfte: Eheschließung (§ 1310 BGB); Anfechtung der Vaterschaft (§ 1600); Errichtung einer Verfügung von Todes wegen (§ 2064). In Falllösungen ist dies nur in Ausnahmefällen zu erörtern.

fremde, vom Geschäftsherrn vorformulierte Willenserklärung übermittelt.[32] Die Regeln über die Willenserklärung und deren Wirksamkeit gelten auch hier; es genügt allerdings, dass der Vertreter beschränkt geschäftsfähig ist (§ 165 beinhaltet eine Sonderregelung[33]).

2. Abgabe der Willenserklärung im Namen des Vertretenen

Der Vertreter muss mit seiner Erklärung gegenüber dem Vertragspartner zum Ausdruck bringen, dass die Rechtsfolgen einen anderen (den Vertretenen) treffen sollen.[34] Es gilt das **Offenkundigkeitsprinzip:** Sofern der Wille, in fremdem Namen zu handeln, nicht erkennbar hervortritt, wird der Erklärende selbst verpflichtet (§ 164 II).[35]

Das Offenkundigkeitsprinzip gilt nicht, wenn dem Erklärungsempfänger (= Vertragspartner) die Vertragspartei völlig gleichgültig ist. Beim sog. **Geschäft für den, den es angeht**, kommt das Geschäft ausnahmsweise auch ohne Handeln in fremdem Namen direkt mit dem Vertretenen zustande.[36] Bei unternehmerbezogenen Geschäften wird der Betriebsinhaber Vertragspartei.

3. Abgabe der Willenserklärung innerhalb der zustehenden Vertretungsmacht

Die Vertretungsmacht kann beruhen auf:

a) Rechtsgeschäft

Die durch Rechtsgeschäft erteilte Vertretungsmacht (**Vollmacht**, vgl. § 166 II 1) wird durch einseitige, empfangsbedürftige Willenserklärung des Geschäftsherrn[37] gegenüber dem Vertreter (Innenvollmacht) oder gegenüber dem Vertragspartner (Außenvollmacht) erteilt (§ 167 I); eine Annahmeerklärung des Bevollmächtigten ist nicht erforderlich.[38] Die Vollmacht ist grundsätzlich formfrei (§ 167 II). Sie erlischt u. a. mit dem Grundgeschäft bzw. durch Widerruf (§ 168).

b) Gesetz

Die gesetzliche Vertretungsmacht ist z. B. in den §§ 1626 I, 1629 (Eltern), § 1793 (Vormund), §§ 1896, 1902 (Betreuer), § 1909 (Pfleger) geregelt.[39]

---

32 Ausführlich zur Abgrenzung: Brox, AT, Rn. 475 ff.
33 Beispiel in Fall 1, Aufgabe 1 (I).
34 Zum Handeln unter fremdem Namen siehe Medicus, Rn. 82 f.
35 Siehe Fall 1, Aufgabe 3 (II).
36 So bei Bargeschäften des täglichen Lebens, zumal dort in der Regel kein Interesse an der Person des Vertragspartners existiert.
37 Auch schlüssiges Handeln ist möglich.
38 Meist beruht die Vollmacht auf einem Auftrag i. S. d. § 662. Sie entsteht allerdings unabhängig von dessen Wirksamkeit.
39 Darüber hinaus gibt es auch noch eine organschaftliche Stellvertretung bei den juristischen Personen des Privatrechts (AG, GmbH, rechtsfähiger Verein) und des öffentlichen Rechts (Bund, Länder, Gemeinden . . . usw.).

c) Rechtsschein

Rechtsscheinvollmachten sind in den §§ 170-173 geregelt: Im Falle des Erlöschens der Vollmacht ist zugunsten des Gutgläubigen vom Fortbestand der Vollmacht auszugehen. Von Rechtsprechung und Lehre wurden darüber hinaus die Duldungs- und Anscheinsvollmacht als Rechtsscheinsvollmachten anerkannt. Deren Voraussetzungen sind:

aa) Es muss der **Rechtsschein** einer wirksamen Vollmacht bestehen.

bb) Diesen Rechtsschein muss der Vertretene **zurechenbar gesetzt** haben, indem er
- wusste, dass der „Vertreter" rechtsgeschäftlich für ihn tätig wird, dies aber nicht verhindert hat (im Fall der **Duldungsvollmacht**[40]) bzw.
- die Möglichkeit der Kenntnisnahme vom Handeln des „Vertreters" hatte und dies hätte verhindern können (im Fall der **Anscheinsvollmacht**).

cc) Der Vertragspartner muss darauf vertraut haben, dass der „Vertreter" Vollmacht hatte, d. h. **gutgläubig** gewesen sein (entsprechend § 173).

III. Die Rechtsfolgen der wirksamen Vertretung

Gem. § 164 I 1 wirkt die Willenserklärung unmittelbar für und gegen den Vertretenen, er kann z. B. die sich aus dem Vertrag ergebenden Ansprüche geltend machen und muss die Forderungen des Vertragspartners aus dem Vertrag erfüllen.[41] Bei Willensmängeln bzw. der Kenntnis/dem Kennenmüssen gewisser Umstände ist gem. § 166 I auf die Person des Vertreters abzustellen.[42]

Prüfschema – Stellvertretung gem. § 164 I:

Beispiel:
Vertrag zwischen K und V, wobei S das Angebot als Stellvertreter des K abgibt.

Angebot durch S als Vertreter des K?
1. Eigene Willenserklärung des S.
2. Im Namen des Vertretenen K.
3. Innerhalb der dem S zustehenden Vertretungsmacht
   a) Vollmacht
   b) Falls keine Vertretungsmacht: § 177 I (Genehmigung des Vertretenen)
   c) Duldungs- oder Anscheinsvollmacht.

Rechtsfolge: Das durch S abgegebene Angebot wirkt unmittelbar für und gegen K.

Annahme des Angebots durch V. Folglich ist ein Vertrag zwischen K und V zustande gekommen.

---

40 Beispiel in Fall 1, Aufgabe 2 (I).
41 Siehe hierzu Fall 1, Aufgabe 2 (I).
42 So z. B. im Falle einer Anfechtung gem. §§ 119 ff. oder beim gutgläubigen Erwerb gem. §§ 929, 932. Zur Regelung des § 166 II siehe Brehm, Rn. 437 f.

IV. Das Handeln des Vertreters ohne Vertretungsmacht

Wenn der Vertreter ohne Vertretungsmacht handelt oder seine Vollmacht überschreitet, so ist – sofern der Vertreter einen Vertrag abgeschlossen hat – das Geschäft gem. § 177 I schwebend unwirksam. Die Genehmigung durch den Vertretenen bewirkt, dass das Rechtsgeschäft rückwirkend wirksam wird (§ 184 I). Wird diese vom Geschäftsherrn verweigert, so ist der Vertrag endgültig unwirksam.

Der Vertragspartner kann den Vertreter gem. § 179 I in Anspruch nehmen.

Prüfschema – § 179 I (Haftung des Vertreters ohne Vertretungsmacht):

1. Vertragsschluss durch den Vertreter ohne Vertretungsmacht.
2. Verweigerung der Genehmigung durch den Vertretenen.
3. Keine Einschränkungen aus § 178 oder § 179 III.[43]

Rechtsfolge: Der Geschäftspartner kann den Vertreter nach seiner Wahl auf Erfüllung oder Schadensersatz in Anspruch nehmen.

Falls der Vertragspartner Erfüllung wählt, wird der Vertreter nicht Vertragspartner, er erlangt aber die tatsächliche Stellung eines solchen.[44] Kannte der Vertreter den Mangel der Vertretungsmacht nicht, so muss er gem. § 179 II nur den Vertrauensschaden ersetzen. Einseitige Rechtsgeschäfte sind gem. § 180 unzulässig, also nichtig.

Fall 2: Die verspätet gelieferten Möbel

Schwerpunkte:
Aufnahme von Vertragsverhandlungen – Pflichtverletzung des Schuldners durch Verzug – Verzögerungsschaden

---

K ist Eigentümer eines Hauses in Frankfurt. Im März beschloss er, ein möbliertes Zimmer an einen Studenten zu vermieten.

---

[43] Der beschränkt geschäftsfähige Vertreter haftet nur, wenn er mit Zustimmung seines gesetzlichen Vertreters gehandelt hat. Beispiel in Fall 1, Aufgabe 1 (II).
[44] Z. B. kann er Ansprüche und Gegenrechte geltend machen.

Um entsprechende Möbel zu erwerben, ging er morgens gleich zu Geschäftsbeginn ins Möbelhaus M. Da er auf die Möbel und nicht auf den Fußboden sah, rutschte er auf einer am Boden liegenden Bananenschale aus und brach sich das rechte Wadenbein. Er hatte Krankenhaus- und Arztkosten sowie einen Verdienstausfall in Höhe von 3000 €. Diese Kosten wollte er von dem Geschäftsinhaber M erstattet haben.

Nach 6 Wochen war K wieder genesen und begab sich nunmehr ins Möbelhaus V. Dort kaufte er im Mai die für das Zimmer erforderliche Einrichtung für 4000 € und zahlte 1000 € an; die Lieferung sollte spätestens am 31. 7. erfolgen. Als die Möbel Mitte August immer noch nicht eingetroffen waren, setzte K dem V am 15. 8. eine Lieferfrist zum 30. 9. und erklärte gleichzeitig, dass er nach diesem Zeitpunkt von dem Vertrag zurücktreten würde.

Aufgabe 1: Hat K gegen M einen Schadensersatzanspruch?

Aufgabe 2: Falls V die Möbel am 30. 9. nicht liefert: Kann K danach (wegen Verzugs) vom Vertrag mit V zurücktreten und die Anzahlung zurückverlangen?

Fortsetzung des Sachverhalts:

K kaufte am 4. 10. Möbel gleichen Fabrikats im Einrichtungshaus H. K musste einen Mehrpreis von 300 € bezahlen. Als V am 7. 10. die Möbel liefern wollte, verweigerte K deren Annahme unter Hinweis auf sein Schreiben vom 15. 8. Er verlangt von V Zahlung der 300 € Mehrpreis. Außerdem soll V dem K den monatlichen Mietausfall (jeweils 400 €/Monat) erstatten, da K das Zimmer nicht wie beabsichtigt ab 1. 8. vermieten konnte, sondern erst ab 1. 11.

Aufgabe 3: Hat K gegen V einen Anspruch auf Zahlung des Mietausfalls sowie der 300 € Mehrkosten?

Aufgabe 4: Kann V von K Kaufpreiszahlung verlangen?

Fall 2: Prüfschema/Lösungsskizze

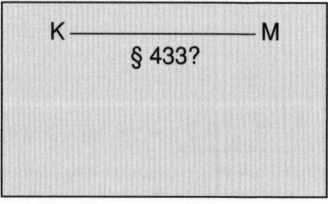

Aufgabe 1:

K ⟶ M Schadensersatz aus §§ 280 I, 311 II Nr. 1, 241 II
1. wirksames (vorvertragliches) Schuldverhältnis, § 311 II Nr. 1 (+)
2. Pflichtverletzung, hier: Verletzung der Sorgfaltspflicht i. S. d. § 241 II (+)
3. Vertretenmüssen, § 280 I 2 i. V. m. § 276 (+)
4. Schaden, § 280 I 1 (+)

Ergebnis: K ⟶ M Schadensersatz aus §§ 280 I, 311 II Nr. 1, 241 II (+)
Umfang: §§ 249 ff.

Aufgabe 2:

K —— V § 433	31.7. fällig	1.8. bis 30.9. ⌣ Verzug	Ablauf der angemessenen Frist zur Leistung	→ Schadensersatz statt der Leistung → Rücktritt

K ⟶ V Rückzahlung der 1 000 € gem. §§ 346 ff. i. V. m. § 323 I

1. Vertragliches oder gesetzliches Rücktrittsrecht; hier: § 323 I (+)
2. Erklärung des Rücktritts, § 349 (+)
3. Voraussetzungen des gesetzlichen Rücktrittsrecht nach § 323 I:
a) Wirksamer gegenseitiger Vertrag (+)
   Kaufvertrag K – V
b) Pflichtverletzung des Schuldners durch Verzögerung der Leistung (+)
   Leistung (Lieferung) war am 31.7. fällig
c) Angemessene Fristsetzung zur Leistung (+)
d) Erfolgloser Fristablauf (+)
e) Kein Ausschluss gem. § 323 V oder VI (+)

Ergebnis: K ⟶ V Rückzahlung der 1 000 € gem. §§ 346 ff. i. V. m. § 323 I (+)

Aufgabe 3:

I. K ⟶ V Ersatz des Verzögerungsschadens gem. §§ 280 I, II, 286

1. Schuldverhältnis (+)
2. Pflichtverletzung des Schuldners durch Verzögerung der Leistung
   § 286   a) Fälligkeit der Leistung – 31.08. (+)
               b) Mahnung, entbehrlich nach § 286 II Nr. 1 (+)
               c) Nichtleistung durch V (+)
3. Vertretenmüssen des Schuldners V, §§ 280 I 2 i. V. m. § 276 (+)
4. Schaden (+) = Mietverlust August und September

Ergebnis: K ⟶ V Ersatz des Verzögerungsschadens gem. §§ 280 I, II, 286
Umfang: §§ 249 ff.

II. K ⟶ V Schadensersatz statt der Leistung gem. §§ 280 I, III, 281 I 1

1. Schuldverhältnis (+)
2. Fällige noch mögliche Leistung des Schuldners (+)
3. Pflichtverletzung des Schuldners durch Nichterbringung der fälligen Leistung (+)
4. Vertretenmüssen, § 280 I 2 i. V. m. § 276 (+)
5. Bestimmung einer angemessenen Frist zur Leistung (+)
6. Erfolgloser Fristablauf (+)
7. Schaden (+)

Ergebnis: K ⟶ V Schadensersatz statt der Leistung gem. §§ 280 I, III, 281 I 1 (+)
Umfang: §§ 249 ff.

Aufgabe 4:

V ⟶ K Kaufpreiszahlung und Abnahme der Möbel gem. § 433 II

Kaufvertrag Mai (+)

Sobald K statt der Leistung (= Lieferung) Schadensersatz verlangt, ist ein Anspruch aus § 433 I 1 ausgeschlossen (§ 281 IV); ebenfalls ist Kaufpreiszahlungsanspruch des V erloschen

Ergebnis: V ⟶ K Kaufpreiszahlung und Abnahme der Möbel gem. § 433 II (–)

Fall 2: Ausarbeitung (Gutachten)

Aufgabe 1:

K könnte gegen M einen Anspruch auf Schadensersatz aus §§ 280 I, 311 II Nr. 1, 241 II haben.

1. *Voraussetzung hierfür ist zunächst, dass zwischen K und M ein (vorvertragliches) Schuldverhältnis besteht. Das ist in der Regel der Fall, wenn sich jemand zur Aufnahme von Vertragsverhandlungen in den Geschäftsbereich des künftigen Vertragspartners begibt (§ 311 II Nr. 1). K ging mit Kaufabsicht in das Möbelhaus des M; folglich bestand zwischen beiden ein Schuldverhältnis.*
2. *M müsste eine Schutz- oder Sorgfaltspflicht i. S. d. § 241 II verletzt haben. Danach bestehen Pflichten zur Rücksicht auf die Rechte, Rechtsgüter und Interessen des potenziellen Vertragspartners. Jeder, der Geschäftsräume eröffnet, muss folglich für die Verkehrssicherheit Sorge tragen. M musste auf einen ordnungsgemäßen Zustand des Fußbodens bei Geschäftsbeginn achten. Durch die auf dem Boden liegende Bananenschale hat er seine Sorgfaltspflicht bezüglich der Bodenbeschaffenheit missachtet.*

3. *Weitere Voraussetzung für einen Anspruch wegen Verletzung vorvertraglicher Pflichten ist ein Vertretenmüssen des M gem. § 280 I 2 i. V. m. § 276 I 1.* Danach haftet der Schuldner für Vorsatz und Fahrlässigkeit, wenn kein anderer Verschuldensmaßstab aus dem Inhalt des Schuldverhältnisses zu entnehmen ist. M hat zu Geschäftsbeginn nicht darauf geachtet, dass keine Obstreste auf dem Fußboden herumliegen und somit die im Verkehr erforderliche Sorgfalt außer Acht gelassen. Folglich handelte er fahrlässig i. S. v. § 276 II.

4. *Dem K muss als Folge der Pflichtverletzung ein Schaden entstanden sein.* K hat sich das rechte Wadenbein gebrochen und Krankenhaus- und Arztkosten sowie einen Verdienstausfall erlitten.
Rechtsfolge des Anspruchs aus §§ 280 I, 311 II Nr. 1, 241 II ist die Verpflichtung des M zum Schadensersatz. Gem. § 249 S. 1 muss M den Zustand herstellen, der bestehen würde, wenn der zum Ersatz verpflichtende Umstand nicht eingetreten wäre. Folglich sind dem K die entstandenen Kosten in Höhe von insgesamt 3000 € von M zu erstatten (§ 249 S. 2).[1]

Aufgabe 2:

K könnte vom Vertrag zurücktreten und von V die Anzahlung in Höhe von 1 000 € gem. §§ 346 ff. i. V. m. § 323 I zurückverlangen.

1. *Voraussetzung ist, dass K als Gläubiger ein vertragliches oder gesetzliches Rücktrittsrecht nach § 346 I, 1. HS hat.* Es kommt ein gesetzliches Rücktrittsrecht des K gem. § 323 I in Betracht.

2. *Nach § 349 muss K gegenüber V den Rücktritt erklärt haben (vgl. § 346 I, 2. HS).* Am 15. 8. hat K den Rücktritt für den Fall, dass die Möbel nicht bis 30. 9. geliefert worden sind, erklärt.

3. *Außerdem muss nach § 323 I*
a) *ein wirksamer gegenseitiger Vertrag zwischen den Parteien bestehen.* K und V haben durch zwei übereinstimmende Willenserklärungen einen Kaufvertrag i. S. d. § 433 geschlossen, bei dem es sich aufgrund der Leistung (Lieferung) und Gegenleistung (Kaufpreiszahlung) um einen gegenseitigen Vertrag handelt.

b) *Es müsste eine Pflichtverletzung des V durch Verzögerung der Leistung vorliegen.* Indem V die Möbel nicht wie vereinbart am 31. 7. geliefert hat, hat er eine fällige Leistung nicht erbracht.

c) *Ferner ist eine angemessene Fristsetzung zur Leistung durch den Gläubiger Voraussetzung.* K hat dem V am 15. 8. eine Lieferfrist zum 30. 9. gesetzt. Unter Berücksichtigung der Tatsache, dass der Schuldner V die Möbel bereits am 31. 7. liefern wollte, ist eine Frist von weiteren acht Wochen reichlich und somit angemessen.

d) *Indem V auch den weiteren Termin nicht eingehalten ist, ist die Frist am 30. 9. erfolglos abgelaufen.*

---

[1] Ein Anspruch des K gegen M auf Schmerzensgeld kommt gem. §§ 847 I, 823 I in Betracht. Denn M hat aufgrund der auf dem Boden liegenden Bananenschale seine Verkehrssicherungspflicht verletzt. Siehe hierzu die Vertiefung „Unerlaubte Handlungen" S. 190 ff. (I. 1.).

e) Anhaltspunkte für einen *Ausschluss des Rücktrittsrechts nach § 323 V oder VI* liegen nicht vor.

K kann also vom Vertrag mit V wegen Verzugs gem. § 323 I zurücktreten.

Folglich ist der Anspruch des K auf Rückzahlung der 1000 € gem. §§ 346 ff. i. V. m. § 323 I gegeben. V hat dem Gläubiger K die bereits empfangene Leistung (Anzahlung) zurückzugewähren.

Aufgabe 3:

I. K könnte gegen V einen Anspruch auf Ersatz des Verzögerungsschadens (Mietausfall) gem. §§ 280 I, II, 286 haben.

1. *Voraussetzung hierfür ist, dass zwischen K und V ein Schuldverhältnis besteht.* Wie oben bereits erörtert, haben K und V im Mai einen Kaufvertrag i. S. v. § 433 geschlossen.

2. *V muss als Schuldner eine Pflichtverletzung durch Verzögerung der Leistung nach § 280 I, II begangen haben, also in Verzug geraten sein. Dafür ist nach § 286 erforderlich, dass die Leistung fällig war, der Gläubiger (K) gemahnt hat – sofern die Mahnung nicht gem. § 286 II Nr. 1 entbehrlich war – und dass der Schuldner (V) nicht geleistet hat.* Die Lieferung war bereits am 31. 7. fällig. Mit diesem Termin ist eine Zeit nach dem Kalender bestimmt (§ 286 II Nr. 1); folglich bedurfte es keiner Mahnung nach § 286 I 1. V hat nach Ablauf des 31. 7. seine Verpflichtung gegenüber K noch nicht erfüllt.

3. *Er kommt nach § 280 I 2 nur dann nicht in Schuldnerverzug, wenn er die Pflichtverletzung durch Verzögerung der Leistung nicht zu vertreten hat.* V führt keine Tatsachen an, die sein Verschulden[2] ausschließen. Folglich befand sich V seit dem 1. 8. in Verzug.

4. *Dem K muss durch die Pflichtverletzung des V ein Schaden entstanden sein.* Hätte V pünktlich geliefert, hätte K seit 1. 8. Mieteinnahmen in Höhe von monatlich 400 € gehabt.

Somit muss der Schuldner V dem Gläubiger K den eingetretenen Verzögerungsschaden gem. §§ 280 I, II, 286 erstatten. K ist nach §§ 249 ff. von V so zu stellen, wie er bei rechtzeitiger Leistung stehen würde. Verzug besteht allerdings nur, solange der Schuldner zur Leistung verpflichtet ist. K machte mit Schreiben vom 15. 8. von seinem Rücktrittsrecht nach § 323 Gebrauch. Nach Ablauf der angemessenen Frist zur Leistung (30. 9.) endete die Leistungspflicht des V und damit auch der Schuldnerverzug. Folglich erhält K als Verzögerungsschaden den Mietverlust für die Monate August und September, also 800 €.

II. K könnte von V die 300 € Mehrpreis und den Mietverlust für Oktober als Schadensersatz statt der Leistung gem. §§ 280 I, III, 281 I 1 verlangen.

1. Ein *Schuldverhältnis (§ 280 I 1)* in Form des Kaufvertrages liegt zwischen K und V vor (s. o.).

---

2 Indem V den Liefertermin am 31. 7. nicht einhält, lässt er die im Verkehr erforderliche Sorgfalt außer Acht und handelt fahrlässig i. S. d. § 276 II.

2. *Nach § 281 I 1 muss die Leistung des Schuldners fällig gewesen sein.* Die Lieferung der Möbel (Pflicht nach § 433 I 1) war am 31. 7. fällig.
3. Die *Pflichtverletzung des Schuldners V durch Nichterbringung der fälligen Leistung* ist ebenfalls gegeben (s. o.).
4. *Ferner muss V seine Pflichtverletzung i. S. d. § 280 I 2 i. V. m. § 276 zu vertreten haben.* Wie bereits erörtert, führt V keine Tatsachen an, die sein Verschulden ausschließen.
5. Durch den Termin 30. 9. hat V eine *angemessene Frist zur Leistung* gesetzt, die auch (6.) *erfolglos abgelaufen ist.*
7. *Durch die genannte Pflichtverletzung muss dem K ein Schaden entstanden sein.* Hätte V bis 30. 9. geliefert, hätte K nicht die Möbel in einem anderen Geschäft zu einem Mehrpreis von 300 € kaufen müssen und keinen Mietverlust für Oktober erlitten. Somit ist ihm ein Schaden entstanden.

Folglich kann er nach Fristablauf Schadensersatz statt der Leistung verlangen. Nach § 249 S. 1 ist K so zu stellen, wie er ohne den Eintritt des schädigenden Ereignisses (Pflichtverletzung durch Nichterbringung der fälligen Leistung) stehen würde. Wenn V bis 30. 9. geliefert hätte, hätte K nicht den Mehrpreis in Höhe von 300 € bezahlen und den Mietverlust für Oktober hinnehmen müssen. Diesen Betrag in Höhe von insgesamt 700 € kann K von V gem. §§ 280 I, III, 281 I 1 i. V. m. §§ 251 l, 252 verlangen.

Aufgabe 4:

V könnte von K Zahlung des Kaufpreises in Höhe von 4000 € gem. § 433 II verlangen.

Voraussetzung hierfür ist, dass zwischen K und V ein Kaufvertrag zustande gekommen ist. Dieser besteht aus zwei übereinstimmenden Willenserklärungen, Angebot und Annahme. Im Mai haben K und V einen Kaufvertrag i. S. d. § 433 geschlossen.

Aus § 281 IV folgt, dass der Anspruch auf die Leistung ausgeschlossen ist, sobald der Gläubiger statt der Leistung Schadensersatz verlangt hat.[3] Die „Leistung" i. S. dieser Vorschrift ist der Anspruch des K gegen V auf Lieferung der Möbel aus § 433 I 1, nicht aber der Anspruch des V gegen K auf Kaufpreiszahlung gem. § 433 II. Es gilt der „Erst-Recht-Schluss"[4]: Wenn der Anspruch des Gläubigers K gegen den Schuldner V auf die bislang nicht erbrachte Leistung nach § 281 IV ausgeschlossen ist, so muss erst recht der Anspruch des vertragsbrüchigen Schuldners gegen den Gläubiger ausgeschlossen sein.

Somit ist auch der Erfüllungsanspruch des V aus dem Kaufvertrag entsprechend § 281 IV erloschen und ein Anspruch nach § 433 II gegen K nicht gegeben.

---

3 Es kommt allerdings nicht darauf an, ob der Gläubiger Schadensersatz erhält. Relevant ist nur die Geltendmachung dieses Anspruchs. Der Gesetzgeber wollte damit eine Parallele zum Rücktritt nach § 323 I ziehen: Da dieser ein Gestaltungsrecht ist, wird mit der Rücktrittserklärung nach §§ 346, 349 das Schuldverhältnis in ein Rückabwicklungsschuldverhältnis umgewandelt – wodurch der Anspruch auf die Leistung ausgeschlossen wird.
4 DAUNER-LIEB/DÖTSCH, Fälle, Fall 41.

Vertiefung: **Pflichtverletzung – Schuldnerverzug**[5]

> Unter Schuldnerverzug versteht man eine Nichterbringung der fälligen, noch möglichen Leistung. Der Schuldner leistet also nicht rechtzeitig, sondern später als vereinbart oder gesetzlich vorgeschrieben.

In den §§ 280 I, II, 286 (Verzögerungsschaden), § 288 (Verzugszins), §§ 280 I, III, 281 I (Schadensersatz statt der Leistung), § 323 (Rücktritt) und § 286 i. V. m. § 287 (Verantwortlichkeit während des Verzugs) findet man die Regelungen der Leistungsverzögerung. Anknüpfungspunkt hierfür ist nicht (mehr) der Verzug im technischen Sinne (vgl. § 286), sondern die Pflichtverletzung i. S. v. § 280 I.

Dem Gläubiger können wegen der Pflichtverletzung des Schuldners durch Verzögerung der Leistung folgende Ansprüche zustehen:

Schadensersatz wegen Verzögerung der Leistung
§ 280

Schadensersatz **neben** der Leistung = Ersatz des Verzögerungsschadens	Schadensersatz **statt** der Leistung
§§ 280 I, II, 286	§§ 280 I, III, 281 I 1
	oder:
	Aufwendungsersatz gem. § 284

I. Anspruch auf Ersatz des Verzögerungsschadens gem. §§ 280 I, II, 286

Nach diesen Vorschriften muss der Schuldner dem Gläubiger den durch den Verzug entstandenen (Verspätungs-, Verzögerungs-)Schaden ersetzen. Neben diesem Schadensersatzanspruch bleibt der Anspruch auf Erfüllung bestehen.

Die **Voraussetzungen** des Verzugs sind in §§ 280, 286 geregelt. Danach kommt der Schuldner in Verzug, wenn

1. der Gläubiger einen Anspruch aus einem Schuldverhältnis hat (§ 280 I 1),
2. die Leistung fällig ist (§ 286 I 1),

---

5 Literatur zur Vertiefung: AnwKom/Dauner-Lieb, § 280 Rn. 46 ff.; Brox, Schuldrecht, § 21; Dauner-Lieb, Fälle 35–52; Dauner-Lieb u. a./Schulte-Nölke, § 4; Huber/Faust, 8. Kapitel; Lorenz/Riehm, 6. Kapitel, § 5; Luther/Palm, D. III.; Schellhammer, S. 718 ff.; Sklarzik, apf 2002, 1, 6 ff.; Westermann/Schultz, S. 28 ff.; Wörlen, Schuldrecht AT, Rn. 113 ff.

3. der Gläubiger den Schuldner gemahnt hat – es sei denn, dass eine Mahnung nicht erforderlich war (§ 286 II),
4. der Schuldner noch nicht bzw. verspätet geleistet hat (§ 286 I 1) und
5. der Schuldner die Nichtleistung zu vertreten hat (§ 280 I 2).

zu 1.: § 280 I setzt grundsätzlich einen Erfüllungsanspruch aus einem vertraglichen oder gesetzlichen Schuldverhältnis voraus.[6]

zu 2.: Die Leistung ist dann fällig, wenn der Gläubiger sie verlangen kann und der Schuldner sie erbringen muss. Gem. § 271 I ist die Leistung sofort fällig, wenn von den Vertragsparteien nichts anderes vereinbart wird.[7]

zu 3.: Der Verzug tritt grundsätzlich nicht von selbst ein, sondern erst durch eine **Mahnung**. Mahnung ist die bestimmte Aufforderung des Gläubigers an den Schuldner, die geschuldete Leistung zu erbringen. Die Mahnung kann erst nach Eintritt der Fälligkeit erklärt werden. Der Mahnung stehen die Erhebung der Klage auf Leistung sowie die Zustellung eines Mahnbescheids gleich (§ 286 I 2). Gem. § 286 II kommt der Schuldner ohne Mahnung in Verzug, wenn der Leistungszeitpunkt nach dem Kalender bestimmt ist (Nr. 1)[8] oder bei Anknüpfung an ein vorausgehendes „Ereignis" (Nr. 2) bzw. Erfüllungsverweigerung (Nr. 3) bzw. aufgrund besonderer Umstände (Nr. 4) eintritt.

Bei Geldforderungen kommt der Schuldner gem. § 286 III **spätestens** in Verzug, wenn er nicht innerhalb von 30 Tagen nach Fälligkeit und Zugang einer Rechnung oder gleichwertiger Zahlungsaufstellung leistet.[9] Gegenüber einem Verbraucher (vgl. § 13) gilt dies nur, wenn er auf diese Rechtsfolge rechtzeitig vor Eintritt des Verzugs besonders hingewiesen worden ist.[10] Ist der Zeitpunkt des Zugangs der Rechnung oder Zahlungsaufstellung unsicher, kommt der Schuldner, der nicht Verbraucher ist, spätestens 30 Tage nach Fälligkeit und Empfang der Gegenleistung in Verzug.

zu 4.: Der Schuldner muss die Leistung, zu der er verpflichtet ist und die auch möglich ist, nicht erbracht haben. Wenn die Leistung unmöglich, also nicht nachholbar ist, kommt kein Anspruch aus Verzug, sondern nach den Vorschriften über die Unmöglichkeit der Leistung[11] in Betracht.

zu 5.: Verzug tritt nur ein, wenn der Schuldner die Verzögerung der Leistung zu vertreten hat (§ 280 I 2). Zu vertreten hat der Schuldner gem. § 276 eigenes Verschulden und gem. § 278 das Verschulden seines Erfüllungsgehilfen. Geldschulden hat er stets zu vertreten. Der Schuldner ist beweispflichtig dafür, dass er den Verzug nicht zu vertreten hat.

---

6 In den Fallübungen kommen hier vor allem vertragliche Ansprüche in Betracht.
7 Siehe hierzu Fall 8, Aufgabe 3 b.
8 Siehe hierzu Fall 2, Aufgabe 2; Fall 7, Aufgabe 1 b.
9 Verzug kann also auch bei Geldforderungen durch eine Mahnung (oder in den Fällen des § 286 II) herbeigeführt werden.
10 Es handelt sich hier um keine Sonderregelung, sondern nur um eine Ergänzung des Mahnungssystems. vgl. BT-Drucksache 14/6040, 146.
11 Siehe Fall 3, Aufgabe 1, sowie Vertiefung „Unmöglichkeit der Leistung" S. 77 ff.

Die Beweislastregelung des § 286 IV ist für den Verzögerungsschaden nicht relevant. Denn der Schadensersatzanspruch des Gläubigers entfällt, wenn der Schuldner sein Nichtverschulden des Verzugs nach § 280 I 2 beweisen kann. Eine gesonderte (zusätzliche) Prüfung des Vertretenmüssens nach § 286 IV ist deshalb nicht erforderlich.[12] Diese Vorschrift hat nur noch Bedeutung für besondere Verzugsfolgen, wie zum Beispiel die in § 287 und § 288 geregelten.

Die **Rechtsfolgen** des Schuldnerverzugs regelt § 280 I 1. Zuzüglich zu dem weiter bestehen bleibenden Erfüllungsanspruch kann der Gläubiger vom Schuldner den ihm durch den Verzug entstandenen (Verzögerungs-)Schaden verlangen. Er ist vom Schuldner so zu stellen, wie er bei rechtzeitiger Leistung stehen würde. Zwischen Verzug und Schaden muss ein ursächlicher Zusammenhang bestehen. Für Inhalt und Umfang des Schadensersatzanspruchs gelten die §§ 249 ff. In Betracht kommen z. B. die Kosten der Rechtsverfolgung, entgangener Gewinn (§ 252) während des Verzugs, besondere Aufwendungen (Mietwagenkosten u. a.) und bei Geldschulden Verzugszinsen (§ 288 I 1).[13]

Außerdem hat der Schuldner nach § 287 während des Verzugs jede Fahrlässigkeit zu vertreten und haftet ggf. wegen der Leistung auch für Zufall.

Prüfschema – Ersatz des Verzögerungsschadens gem. §§ 280 I, II, 286:

1. Schuldverhältnis
2. Pflichtverletzung des Schuldners durch Verzögerung der Leistung
   § 286 a) Fälligkeit der Leistung (§ 271)
         b) Mahnung – evtl. entbehrlich nach § 286 II
         c) Nichtleistung des Schuldners
3. Vertretenmüssen des Schuldners (§ 280 I 2 i. V. m. §§ 276, 278)
4. Schaden beim Gläubiger

Rechtsfolge: Ersatz des Verzögerungsschadens (die Leistungsverpflichtung besteht weiter),
          bei Geldschuld: Verzugszinsen nach § 288

II. Schadensersatz statt der Leistung gem. §§ 280 I, III, 281 I 1

Es gibt Fälle, in denen der Gläubiger kein Interesse mehr an einer verspäteten Leistung hat und deshalb Schadensersatz statt der Leistung vom Schuldner verlangt. Neben den bereits oben – beim Verzögerungsschaden – aufgezeigten Voraussetzungen des § 280 I (Vorliegen eines Schuldverhältnisses, fällige und noch mögliche Leistung des Schuldners, Pflichtverletzung des Schuldners durch

---

12 Deshalb wird dieser Absatz von TEICHMANN (BB 2001, 1485, 1490) auch als „Schönheitsfehler" bezeichnet.
13 Diese Vorschrift stellt eine eigenständige Anspruchsgrundlage dar; siehe hierzu Fall 7, Aufgabe 1 b.

Nichterbringung der fälligen Leistung und Vertretenmüssen) müssen noch die zusätzlichen Voraussetzungen der §§ 280 III, 281 I 1 gegeben sein:

Der Gläubiger muss dem Schuldner eine angemessene Frist zur Leistung oder Nacherfüllung gesetzt haben. Dadurch soll dem Schuldner eine letzte Gelegenheit gegeben werden, den Vertrag zu erfüllen. Die Frist muss so bemessen sein, dass er die Leistung auch tatsächlich erbringen kann. Die Angemessenheit richtet sich nach den Umständen des Einzelfalls. Sofern der Gläubiger eine zu kurze Frist setzt, ist dies nicht ohne Rechtsfolge: es wird vielmehr eine angemessene Frist in Lauf gesetzt.[14] Eine Fristsetzung ist nach § 281 II u. a. entbehrlich, wenn der Schuldner die Leistung ernsthaft und endgültig verweigert. Ebenso gilt das für den Fall, dass Umstände vorliegen, die unter Abwägung der beiderseitigen Interessen eine sofortige Geltendmachung des Schadensersatzes statt der Leistung erforderlich machen – wie z. B. bei den „Just-in-time-Verträgen.[15]

Dieser Schadensersatzanspruch setzt keinen Verzug i. S. d. § 286 voraus. Da aber in der Fristsetzung zur Leistung gleichzeitig eine Mahnung zu sehen ist, liegt bei einem Anspruch auf Schadensersatz statt der Leistung faktisch immer auch Schuldnerverzug vor.

Nach § 281 IV geht der Anspruch auf Erfüllung erst mit dem Schadensersatzverlangen des Gläubigers unter.[16]

Wenn die Voraussetzungen für den Anspruch auf Schadensersatz statt der Leistung vorliegen, kann der Gläubiger stattdessen auch Ersatz seiner frustrierten Aufwendungen nach § 284 verlangen – wie z. B. Fahrt-, Telefon-, Portokosten.

Prüfschema – Schadensersatz statt der Leistung (bei Verzug) gem. §§ 280 I, III, 281 I 1:

1. Schuldverhältnis (§ 280 I 1)
2. Fällige noch mögliche Leistung des Schuldners (§ 281 I 1)
3. Pflichtverletzung des Schuldners durch Nichterbringung der fälligen Leistung (§ 280 I 1)
4. Vertretenmüssen (§ 280 I 2 i. V. m. § 276 oder § 278)
5. Leistungsaufforderung mit angemessener Fristsetzung nach § 281 I 1 (ggf. entbehrlich: § 281 II)
6. Erfolgloser Fristablauf (§ 281 I 1)
7. Schaden beim Gläubiger (§ 280 I 1)

Rechtsfolge: Schadensersatz statt der Leistung; Umfang: §§ 249 ff.
Alternativ: Aufwendungsersatz gem. § 284
Anspruch auf Leistung ist ausgeschlossen (§ 281 IV)
Rückforderung des bereits Geleisteten (§ 281 V i. V. m. §§ 346 ff.)

---

14 MünchKomm/EMMERICH, § 326 Rn. 62.
15 Der eine Vertragspartner muss dem anderen zu einem bestimmten Zeitpunkt liefern, wenn dessen Produktion ordnungsgemäß betrieben werden soll; vgl. BT-Drucksache 14/6040, 140.
16 Siehe hierzu Fall 2, Aufgabe 4.

III. Besondere Regelungen für gegenseitige Verträge

1. Allgemeines

Bei gegenseitigen Verträgen ist es dem Gläubiger nicht zuzumuten, auf unbestimmte Zeit leistungsbereit zu sein und auf die Erfüllung des Vertrages durch den Schuldner zu warten. Wegen des engen Zusammenhangs von Leistung und Gegenleistung finden sich in den §§ 320 ff. (Titel 2: Gegenseitiger Vertrag) spezielle Regelungen.

2. Verschuldensunabhängiges Rücktrittsrecht gem. § 323

Nach § 323 I steht dem Gläubiger ein Rücktrittsrecht bei einem gegenseitigen Vertrag zu, wenn er dem Schuldner erfolglos eine angemessene Frist zur Leistung bestimmt hat. Das Vorliegen der Tatbestandsmerkmale des Verzugs (§ 286) ist keine Rücktrittsvoraussetzung; insbesondere ist kein Vertretenmüssen des Schuldners erforderlich. Der Gläubiger soll Rechtsklarheit bekommen können, wenn die Leistung ausbleibt und ihm – was in der Regel der Fall ist – die genauen Umstände für das Ausbleiben der Leistung beim Schuldner nicht bekannt sind. Der Schuldner wird dadurch auch nicht übermäßig belastet, zumal die Störung in seiner „Sphäre" liegt.

Voraussetzung des Gestaltungsrechts nach § 323 ist also nur, dass die Leistung fällig war und zum vertraglich vereinbarten Zeitpunkt nicht erbracht worden ist. Da die Aufforderung zur Leistung mit Fristsetzung gleichzeitig eine Mahnung darstellt, liegt faktisch auch immer Schuldnerverzug vor.

Die Fristsetzung ist nach § 323 II u. a. entbehrlich, wenn der Schuldner die Leistung ernsthaft und endgültig verweigert (Nr. 1)[17], bei einem Fixgeschäft (Nr. 2) oder wenn besondere Umstände vorliegen, die unter Abwägung der beiderseitigen Interessen den sofortigen Rücktritt rechtfertigen (Nr. 3).[18]

Nach § 325 sind bei einem gegenseitigen Vertrag **Rücktritt und Schadensersatz nebeneinander** möglich. Der Gläubiger kann also, wenn er vom Vertrag zurückgetreten ist, nicht nur die Ansprüche aus dem Rückabwicklungsschuldverhältnis, sondern zusätzlich auch noch Schadensersatzansprüche (wegen Nichterfüllung des Vertrags) geltend machen.[19]

Der **Rücktritt** muss vom Gläubiger nach §§ 346 I, 2. HS, 349 erklärt werden. Bei der Rücktrittserklärung handelt es sich um eine einseitige, empfangsbedürftige Willenserklärung, die dem Schuldner zugehen muss (vgl. § 130). Diese beendet das Vertragsverhältnis und wandelt es für die Zukunft in ein Rückgewährschuldverhältnis um: Die bereits empfangenen Leistungen sind zurückzugewähren und die gezogenen Nutzungen herauszugeben (§ 346 I, 2. HS). Die ursprünglichen Vertragspflichten bestehen also in „umgekehrter Richtung" als gesetzliche Pflichten.

---

17 Entspricht der Entbehrlichkeit der Mahnung nach § 286 II Nr. 3.
18 Ähnlich § 286 II Nr. 4 für die Entbehrlichkeit der Mahnung.
19 BT-Drucksache 14/6040, 93 f. So etwa die Mehrkosten aus einem Deckungsgeschäft oder wegen entgangenen Gewinns. Ersatz für die vergeblichen Aufwendungen kann er nach § 284 verlangen.

Beim **Schadensersatzanspruch** hingegen bleibt das Schuldverhältnis bestehen; an die Stelle der Primärleistungspflicht (z. B. Lieferung der Kaufsache nach § 433 I 1) tritt eine Sekundärleistungspflicht (z. B. Schadensersatz gem. §§ 280 I, 281 I 1).

Nach § 323 VI ist der Rücktritt u. a. ausgeschlossen, wenn der Gläubiger für den Umstand, der ihn zum Rücktritt berechtigen würde, allein verantwortlich ist.

Die (weiteren) **Rechtsfolgen des Rücktritts** sind in §§ 346 ff. geregelt. Statt der Rückgewähr muss u. a. Wertersatz geleistet werden, wenn diese oder die Herausgabe nach der Natur des Erlangten ausgeschlossen ist bzw. der empfangene Gegenstand verbraucht wurde. Eine Pflicht zum Wertersatz besteht hingegen nicht unter den in § 346 III genannten Gründen (Gläubiger hat Verschlechterung oder Untergang des Gegenstands zu vertreten . . .). § 347 regelt die Haftung hinsichtlich Nutzungen und Verwendungen nach Rücktritt.

Prüfschema – Voraussetzungen für den Rückgewähranspruch bei Pflichtverletzung durch Verzögerung der Leistung im gegenseitigen Vertrag gem. §§ 346 ff. i. V. m. § 323 I:

2. Erklärung des Rücktritts, § 349
3. Voraussetzungen des gesetzlichen Rücktrittsrecht nach § 323 I:
   a) wirksamer gegenseitiger Vertrag
   b) Pflichtverletzung des Schuldners durch Verzögerung der Leistung
   c) Angemessene Fristsetzung zur Leistung
   d) Erfolgloser Fristablauf
   e) Kein Ausschluss gem. § 323 V oder VI

Rechtsfolgen: Umwandlung des Vertragsverhältnisses in Rückabwicklungsschuldverhältnis (§ 346 I)
Wertersatz nach § 346 II, sofern nicht Pflicht nach § 346 III entfällt.
§ 347 (Nutzungen und Verwendungen nach Rücktritt)

Exkurs: Vertretenmüssen

Wegen Verletzung der ihm obliegenden Pflichten haftet der Schuldner in der Regel nur, wenn er die Pflichtverletzung zu vertreten hat. Das Vertretenmüssen ist in den §§ 276-278 normiert.

I. Verschuldensprinzip

Gem. § 276 I 1 hat der Schuldner **Vorsatz** und **Fahrlässigkeit** zu vertreten. Unter Vorsatz versteht man das Wissen und Wollen des rechtswidrigen Erfolgs. Fahrlässig handelt, wer die im Verkehr erforderliche Sorgfalt außer Acht lässt (§ 276 II enthält die Legaldefinition). Hierbei ist nicht auf die Person des Schuldners und das Maß der ihm zumutbaren Einsichts- und Handlungsfähigkeit abzustellen, sondern auf einen objektiven Sorgfaltsmaßstab. Die Fähigkeiten und Kenntnisse von Angehörigen aus der Berufs- und Altersgruppe des Schuldners sind hierfür relevant.

II. Anderer Verschuldensmaßstab

Nach §§ 276 I 1 kann ein **anderer Verschuldensmaßstab** aus dem sonstigen Inhalt des Schuldverhältnisses zu entnehmen sein:

1. Die Parteien können durch eine **vertragliche Vereinbarung** eine strengere oder mildere Haftung vorsehen. Hierbei ist allerdings § 276 III zu beachten, wonach die Haftung wegen Vorsatzes dem Schuldner nicht im Voraus erlassen werden kann.
   Häufig wird die Haftung wird durch die Vertragsparteien auf **grobe Fahrlässigkeit**[20] beschränkt.
2. Ein abweichender Haftungsmaßstab ergibt sich aus der **Übernahme einer Garantie**, wie z. B. in den §§ 442 I, 443, 444, 477. Diese Fälle betreffen vor allem Eigenschaftszusicherungen bei Kauf-, Miet- oder Werkverträgen. Der Schuldner haftet in diesen Fällen verschuldensunabhängig, wenn der Vertragsgegenstand nicht die zugesicherten Eigenschaften hat.
3. Eine Ausdehnung des Haftungsmaßstabs ist möglich bei **Übernahme eines Beschaffungsrisikos**. Dieses bezieht sich vor allem auf die Gattungsschuld, bei der der Schuldner „regelmäßig die Beschaffung des versprochenen Leistungsgegenstandes verspricht".[21]
   Bei einer Geldschuld übernimmt der Schuldner (z. B. Käufer, Mieter) regelmäßig das Risiko, dass er zur Gegenleistung (Kaufpreiszahlung, Mietzahlung) fähig ist und die zur Erfüllung erforderlichen finanziellen Mittel beschaffen kann.
4. Eine **gesetzliche Haftungsverschärfung** ist in § 287 geregelt: Während des (Schuldner-)Verzugs hat der Schuldner nicht nur jede Fahrlässigkeit zu vertreten, sondern haftet wegen der Leistung auch für Zufall, es sei denn, dass der Schaden auch bei rechtzeitiger Leistung eingetreten wäre. Ist hingegen der Gläubiger in (Annahme-)Verzug, haftet der Schuldner nach § 300 I nur bei Vorsatz oder grober Fahrlässigkeit.
5. Eine **Haftungsbeschränkung auf grobe Fahrlässigkeit** sieht das Gesetz z. B. in den §§ 277, 300 I, 521, 599, 680 vor.

---

20 Grobe Fahrlässigkeit liegt vor, wenn die im Verkehr erforderliche Sorgfalt in besonders schwerem Maße verletzt worden ist; vgl. PALANDT/HEINRICHS, § 277 Rn. 2 m. w. N.
21 BT-Drucksache 14/6040, 299.

III. Haftung für fremdes Verschulden

Wenn der Schuldner die Pflichtverletzung nicht selbst zu vertreten hat, haftet er gem. § 278 für fremdes Verschulden: Er hat ein Verschulden seines gesetzlichen Vertreters und der Personen, deren er sich zur Erfüllung seiner Verbindlichkeit bedient (sog. Erfüllungsgehilfen) in gleichem Umfang zu vertreten wie eigenes Verschulden.

1. Zu den **gesetzlichen Vertretern** zählt jeder, der für einen anderen kraft Gesetzes handelt – wie z. B. der Inhaber der elterlichen Sorge, der Vormund, der Betreuer, der Pfleger, der Testamentsvollstrecker, der Treuhänder usw.[22]
2. **Erfüllungsgehilfe** ist, wer mit Willen des Schuldners bei der Erfüllung von dessen Verbindlichkeit tätig wird. Dabei spielt es keine Rolle, ob der Gehilfe selbstständig oder unselbstständig, sozial abhängig oder weisungsgebunden ist, ob zwischen ihm und dem Schuldner ein wirksames Vertragsverhältnis besteht oder nicht.
   Der Erfüllungsgehilfe muss die Pflichtverletzung **in Erfüllung der übertragenen Verbindlichkeit** begangen haben. Er darf also nicht nur bei Gelegenheit tätig geworden sein (z. B. Diebstahl einer Uhr des Käufers bei Anlieferung der Kaufsache); das Fehlverhalten muss im inneren sachlichen Zusammenhang mit dessen Wirkungskreis gestanden haben.
   Außerdem muss der Erfüllungsgehilfe schuldhaft gehandelt haben. Entscheidend hierfür ist der für den Schuldner selbst geltende Verschuldensmaßstab.

Vertiefung: **Pflichtverletzung – Gläubigerverzug**[23]

> Unter Gläubigerverzug versteht man die Nichtannahme einer erfüllbaren (in der Regel fälligen) und tatsächlich angebotenen Leistung.

Während der Schuldnerverzug[24] auf einem Verhalten des Schuldners beruht, wird die Erfüllung des Vertrages beim Gläubigerverzug durch ein Verhalten des Gläubigers gestört. Häufig benötigt der Schuldner zur Erfüllung der Leistungsverpflichtung eine gewisse Mitwirkung des Gläubigers (z. B. die Abnahmeverpflichtung des Käufers gem. § 433 II). Verweigert der Gläubiger diese Mitwirkung, so kommt er unter den Voraussetzungen der §§ 293 ff. in Gläubigerverzug und hat entsprechende Rechtsnachteile.

---

22 Ausführlich hierzu: Palandt/Heinrichs, § 278 Rn. 5 m. w. N.
23 Literatur zur Vertiefung: Brox, Schuldrecht, § 23; Esser/Schmidt, Schuldrecht 2, § 23; Fikentscher, § 46, Hirsch, Schuldrecht, 6. Kapitel; Larenz, Schuldrecht AT, § 25; § 9; Medicus, Schuldrecht AT, § 36; Schellhammer, S. 753 ff.; Wörlen, Schuldrecht AT, Rn. 157 ff.
24 Siehe Vertiefung „Schuldnerverzug" S. 64 ff.

I. Voraussetzungen des Gläubigerverzugs

Diese sind insbesondere in den §§ 293, 294, 297 geregelt:

1. Erfüllbarkeit des Leistungsanspruchs, § 293. Grundsätzlich ist der Schuldner sofort zur Leistung berechtigt. In der Regel ist der Anspruch dann auch fällig, d. h. der Gläubiger kann die Leistung verlangen (§ 271).
2. Gem. § 297 muss der Schuldner zur Leistung imstande sein.
3. Die Leistung muss dem Gläubiger so, wie sie zu bewirken ist, tatsächlich angeboten werden (§ 294). Dies muss zur rechten Zeit (§ 271), am rechten Ort (§ 269) und in der rechten Art und Weise (§§ 242, 243) erfolgen.[25]
4. Nichtannahme der Leistung: Der Gläubigerverzug tritt ein, wenn der Gläubiger die ihm ordnungsgemäß angebotene Leistung nicht annimmt.

Anders als beim Schuldnerverzug **ist beim Gläubigerverzug ein Verschulden des Gläubigers nicht erforderlich.**

II. Rechtsfolgen des Gläubigerverzugs

1. Haftungserleichterung zugunsten des Schuldners:
   Zwar bleibt der Schuldner auch während des Gläubigerverzugs zur Leistung verpflichtet; falls aber die Leistung während dieser Zeit unmöglich wird, haftet der Schuldner nicht mehr für jedes Verschulden (also auch für „einfache" Fahrlässigkeit, § 276), sondern nur noch für Vorsatz und grobe Fahrlässigkeit (§ 300 I).[26]
2. Übergang der Leistungsgefahr (Sachgefahr) bei Gattungsschulden gem. § 300 II:
   Grundsätzlich werden Gattungsschulden bei Eintritt des Gläubigerverzugs zur Stückschuld, wenn der Schuldner das seinerseits Erforderliche getan hat (§ 243 II). Nur wenn dies nicht geschehen ist (z. B. bei einer Bringschuld), geht die Leistungsgefahr beim Gläubigerverzug auf den Gläubiger über (§ 300 II). Es handelt sich also um einen weiteren Fall der Konkretisierung nach § 243 II.
3. Übergang der Gegenleistungsgefahr (Preisgefahr) bei gegenseitigen Verträgen:
   Bei gegenseitigen Verträgen hat der Annahmeverzug nach § 326 II zur Folge, dass die Preisgefahr, d. h. das Risiko, z. B. den Kaufpreis zahlen zu müssen, obwohl die Leistung nicht erbracht wurde, auf den Gläubiger übergeht. Der Gläubiger bleibt zur Gegenleistung verpflichtet, obwohl dem Schuldner die Leistung infolge leichter Fahrlässigkeit unmöglich wird (§ 300 II).[27]
4. Der Schuldner kann Ersatz von Mehraufwendungen gem. § 304 verlangen (z. B. Transportkosten, Kosten der Aufbewahrung).

---

25 Gem. § 296 bedarf es, wenn für die vom Gläubiger vorzunehmende Handlung eine Zeit nach dem Kalender bestimmt ist, des Angebots nur, wenn der Gläubiger die Handlung rechtzeitig vornimmt.
26 Siehe hierzu Fall 3, Aufgabe 2.
27 Siehe hierzu Fall 3, Aufgabe 2.

Fall 3: Das zerstörte Fotokopiergerät

Schwerpunkte:
Nichtleistung als Pflichtverletzung – Unmöglichkeit der Leistung – Gläubigerverzug

Die Gemeinde G beabsichtigt, ein Kopiergerät zu kaufen. Der die Gemeinde G vertretende und ordnungsgemäß bevollmächtigte Diplomverwaltungswirt D lässt sich in den Geschäftsräumen der V-GmbH verschiedene Vorführgeräte zeigen und erklären. Er entscheidet sich schließlich für das Gerät ABC/004 und schließt über ein solches Gerät, das die V-GmbH von der Herstellerfirma bezieht, mit der V-GmbH einen Kaufvertrag u. a. des Inhalts, dass die V-GmbH das Gerät nach vorheriger Ankündigung zum Bürgermeisteramt bringen, dort aufstellen und dem D – falls gewünscht – weitere Informationen über die Bedienung geben soll.

Nach Lieferung des Gerätes von der Herstellerfirma an die V-GmbH und telefonischer Vereinbarung mit D über Liefertag und Lieferzeit bringen der Fahrer und ein technischer Angestellter der V-GmbH mit deren Lieferwagen das Gerät ordnungsgemäß verpackt und verladen zum Bürgermeisteramt der Gemeinde G. D wird dort nicht angetroffen, und ein anderer Bediensteter der Gemeinde ist nicht bereit, das Gerät entgegenzunehmen.

Auf der Rückfahrt zur V-GmbH – der Fahrer der V-GmbH fährt etwas zu schnell – stößt der Lieferwagen der V-GmbH mit einem ihm auf seiner Fahrbahn entgegenkommenden Pkw, dessen Fahrer stark angetrunken ist, zusammen, wobei das Fotokopiergerät zertrümmert wird.

Aufgabe 1: Kann die Gemeinde G von der V-GmbH die Lieferung eines neuen Gerätes ABC/004 verlangen?

Aufgabe 2: Hat die V-GmbH gegen die Gemeinde G einen Anspruch auf die Bezahlung des vereinbarten Kaufpreises?

Fall 3: Prüfschema/Lösungsskizze

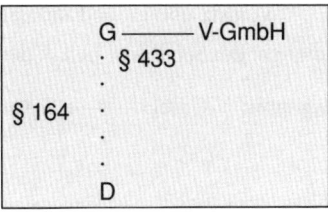

Aufgabe 1:

G ⎯⎯⎯→ V-GmbH Lieferung eines neuen Gerätes gem. § 433 I 1

1. wirksamer Kaufvertrag
   a) Angebot durch die G
      D als Vertreter der G – § 164 I 1
      aa) WE des D (+)
      bb) im Namen der G (+)
      cc) innerhalb der Vertretungsmacht (§ 71 HGO) (+)
   b) Annahme durch die V-GmbH (+)

folglich: Anspruch der G gegen die V-GmbH gem. § 433 I 1 (+)

2. Anspruch ausgeschlossen gem. § 275?
   a) nachträgliche Unmöglichkeit der Leistung (= Lieferung) durch die V-GmbH (+)
   b) §§ 275 II 2, 276 I 1 Beschaffungsrisiko bei Gattungsschuld? (–), da Konkretisierung (§ 243 II)

Ergebnis: G ⎯⎯⎯→ V-GmbH Lieferung eines neuen Gerätes gem. § 433 I 1 (–)

Aufgabe 2:

V-GmbH ⎯⎯⎯→ G Kaufpreiszahlung gem. § 433 II

1. wirksamer Kaufvertrag (+) s. o.

folglich: Kaufpreiszahlungsanspruch ist zustande gekommen

2. Anspruch entfallen gem. (§ 275 IV i. V. m.) § 326 I 1, 1. HS?
   a) gegenseitiger Vertrag (+)
   b) Leistungspflicht des Schuldners ist nach § 275 I–III ausgeschlossen (+)

folglich: Kaufpreiszahlungsanspruch entfällt

3. Anspruch auf die Gegenleistung gem. § 326 II 1, 2. Alt.?
   a) Annahmeverzug des Gläubigers gem. §§ 293 ff. (+)
      aa) tatsächliches Angebot der geschuldeten Leistung (am rechten Ort, zur rechten Zeit und in der richtigen Art und Weise)
      bb) Nichtannahme der Leistung durch G
          somit: G befand sich im Gläubigerverzug
   b) Schuldner hat Unmöglichkeit nicht zu vertreten (+)
      §§ 276 I 1 i. V. m. § 300 I – beim Gläubigerverzug muss der Schuldner nur Vorsatz und grobe Fahrlässigkeit vertreten

folglich: der Schuldner behält den Anspruch auf die Gegenleistung

Ergebnis: V-GmbH ⎯⎯⎯→ G Kaufpreiszahlung gem. § 433 II (+)

Fall 3: Ausarbeitung (Gutachten)

Aufgabe 1:

Die Gemeinde G könnte gegen die V-GmbH einen Anspruch auf Lieferung eines neuen Gerätes ABC/004 gem. § 433 I 1 haben.

1. *Voraussetzung hierfür ist, dass zwischen G und der V-GmbH ein Kaufvertrag zustande gekommen ist.* Ein Kaufvertrag setzt zwei übereinstimmende Willenserklärungen, Angebot und Annahme, voraus.

a) Den für einen Vertragsschluss erforderlichen Antrag hat D erklärt. Diese Willenserklärung wirkt unmittelbar für G, wenn D *als Vertreter gem. § 164 I 1* gehandelt hat.

aa)–cc) *Voraussetzungen hierfür sind, dass der Vertreter – hier D – selbst eine Willenserklärung im Namen des Vertretenen innerhalb der ihm zustehenden Vertretungsmacht abgibt.* D hat als ordnungsgemäß bevollmächtigter Vertreter der G (§ 71 HGO) in deren Namen ein Angebot an die V-GmbH gemacht, das Gerät ABC/004 zu kaufen.

b) Die V-GmbH sagte die Lieferung des Fotokopiergerätes zu; folglich ist dieses Angebot von der V-GmbH angenommen worden. Ein wirksamer Kaufvertrag i. S. v. § 433 liegt vor. Die Gemeinde G hat somit gem. § 433 I 1 einen Anspruch auf die Lieferung des Gerätes.

2. Der Anspruch der Gemeinde könnte allerdings *gem. § 275 ausgeschlossen sein.*

a) *Dann müsste die Lieferung (Übereignung und Übergabe) des Gerätes der V-GmbH unmöglich geworden* sein. Unmöglichkeit der Lieferung könnte dadurch eingetreten sein, dass das vom Fahrer der V-GmbH termingerecht zum Bürgermeisteramt gebrachte Kopiergerät auf der Rückfahrt zerstört wurde. Außerdem müsste es sich bei dem Gerät um eine *Stückschuld* gehandelt haben.[1]

b) Im vorliegenden Fall wurde ein Gerät der Gattung ABC/004 geschuldet, also ein nach allgemeinen Merkmalen bestimmtes Kopiergerät. Somit lag zunächst eine Gattungsschuld i. S. d. § 243 I vor. *Gem. § 243 II wandelt sich aber eine zunächst bestehende Gattungsschuld in eine Stückschuld um, wenn der Schuldner das „seinerseits Erforderliche" getan hat.* Dann konkretisiert sich die Leistungspflicht der V-GmbH auf die Lieferung **dieses** Gerätes. Wann die Konkretisierung

---

1 Wenn es sich um eine Gattungsschuld i. S. v. § 243 I handeln würde, müsste die V-GmbH sich diese Sache wenn nötig beschaffen (sog. **Beschaffungsschuld**) – denn die Lieferung eines solchen Gerätes gleicher Art und Güte ist objektiv noch möglich (§ 275 I ist deshalb nicht einschlägig). Die V-GmbH kann ohne großen Aufwand ein neues Gerät beschaffen (vgl. § 275 II 1). Gem. § 275 II 2 ist außerdem zu berücksichtigen, ob der Schuldner das Leistungshindernis zu vertreten hat oder nicht. Der Schuldner hat nach § 276 I 1 Vorsatz und Fahrlässigkeit zu vertreten, „wenn eine strengere . . . Haftung weder bestimmt noch aus dem sonstigen Inhalt des Schuldverhältnisses, insbesondere aus der Übernahme . . . eines Beschaffungsrisikos zu entnehmen ist." Da die Gattungsschuld eine **Beschaffungsschuld** ist, ergibt sich eine strengere Haftung für die V GmbH – sie müsste das Leistungshindernis vertreten und liefern.

eintritt, richtet sich nach dem Inhalt des vereinbarten Schuldverhältnisses.[2] Die Gemeinde G und die V-GmbH hatten einen Vertrag dahingehend geschlossen, dass die V-GmbH das Gerät zum Bürgermeisteramt bringen und dort aufstellen soll. Folglich liegt eine Bringschuld vor.

Mit der Anlieferung des Gerätes beim Bürgermeisteramt und vorheriger telefonischer Vereinbarung über Liefertag und Lieferzeit hat die V-GmbH das ihrerseits „Erforderliche" i. S. v. § 243 II getan. Somit hat sich die Gattungsschuld zur Stückschuld konkretisiert. § 276 I 1, wonach der Schuldner ein Beschaffungsrisiko bei einer Gattungsschuld hat und die V-GmbH das Leistungshindernis vertreten und ein anderes Fotokopiergerät liefern müsste, greift folglich nicht ein.

Da die Leistung durch die Zerstörung des Gerätes unmöglich geworden ist, wurde die V-GmbH gem. § 275 I von ihrer Leistungspflicht frei und braucht kein neues Gerät an die Gemeinde G zu liefern.

Aufgabe 2:

Ein Anspruch der V-GmbH gegen die Gemeinde G auf Zahlung des Kaufpreises könnte sich aus § 433 II ergeben.

1. Wie bereits bei Aufgabe 1 erörtert, liegt ein wirksamer Kaufvertrag vor. Deshalb besteht grundsätzlich ein Zahlungsanspruch der V-GmbH gegen die Gemeinde G nach § 433 II.

2. Dieser Anspruch (auf die Gegenleistung) könnte jedoch gem. (§ 275 IV i. V. m.) § 326 I 1, 1. HS entfallen sein.

a) *Voraussetzung ist zunächst ein gegenseitiger Vertrag,* der hier in Form des Kaufvertrages zwischen G und der V-GmbH vorliegt.

b) *Weiterhin müsste die Leistungspflicht des Schuldners nach § 275 I–III ausgeschlossen sein,* was bereits oben (Aufgabe 1) bejaht wurde.
Folglich wäre der Anspruch der V-GmbH auf die Gegenleistung (= Kaufpreiszahlung nach § 433 II) gem. § 326 I 1, 1. HS entfallen.

3. *Etwas anderes könnte sich aus § 326 II 1, 2. Alt. ergeben. Danach behält der Schuldner den Anspruch auf die Gegenleistung, wenn der Umstand, aufgrund dessen die Leistungspflicht des Schuldners nach § 275 ausgeschlossen ist, vom Schuldner nicht zu vertreten ist und zu einer Zeit eintritt, zu welcher sich der Gläubiger im Annahmeverzug befindet.*

a) *Gem. §§ 293 ff. könnte die Gemeinde G in Annahme- bzw. Gläubigerverzug geraten sein, wenn sie die tatsächlich angebotene Leistung nicht angenommen hat.* Die V-GmbH hat nach telefonischer Vereinbarung mit D über Liefertag und Lieferzeit das bestellte Gerät ordnungsgemäß verpackt und verladen beim Bürgermeisteramt der Gemeinde G angeboten. Damit erfolgte das Angebot der geschuldeten Leistung durch die Firma zur rechten Zeit, am rechten Ort und in rechter Art und Weise. D war zu dem vereinbarten Zeitpunkt nicht anwesend und ein anderer Bediensteter der Gemeinde nicht bereit, das Gerät entgegenzu-

---

2 Entscheidend ist, ob eine Bring-, Hol- oder Schickschuld vereinbart wurde. Ausführlich hierzu: Esser/ Schmidt, Schuldrecht 1, § 151.

nehmen. Es kommt nicht darauf an, ob D anwesend war, solange eine empfangsberechtigte Person vorhanden war. Die Nichtannahme muss sich die Gemeinde zurechnen lassen. Somit kam die Gemeinde G in Annahmeverzug.

b) *Die V-GmbH als Schuldnerin darf die Unmöglichkeit nicht zu vertreten haben. Gem. § 300 I hat der Schuldner, wenn sich der Gläubiger in Annahmeverzug befindet* (was hier der Fall ist) *nur Vorsatz und grobe Fahrlässigkeit zu vertreten.* Fraglich ist, ob der Fahrer der V-GmbH auf der Rückfahrt zur V-GmbH den Unfall, der zur Zerstörung des Gerätes führte, vorsätzlich oder grob fahrlässig verursacht hat. *Gem. § 278 S. 1 müsste die V-GmbH das Verschulden ihres Fahrers in gleichem Umfang vertreten wie eigenes Verschulden.* Selbst wenn der Fahrer etwas zu schnell fuhr, liegt im Hinblick auf das Verhalten des Unfallgegners, der in stark angetrunkenem Zustand auf der falschen Straßenseite fuhr, eine Verletzung der Sorgfalt in einem besonders hohen Maß nicht vor, sodass der Fahrer der V-GmbH nur leicht fahrlässig gehandelt hat. Somit hat die V-GmbH die Unmöglichkeit der Leistung gem. § 300 I nicht zu vertreten.

Nach alledem liegen die Voraussetzungen des § 326 II 1, 2. Alt. vor, und die Gemeinde G muss die Gegenleistung (Kaufpreiszahlung nach § 433 II) an die V-GmbH erbringen, ohne dass diese ein neues Gerät zu liefern hat.

Vertiefung: **Pflichtverletzung – Unmöglichkeit der Leistung**[3]

> Unmöglichkeit der Leistung liegt vor, wenn der Schuldner die geschuldete Leistung auf Dauer nicht erbringen kann.

I. Allgemeines

Je nachdem, ob die Leistung schon vor oder erst nach Vertragsschluss unmöglich wird, unterscheidet man zwischen anfänglicher und nachträglicher Unmöglichkeit. Weiterhin kann danach differenziert werden, ob die geschuldete Leistung objektiv unmöglich ist (niemand ist in der Lage, die Leistung zu erbringen) oder ob nur der Schuldner nicht leisten kann, wohl aber ein Dritter (subjektive Unmöglichkeit oder Unvermögen).

Diese Unterscheidung war nach der bisherigen Rechtslage[4] wichtig, zumal daran unterschiedliche Rechtsfolgen geknüpft waren.[5]

---

3 Literatur zur Vertiefung: AnwKom/DAUNER-LIEB, § 280, Rn. 54 ff.; BROX, Schuldrecht, DAUNER-LIEB/DÖTSCH, Fälle 1–34; DAUNER-LIEB u. a./DAUNER-LIEB, § 2, Rn. 58 ff.; HUBER/FAUST, 2. Kapitel; LORENZ/RIEHM, 6. Kapitel, § 6; § 20; LUTHER/PALM, D. II.; SCHELLHAMMER, S. 725 ff.; SKLARZIK, apf 2002, 1, 8 ff.; WESTERMANN/SCHULTZ, S. 23 ff.; WÖRLEN, Schuldrecht AT, Rn. 168 ff.

4 Bis zum 31. 12. 2001.

5 Zum Teil befanden sich diese nicht im Gesetz, sondern wurden von der Rechtsprechung entwickelt – wie z. B. die Haftung ohne Verschulden analog § 325 a. F. bei anfänglicher subjektiver Unmöglichkeit.

Aufgrund der Schuldrechtsreform gilt nunmehr für alle vorgenannten Arten der Unmöglichkeit weitgehend dasselbe: In § 275 I wird kraft Gesetzes ein Befreiungsgrund von der primären Leistungspflicht anerkannt, wenn die Leistung „für den Schuldner" (subjektive Unmöglichkeit) oder „für jedermann" (objektive Unmöglichkeit) unmöglich ist. § 275 I ist daher auch dann anwendbar, wenn die geschuldete Sache einem Dritten gehört, der zu ihrer Veräußerung nicht bereit ist, oder wenn sie gestohlen und die Suche nach dem Dieb aussichtslos ist.

Es ist nicht mehr relevant, ob die Unmöglichkeit **vor** oder **nach** Vertragsschluss eingetreten ist.[6] Durch die Formulierung „soweit diese . . . unmöglich ist" wird auch der Fall erfasst, dass nur ein Teil der Leistung unmöglich ist.

Die Rechte des Gläubigers bestimmen sich in diesen Fällen gem. § 275 IV nach den §§ 280, 283–285, 311 a und 326. Auf diese Weise wird klargestellt, dass der Wegfall der Primärleistungspflicht zum Entstehen von Sekundärleistungsansprüchen führen kann – vor allem zu Schadensersatzansprüchen.

Die Differenzierung zwischen anfänglicher und nachträglicher Unmöglichkeit ist bei den Schadensersatzpflichten erhalten geblieben: Der Schadensersatzanspruch infolge einer anfänglichen Unmöglichkeit ist in § 311 a II geregelt, während für die nachträgliche Unmöglichkeit die §§ 280, 283 gelten. Diese Unterscheidung ist sinnvoll, denn es kann bei der anfänglichen Unmöglichkeit sein, dass dem Schuldner das anfängliche bestehende Leistungshindernis unverschuldet unbekannt war. Dies rechtfertigt es, vom ansonsten verschuldensfreien Haftungssystem für anfängliche Unmöglichkeit abzugehen. Die Ansprüche wegen nachträglicher Unmöglichkeit sind dagegen alle verschuldensabhängig geregelt.

II. Anfängliche objektive Unmöglichkeit der Leistung

Anfängliche objektive Unmöglichkeit der Leistung liegt vor, wenn die geschuldete Leistung bereits bei Vertragsschluss von niemandem erbracht werden kann.

Beispiel:

Verkäufer V verkauft seinen Pkw an Käufer K und weiß nicht, dass der Wagen kurz vorher bei einem Garagenbrand zerstört wurde.

Der Käufer (K) kann in diesem Fall gegen den Verkäufer (V) keinen Anspruch auf Eigentumsverschaffung und Übergabe aus § 433 I 1 geltend machen, da der Anspruch wegen der Zerstörung des Pkw gem. § 275 I von Anfang an ausgeschlossen ist.

In Betracht kommt aber ein Anspruch des K gegen V auf Schadensersatz aus § 275 IV i. V. m. § 311 a II. Abs. 1 der letztgenannten Vorschrift stellt klar, dass

---

6 Dies ergibt sich aus der Gesetzesformulierung: „. . . unmöglich **ist**."

der Vertrag wirksam ist, auch wenn der Schuldner nach § 275 I–III nicht zu leisten braucht und das Leistungshindernis schon **bei** Vertragsschluss vorlag. Gem. § 311 a II[7] kann K als Gläubiger nach seiner Wahl Schadensersatz statt der Leistung **oder** Ersatz seiner Aufwendungen in dem in § 284 bestimmten Umfang verlangen. Der Schadensersatz ist auf das positive Interesse[8] gerichtet: Der Schuldner muss den Gläubiger so stellen, als ob ordnungsgemäß (also „positiv") erfüllt worden wäre. Dieser Anspruch folgt aus der Nichterfüllung des (nach § 311 a I wirksamen) Leistungsversprechens und nicht aus der Verletzung der – nach § 275 ausgeschlossenen – Leistungspflicht.

Der Schuldner haftet allerdings nicht, wenn er das Leistungshindernis bei Abschluss des Vertrages nicht kannte und seine Unkenntnis nicht zu vertreten hatte (§ 311 a II 2 – Exkulpationsmöglichkeit). Das Vertretenmüssen ergibt sich aus § 276; es wird nach dem Gesetzeswortlaut vermutet.

Der Schuldner hat vor Vertragsschluss eine Informationspflicht über seine Leistungs**fähigkeit**. Wenn er diese verletzt, muss er nach § 311 a II 1 haften (Anknüpfungspunkt für eine Schadensersatzhaftung gem. §§ 280 ff. ist hingegen die Verletzung von im Hinblick auf den Leistungs**gegenstand** bestehenden Pflichten.)

III. Anfängliche subjektive Unmöglichkeit der Leistung

Anfängliche subjektive Unmöglichkeit liegt vor, wenn die versprochene Leistung von Anfang an für den Schuldner unmöglich ist, während eine andere Person sie erbringen könnte.

Beispiel:

V verkauft seinen Pkw an K und weiß nicht, dass dieser kurz vorher gestohlen wurde. V kann den Wagen nicht an den Käufer übergeben; der Dieb dagegen könnte es.

Auch in diesem Fall kann K gegen V keinen Anspruch auf Eigentumsverschaffung und Übergabe aus § 433 I 1 geltend machen, da der Anspruch wegen des Diebstahls des Pkw gem. § 275 I von Anfang an ausgeschlossen ist.

In Betracht kommt (ebenfalls) ein Anspruch des K gegen V auf Schadensersatz aus (§ 275 IV i. V. m.) § 311 a II – es sei denn, V kannte das Leistungshindernis nicht und hat seine Unkenntnis auch nicht zu vertreten (§ 311 a II 2).

Der Gesetzgeber hat durch § 311 a II und das Abstellen auf eine Verschuldenshaftung die beiden Formen der anfänglichen Unmöglichkeit aneinander angegli-

---

7   Es handelt sich hierbei um eine eigene Anspruchsgrundlage und nicht etwa nur um einen Unterfall des allgemeinen Pflichtverletzungstatbestands des § 280. Hierzu: SCHMIDT/RÄNTSCH, S. 104.
8   Nach § 306 a. F. war ein Vertrag bei anfänglicher objektiver Unmöglichkeit nichtig. Der Schuldner hatte dem Gläubiger nur den Schaden zu ersetzen, den dieser erlitten hatte, weil der Vertrag nicht (= negativ) zustande gekommen ist (sog. **negatives Interesse**). Dazu zählten z. B. vergebliche Aufwendungen i. S. d. § 284.

chen[9] und das bisherige Garantieprinzip abgeschafft. Denn es führe „zu Ergebnissen, die unter Gerechtigkeitsgesichtspunkten keinesfalls zu überzeugen vermögen, während sich das Verschuldensprinzip sowohl durch höhere rechtsethische Überzeugungskraft als auch durch größere Flexibilität" auszeichne.[10]

V haftet also nur, wenn er sich nicht vor Vertragsschluss über die eigene Leistungsfähigkeit informiert hat.

Prüfschema – Schadensersatzanspruch bei anfänglicher Unmöglichkeit gem. § 311 a II:

1. Wirksames Schuldverhältnis (§ 311 a I)
2. Ausschluss der Primärleistungspflicht des Schuldners nach § 275 I–III (§ 311 a I)
3. Leistungshindernis bestand bei Vertragsschluss (§ 311 a I)
4. Schuldner kennt das Leistungshindernis oder hat seine diesbezügliche Unkenntnis zu vertreten (§§ 311 a II 2, 276)
5. Schaden beim Gläubiger (durch das Leistungshindernis)

Rechtsfolge: Schadensersatz statt der Leistung (soweit die Primärleistungspflicht nach § 275 I ausgeschlossen ist) **oder** Ersatz der Aufwendungen des Gläubigers in dem in § 284 bestimmten Umfang es sei: Interessewegfall bei Teilunmöglichkeit (§ 311 a II 3 i. V. m. § 281 I 2)

IV. Nachträgliche Unmöglichkeit der Leistung

Wie unter I. bereits erläutert, wird auch die nachträgliche Unmöglichkeit in § 275 geregelt und ebenso in diesem Fall der Schuldner von seiner Primärleistungspflicht frei.

Die Rechte des Gläubigers bestimmen sich gem. § 275 IV nach den §§ 280, 283 bis 285 und 326.

Während Anknüpfungspunkt der soeben aufgezeigten Haftung bei anfänglicher Unmöglichkeit nach § 311 a II die Verletzung einer **vor** dem Vertragsschluss bestehenden Informationspflicht ist, liegt der Haftung bei der nachträglichen Unmöglichkeit nach §§ 280 ff. die Verletzung von Pflichten zugrunde, die bezüglich des Leistungsgegenstandes – der **bei** Vertragsschluss noch vorhanden war – bestehen.

---

9 Lorenz, JZ 2001, 742, 743 Fußn. 11; Canaris, ZRP 2001, 329, 331.
10 BT Drucksache 14/6040, 165.

1. Nachträgliche objektive nicht zu vertretende Unmöglichkeit im einseitigen Schuldverhältnis

Beispiel:

Großvater G vermacht seinem Enkel E ein wertvolles Gemälde (Wert: 10 000 €). Nach dem Tod des G – aber vor Erfüllung des Vermächtnisanspruchs durch den Alleinerben A – wird dieses durch einen Kabelbrand völlig zerstört.

Der Anspruch des E gem. § 2174 auf Leistung des vermachten Gegenstands ist nach § 275 I ausgeschlossen (Befreiung kraft Gesetzes).

Für einen Schadensersatzanspruch des E gegenüber A „statt der Leistung" müssen nach § 275 IV die Voraussetzungen der §§ 280 I, III, 283 S. 1 gegeben sein.

Anspruchsgrundlage ist zunächst § 280 – der Grundtatbestand aller Schadensersatzansprüche in der Systematik des neuen Rechts.[11] Aufbautechnisch ist von § 280 I auszugehen. Erst wenn die dort genannte „Pflichtverletzung" vorliegt, können die „zusätzlichen" Voraussetzungen der § 280 II, III geprüft werden.

Bei der **Unmöglichkeit** handelt es sich um einen **Unterfall der Pflichtverletzung.** § 280 I regelt jegliche Art der Verletzung von Pflichten aus einem Schuldverhältnis (§ 241) – in erster Linie die Verletzung von Verhaltenspflichten (§ 241 II). Pflichtverletzung ist jedes „objektiv nicht dem Schuldverhältnis entsprechende Verhalten des Schuldners"[12], also auch jedes „Zurückbleiben der erbrachten Leistung hinter dem geschuldeten Soll des Vertrags oder sonstigen Schuldverhältnisses".[13] Die Pflichtverletzung im Falle der Unmöglichkeit besteht darin, dass die geschuldete Leistung nicht erbracht wird.

Prüfschema – Schadensersatz wegen Pflichtverletzung gem. § 280 I:
1. Wirksames Schuldverhältnis
2. Pflichtverletzung des Schuldners[14]
3. Vertretenmüssen (§ 280 I 2 i. V. m. § 276/§ 278)
4. Schaden

Rechtsfolge: „einfacher" Schadensersatz; Umfang: §§ 249 ff.

Beachte: Wenn der Schuldner für den Leistungsgegenstand einen Ersatz erlangt hat: Gläubiger hat Wahlrecht zwischen Schadensersatz nach § 280 I oder Herausgabe des Erlangten[15] nach § 285

---

11 § 280 I greift unmittelbar und allein ein, wenn es um die Haftung auf „einfachen Schadensersatz" wegen der Verletzung einer Pflicht aus dem Schuldverhältnis geht.
12 BT-Drucksache 14/6040, 135.
13 BT-Drucksache 14/6040, 134.
14 Hier spielt auch die Rechtswidrigkeit eine Rolle (vgl. Fikentscher, § 52 II), die allerdings nicht extra erörtert werden muss.
15 Sog. „stellvertretendes commodum".

Schadensersatz statt der **gesamten** Leistung (= großer Schadensersatz) kann der Gläubiger unter den Voraussetzungen der §§ 280 I, III i. V. m. § 283 S. 2 verlangen.

Im Beispielsfall hat A zwar eine Pflichtverletzung (durch Nichterbringung der geschuldeten Leistung = Übergabe des Bildes) begangen, doch fehlt es am „Vertretenmüssen". Ein Schadensersatzanspruch des E kommt also nicht in Betracht.

2. Nachträgliche objektive zu vertretende Unmöglichkeit im einseitigen Schuldverhältnis

Beispiel:

In obigem Fall ist der Alleinerbe A mit einer Zigarette ins Bett gegangen, eingeschlafen und hat dadurch den Wohnungsbrand verursacht.

Da A in der Abwandlung fahrlässig i. S. d. § 276 II handelte, die Pflichtverletzung also zu vertreten hat (§ 280 I 2) und dem E durch die Pflichtverletzung ein adäquat kausaler Schaden entstanden ist, liegen die Voraussetzungen des § 280 I vor. Diese Anspruchsgrundlage greift unmittelbar und allein nur ein, wenn es um die Haftung auf **„einfachen Schadensersatz"** wegen der Verletzung einer Pflicht aus dem Schuldverhältnis geht.[16] Im Beispielsfall geht es allerdings um einen Ersatzanspruch für die unmöglich gewordene Leistung, also um den Ersatz des Wertes, den das Bild (= die Leistung) hatte (10 000 €). Es handelt sich also begrifflich um einen **„Schadensersatz statt der Leistung"** (also den Ersatz der unmöglich gewordenen Leistung).[17] § 280 III verweist für diesen Fall auf die zusätzlichen Voraussetzungen der §§ 281–283. Angesichts des Verweises in § 275 IV kommt § 283 S. 1 in Betracht.

Danach kann – wenn der Schuldner nach § 275 I–III nicht zu leisten braucht – Schadensersatz statt der Leistung unter den Voraussetzungen des § 280 I verlangt werden. Diese Voraussetzungen liegen in dem Beispielsfall vor, weshalb E einen Schadensersatzanspruch statt der Leistung in Höhe von 10 000 € gegen A aus (§ 275 IV i. V. m.) §§ 280 I, III, 283 S. 1 hat.

---

16 BT-Drucksache 14/6040, 135.
17 Deshalb wird der Grundtatbestand des § 280 I in den Fällen des Schadensersatzes wegen einer unmöglich gewordenen Leistung nie vorliegen, da dann immer nur ein Schadensersatz „statt der Leistung" verlangt werden wird, der über § 280 III anhand gesonderter Vorschriften zu prüfen ist; hierzu Dauner-Lieb/Dötsch, Fälle, Fall 6.

Beachte für die Falllösung:

§ 275 IV muss nicht in den Obersatz der Prüfung genommen werden, da er nur klarstellende Funktion[18] hat.
Für den Fallaufbau bei Anspruchszielen über den „einfachen Schadensersatz" hinaus werden nach §§ 280 II, III über Weiterverweisungen zusätzliche Anforderungen aufgestellt, wobei **§ 280 I alleinige Anspruchsgrundlage** bleibt (die aber durch die „zusätzlichen" **Voraussetzungen modifiziert wird**).

Tipp: Neben dem § 280 I werden in den Obersatz die zusätzlichen Anforderungen über § 280 II, III mit aufgenommen. Auf diese Weise verdeutlicht man, wohin die Prüfung geht . . .[19]

Prüfschema – Schadensersatz statt der Leistung bei (nachträglicher) Unmöglichkeit gem. §§ 280 I, III i. V. m. § 283:

1. Wirksames Schuldverhältnis
2. Leistungsbefreiung des Schuldners nach § 275
3. Pflichtverletzung des Schuldners
   geschuldete Leistung wird nicht erbracht (nachträgliche Unmöglichkeit)
4. Vertretenmüssen, §§ 280 I 2, 276
5. Schaden

Rechtsfolge: Schadensersatz statt der Leistung (Ersatz des Nichterfüllungsschadens = „positives Interesse")

V. Besondere Regelungen für gegenseitige Verträge

Die aufgezeigten allgemeinen Regelungen gelten grundsätzlich für **alle** Schuldverhältnisse – es sei denn, diese werden durch besondere Vorschriften verdrängt.

Für **gegenseitige Verträge** gibt es **Sonderregelungen** für den Rücktritt in den §§ 323 I, 324 (325) und 326 V sowie das Schicksal der Gegenleistung in § 326 I–IV.

---

18 Hierzu: BT-Drucksache 14/6040, 131.
19 Man könnte auch nur § 280 I in den Obersatz aufnehmen und dann innerhalb dieser Prüfung über § 280 II, III anhand der §§ 281 ff., 286 differenzieren. Die Prüfung kann hier leicht unübersichtlich werden.

1. Befreiung von der Gegenleistung bei Ausschluss der Leistungspflicht

Wenn der Schuldner aufgrund von § 275 I–III von seiner Leistungspflicht befreit ist, stellt sich die Frage, ob der Gläubiger seine Gegenleistung noch erbringen muss oder nicht. Dies ist in § 275 IV i. V. m. § 326 geregelt.

Beispiel:

V verkauft seinen Pkw dem K. Übergabe und Übereignung sollen eine Woche später stattfinden. Durch einen Garagenbrand wird der Pkw vor der Übergabe zerstört.

§ 326 I 1, 1. HS enthält den Grundsatz: Wenn der Schuldner nach § 275 I–III nicht zu leisten braucht, entfällt der Anspruch auf die Gegenleistung – dies ist bedingt durch die enge Verknüpfung von Leistung und Gegenleistung (= Synallagma[20]). Bezieht sich das Leistungshindernis nur auf einen Teil der geschuldeten Leistung, so wird der Gläubiger „teilweise" von der Gegenleistung befreit (§ 326 I 1, 2. HS). Die Berechnungsformel des § 441 III gilt entsprechend. Diese Vorschrift gilt **nur für** Fälle der **Unmöglichkeit** – was sich aus der Formulierung in § 326 I 2 „gilt nicht . . . im Fall der nicht vertragsgemäßen Leistung" ergibt.

Im vorgenannten Beispielsfall ist der Anspruch des K auf Übergabe des Wagens und Verschaffung des Eigentums nach § 433 I 1 gem. § 275 I ausgeschlossen. Der Anspruch des V auf die Kaufpreiszahlung nach § 433 II (= Gegenleistung) ist nach (§ 275 IV i. V. m.[21]) § 326 I 1, 1. HS kraft Gesetzes entfallen.

In Betracht käme möglicherweise ein Anspruch auf Schadensersatz statt der Leistung gem. (§ 275 IV i. V. m.) §§ 280 I, III, 283 S. 1. Diese Vorschriften sind auf einseitige und gegenseitige Leistungspflichten anwendbar. Da ein Vertretenmüssen seitens V nicht gegeben ist, scheitert der Anspruch allerdings.

2. Anspruch auf die Gegenleistung bei Ausschluss der Leistungspflicht

a) Verantwortlichkeit des Schuldners

Beispiel:

V verkauft seinen Pkw dem K für 15 000 €. Übergabe und Übereignung sollen eine Woche später stattfinden. Durch einen Garagenbrand, den V fahrlässig durch Hantieren mit Benzin verursacht hat, wird der Pkw vor der Übergabe zerstört. K hätte den Wagen für 25 000 € weiterverkaufen können, obwohl dieser nur 20 000 € wert war.

Hinsichtlich des Übereignungsanspruchs und des Kaufpreiszahlungsanspruchs gilt das oben unter 1. Gesagte. § 326 I erfasst – aufgrund des Verweises auf § 275 (der vom Vertretenmüssen unabhängig ist) – auch die vom Schuldner zu vertretende Unmöglichkeit.[22]

Es kommt wegen der Unmöglichkeit ein Anspruch auf Schadensersatz statt der Leistung gem. (§ 275 IV i. V. m.) §§ 280 I, III, 283 S. 1 in Betracht.

---

20 Griechisch = „Übereinkunft", gegenseitige Abhängigkeit der Vertragsleistungen.
21 Diese Vorschrift muss nicht mitzitiert werden.
22 Siehe hierzu SCHAPP, JZ 2001, 583, 588.

Die Voraussetzungen des § 280 I liegen vor. Da die von K begehrten 10 000 € kein „einfacher" Schadensersatz, sondern ein solcher „statt der Leistung"[23] sind, müssen nach § 280 III die zusätzlichen Voraussetzungen der §§ 281–283 vorliegen. In den Fällen des § 275 ist nur auf § 283 S. 1 abzustellen (als lex specialis zu § 281 I 1). Dessen Voraussetzungen liegen vor, und K kann gem. §§ 280 I, III, 283 S. 1 die 10 000 € als Schadensersatz statt der Leistung verlangen.

b) Verantwortlichkeit des Gläubigers

Beispiel:

V verkauft seinen Pkw dem K. Übergabe und Übereignung sollen eine Woche später stattfinden. K zündet sich nach Abschluss des Kaufvertrags in der Garage des V eine Zigarette an – wegen dort gelagerten Benzins gibt es einen Garagenbrand. Der Pkw wird völlig zerstört.

Der Anspruch des K gegen V aus § 433 I 1 ist wegen nachträglicher, objektiver Unmöglichkeit gem. § 275 I ausgeschlossen. Der Anspruch des V gegen K auf Zahlung des Kaufpreises gem. § 433 II könnte gem. (§ 275 IV i. V. m.) § 326 I 1 aufgrund der Unmöglichkeit untergegangen sein.

Gem. § 326 II 1, 1. Alt. wäre der Anspruch des V nicht entfallen, wenn K als Gläubiger für den Umstand, aufgrund dessen V als Schuldner gem. § 275 nicht zu leisten braucht, „allein oder weit überwiegend verantwortlich" war. Der Begriff „verantwortlich" wird nicht näher erläutert; er kann als „Vertretenmüssen" des Gläubigers verstanden werden.[24] Da §§ 276, 278 nur regeln, was der Schuldner zu vertreten hat, kann man mit der bisher h. M.[25] diese Normen entsprechend auch für den Gläubiger heranziehen.

K hat den Untergang der Pkw zu „verantworten", da er fahrlässig i. S. d. § 276 II handelte. V hat deshalb einen Anspruch auf Zahlung des Kaufpreises gem. § 433 II i. V. m. § 326 II 1, 1. Alt.

c) Annahmeverzug des Gläubigers

Beispiel:

V will den verkauften Pkw dem K vereinbarungsgemäß am Samstagnachmittag nach Hause liefern. K hat allerdings den Liefertermin vergessen und ist kurzfristig in die Berge gefahren. V fährt den Wagen wieder zurück, beachtet – leicht fahrlässig – entsprechende Hinweisschilder nicht und gerät auf eine Ölspur. Es ereignet sich ein Unfall, bei dem der Pkw einen Totalschaden erleidet.

---

23 Aus dem Gesetz ergibt sich nicht, was mit diesem Begriff genau gemeint ist. Bei wörtlicher Auslegung könnte man nur den bloßen Leistungswert („statt der Leistung") darunter fassen – also nur der Anspruch in Höhe des Differenzbetrags zwischen Kaufpreis und wahrem Wert (= 5 000 €). Der entgangene Gewinn in Höhe von 5 000 € würde sich als „einfacher Schadensersatz" aus § 280 I ergeben. Der Gesetzgeber wollte mit dem Begriff „Schadensersatz statt der Leistung" lediglich den – bisherigen – „Schadensersatz wegen Nichterfüllung" ersetzen.

24 Vgl. BT-Drucksache 14/6040, 187 f., 189.

25 PALANDT/HEINRICHS, § 324 Rn. 4; JAUERNIG/VOLLKOMMER, § 324 Rn. 4; LARENZ, Schuldrecht AT, § 25 III.

Der Anspruch des V auf Zahlung des Kaufpreises gem. § 433 II ist grundsätzlich nach (§ 275 IV i. V. m.) § 326 I 1 entfallen, da V nach § 275 I nicht mehr zu leisten braucht. Nach § 326 II 1, 2. Alt. behält der Schuldner allerdings den Anspruch auf die Gegenleistung (= § 433 II), wenn der Umstand, aufgrund dessen der Schuldner nach § 275 von der Leistung befreit ist, vom Schuldner nicht zu vertreten ist und zu einer Zeit eintritt, zu welcher sich der Gläubiger im Annahmeverzug befindet.[26]

Hier handelte V fahrlässig i. S. d. § 276 II, sodass er den Umstand zu vertreten hätte. Etwas anderes ergibt sich allerdings aus § 300 I: Danach hat der Schuldner während des Verzugs des Gläubigers nur Vorsatz und grobe Fahrlässigkeit zu vertreten. K befand sich in Annahmeverzug nach §§ 293 ff., sodass V den Umstand, aufgrund dessen er als Schuldner nicht zu leisten braucht (§ 275), nicht zu vertreten hat. Da dieser „Umstand" auch während des Gläubigerverzugs eingetreten ist, liegen die Voraussetzungen des § 326 II 1, 2. Alt. vor, und V behält den Anspruch auf die Gegenleistung. Er kann also von K Kaufpreiszahlung nach § 433 II verlangen.

3. Rücktritt

Der Gläubiger kann gem. § 326 V zurücktreten, wenn der Schuldner nach § 275 I–III nicht zu leisten braucht. § 323 findet entsprechende Anwendung mit der Maßgabe, dass die Fristsetzung entbehrlich ist. Da im Falle der Unmöglichkeit feststeht, dass eine Nacherfüllung keinen Erfolg haben kann, ist eine Fristsetzung überflüssig. Für die Rückabwicklung gelten die §§ 346 ff.

VI. Besonderheiten beim Beschaffungsrisiko

Nach § 275 II 1 hat der Schuldner das Recht, die Leistung zu verweigern, soweit sie einen Aufwand erfordert, der in einem groben Missverhältnis zum Leistungsinteresse des Gläubigers steht. Dadurch wird die sog. praktische oder faktische Unmöglichkeit erfasst, im Rahmen derer die Behebung des Leistungshindernisses zwar theoretisch möglich wäre, aber von keinem vernünftigen Gläubiger erwartet werden kann[27] (der geschuldete Gegenstand versinkt auf dem Meeresgrund). Besonders scharfe Maßstäbe sind allerdings gem. § 275 II 2 anzulegen, wenn der Schuldner nach dem Inhalt des Schuldverhältnisses eine **Beschaffungspflicht** übernommen hat. Danach ist auch zu berücksichtigen, ob der Schuldner das Leistungshindernis zu vertreten hat. Das Vertretenmüssen regelt § 276 I 1: Der Schuldner hat Vorsatz und Fahrlässigkeit zu vertreten, „wenn eine strengere . . . Haftung . . . weder bestimmt noch aus dem sonstigen Inhalt des Schuldverhältnisses, insbesondere aus der Übernahme eines Beschaffungsrisikos zu entnehmen ist." Da die **Gattungsschuld** eine **Beschaffungsschuld** ist, kommt hier

---

26 Beispiel hierfür auch in Fall 3, Aufgabe 2.
27 BT-Drucksache 14/6040, 130.

eine Befreiung gem. § 275 II von vornherein nicht in Betracht, soweit es um die Überwindung typischer Beschaffungshindernisse geht.[28]

Beispiel:

K kauft im Sommer beim Bauern V zwei Zentner Kartoffeln „Dicke Berta" zum Einkellern. Die Lieferung soll im Herbst nach der Ernte erfolgen. Infolge eines Rohrbruchs steht der Kartoffelkeller des V tagelang unter Wasser – und die ganze Ernte ist „ungenießbar".

In diesem Fall muss V für das Beschaffungsrisiko gem. §§ 275 II 2, 276 I 1 einstehen. Das heißt, er muss sich auf dem Markt die „Dicke Berta" besorgen und dem K zum vereinbarten Kaufpreis liefern.

Etwas anderers gilt bei der sog. Vorratsschuld:

Beispiel:

K will die Kartoffeln nur von einem bestimmten Acker des V haben. Denn V betreibt auf diesem Stück biologischen Landbau, auf den K besonderen Wert legt.

Wenn der gesamte Vorrat untergegangen ist, ist der Anspruch des K auf Leistung gem. § 275 I ausgeschlossen.

Die **Geldschuld** ist in den §§ 275, 276 nicht ausdrücklich geregelt. Dass der Schuldner sich auf finanzielles Unvermögen nicht berufen kann, folgt aus allgemeinen Grundsätzen sowie der Existenz der Insolvenzordnung, die ansonsten überflüssig wäre[29]. Derjenige, der eine Leistung verspricht, übernimmt regelmäßig das Risiko dafür, dass er sich die zur Erfüllung erforderlichen finanziellen Mittel beschaffen kann.

Exkurs: Konkretisierung gem. § 243 II

*Gem. § 243 II wird eine Gattungsschuld zur Stückschuld, wenn der Schuldner das zur Leistung einer solchen Sache seinerseits Erforderliche getan hat. Dabei kommt es darauf an, ob es sich um eine **Hol-, Bring- oder Schickschuld** handelt.*

*Sofern vertraglich nichts anderes vereinbart wurde, ist gem. § 269 I der Leistungsort grundsätzlich beim Schuldner; es handelt sich also um eine **Holschuld**.*

*Bei der **Holschuld** hat der Schuldner das seinerseits Erforderliche getan, wenn er z. B. die verkaufte Sache aussondert, bereitstellt und dem Gläubiger anbietet bzw. ihn benachrichtigt, dass er die Sache abholen kann.*

*Falls vereinbart wurde, dass der Schuldner die Sache zum Gläubiger zu bringen hat **(Bringschuld)**, dann muss der Schuldner die Sache aussondern und dem Gläubiger an dessen Wohnort (bzw. Wohnung) tatsächlich anbieten, sofern nicht für die Annahme der Leistung durch den Gläubiger eine Zeit nach dem Kalender bestimmt war (vgl. § 296 S. 1).*

---

28 Ausführlich: DAUNER-LIEB u. a./DAUNER-LIEB, S. 103.
29 BGH NJW 1998, 1278.

*Wenn sich der Schuldner verpflichtet hat, die Ware dem Gläubiger zuzusenden (**Schickschuld**, Versendungskauf, vgl. § 447), dann muss der Schuldner die verkaufte Sache aussondern und an den Gläubiger absenden, d. h. ordnungsgemäß verpackt z. B. zur Post oder einem Spediteur geben. Dann hat der Schuldner das seinerseits Erforderliche getan, und die Gattungsschuld wandelt sich in eine Stückschuld um.*

Bei Stückschulden haftet der Schuldner grundsätzlich nur bei Verschulden (Ausnahme: § 287 S. 2), wenn die Leistung unmöglich wird. In Rechtsprechung und Lehre wurde die Rechtsfigur vom Gefahrübergang entwickelt.[30] Mit der Konkretisierung geht die Gefahr des zufälligen Untergangs der Sache auf den Gläubiger über, d. h. der Gläubiger muss seine Gegenleistung erbringen, ohne die Leistung des Schuldners zu erhalten.

Der Schuldner wird gem. § 275 I von seiner (Primär-)Leistungspflicht frei, der Gläubiger braucht gem. § 326 I 1, 1. HS nicht die Gegenleistung zu erbringen, sofern nicht aufgrund einer Sondervorschrift die Gefahr auf ihn übergegangen ist (siehe unten §§ 446, 447).

Fall 4: Unzuverlässige Handwerker

Schwerpunkte:
Mängel der Kaufsache – Schadensersatz wegen Pflichtverletzung – Erfüllungsgehilfe – Verrichtungsgehilfe

---

E will sein Mietshaus renovieren. Es ist unter anderem vorgesehen, eine neue Öl-heizungsanlage sowie Isolierfenster einbauen zu lassen. Aus diesem Grunde kauft E bei der Firma T einen Öltank Typ X 1, dessen spezielle Verwendung von den Parteien (oberirdische Lagerung in Behältern) bei Vertragsschluss vorausgesetzt wurde. Dieser wird von dem Angestellten A der Firma T – wie vertraglich vereinbart – zum Haus des E geliefert und im dortigen Keller aufgestellt. A beschädigt beim Anschluss an die noch vorhandenen Heizungsrohre eines davon.

Nach ca. drei Monaten reißt eine Schweißnaht des Tanks auf, sodass der gesamte Inhalt ausläuft und von der für solche Fälle vorgesehenen Wanne aufgefangen wird. Das Abpumpen des Öls und die Reinigung des Kellers werden von einer Spezialfirma durchgeführt.

Später stellt sich heraus, dass der Tank einen Mangel hatte: Eine Schweißnaht war porös und riss schließlich aufgrund des Drucks, den das im Tank befindliche Öl ausübte. Die mangelhafte Schweißnaht war nicht entdeckt worden, da der sonst sehr zuverlässig arbeitende Angestellte A den Tank nach dem Aufstellen

---

30 Ausführlich hierzu FIKENTSCHER, S. 432.

vorschriftswidrig nicht untersucht und die erforderliche Endkontrolle unterlassen hatte.

Mit dem Einbau der Isolierfenster beauftragt E die Firma F. Es wird vereinbart, dass F die Arbeiten spätestens am 31. 8. abgeschlossen hat. Die Firma baut allerdings die Fenster erst Ende September ein, da sie durch die Übernahme zu vieler anderer Aufträge vollständig überlastet ist. Dies hat zur Folge, dass die Wohnungen in dem Haus des E erst einen Monat später als vorgesehen bezogen werden können.

Aufgabe 1: Kann E von T die Lieferung eines neuen, mangelfreien Tanks verlangen – zumal die Schweißnaht zwischenzeitlich irreparabel geworden ist?
T weigert sich und meint, E müsse außerdem die entsprechenden Kosten der Nacherfüllung tragen.

Aufgabe 2: Hat E gegen T einen Anspruch auf Ersatz
a) der Kosten für das Abpumpen des ausgelaufenen Öls und die Kellerreinigung in Höhe von 1300 €?
b) der Reparaturkosten für das Heizungsrohr (200 €)?

Aufgabe 3: Kann E von F Ersatz der entgangenen Mieteinnahme für den Monat September in Höhe von 4000 € verlangen?

Fall 4: Prüfschema/Lösungsskizze

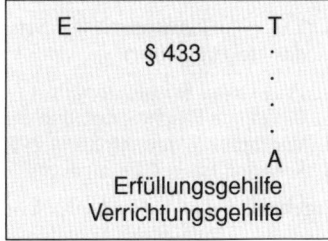

Aufgabe 1:

E ———→ T **Nacherfüllungsanspruch gem. §§ 437 Nr. 1, 439, 434**

1. Kaufvertrag E – T (+)
2. Sachmangel bei Gefahrübergang nach § 434 I 2 Nr. 1 (+)
3. § 439: Wahlrecht des E – Lieferung einer mangelfreien Sache
4. Verweigerungsrecht des Verkäufers T?
   § 439 III (–)
   §§ 275 II, III (–)

(§ 439 II: T muss die entsprechenden Kosten der Nacherfüllung tragen)

Ergebnis: E ⎯⎯⎯→ T Nacherfüllungsanspruch gem. §§ 437 Nr. 1, 439, 434 (+)

Aufgabe 2 a):

I. E ⎯⎯⎯→ T Anspruch auf Schadensersatz aus §§ 437 Nr. 3, 434 I 2 Nr. 1, 280 I

1. Wirksamer Kaufvertrag (+)
2. Pflichtverletzung des Verkäufers: Lieferung mangelhafter Kaufsache, §§ 433 I 2 i. V. m. § 280 I 1 (+)
3. Vertretenmüssen, § 280 I 2 i. V. m. §§ 276, 278 (+)
4. Schaden (+)

Ergebnis: E ⎯⎯⎯→ T Anspruch auf Schadensersatz aus §§ 437 Nr. 3, 434 I 2 Nr. 1, 280 I (+)

Umfang des Schadensersatzanspruchs: §§ 249 ff.

II. E ⎯⎯⎯→ T Anspruch auf Schadensersatz (Kosten für das Abpumpen des Öls und die Reinigungsarbeiten) gem. § 831 I

1. A muss Verrichtungsgehilfe sein, weisungsgebundene Tätigkeit (+)
2. Tatbestandsmäßige und widerrechtliche unerlaubte Handlung des Verrichtungsgehilfen (–)
   nur Verletzung des Vermögens des E

Ergebnis: E ⎯⎯⎯→ T Anspruch auf Schadensersatz gem. § 831 I (–)

Aufgabe 2 b):

I. E ⎯⎯⎯→ T Anspruch auf Schadensersatz aus § 280 I (Reparaturkosten für das Heizungsrohr)

1. Wirksames Schuldverhältnis (+)
2. Objektive Pflichtverletzung durch den Schuldner – § 241 II (+)
3. Vertretenmüssen, §§ 280 I 2, 276, 278 (+)
4. Schaden beim Gläubiger als Folge der Pflichtverletzung (+)

Ergebnis: E ⎯⎯⎯→ T Anspruch auf Schadensersatz aus § 280 I (+)
Umfang des Schadensersatzanspruchs: §§ 249 ff.

II. E ⎯⎯⎯→ T Anspruch auf Schadensersatz gem. § 831 I

1. A muss Verrichtungsgehilfe sein, weisungsgebundene Tätigkeit (+)
2. Tatbestandsmäßige und widerrechtliche unerlaubte Handlung des Verrichtungsgehilfen (+)
   Verletzung des Eigentums des E
3. Schädigung in Ausführung der Verrichtung (+)
4. Schaden (+)
5. Exkulpation des T gem. § 831 I 2 möglich

Ergebnis: E ⎯⎯⎯→ T Anspruch auf Schadensersatz gem. § 831 I (–)

Aufgabe 3:

E ⟶ F Ersatz der entgangenen Mieteinnahmen gem. §§ 280 I, II, 286

1. Schuldverhältnis = Werkvertrag (+)
2. Pflichtverletzung des Schuldners durch Verzögerung der Leistung § 286
   a) Fälligkeit der Leistung – 31.08. (+)
   b) Mahnung, entbehrlich nach § 286 II Nr. 1 (+)
   c) Nichtleistung durch F (+)
3. Vertretenmüssen des Schuldners F, §§ 280 I 2 i. V. m. § 276 (+)
4. Schaden (+)
   = Mietverlust September in Höhe von 4000 €

Ergebnis: E ⟶ F Ersatz des Verzögerungsschadens gem. §§ 280 I, II, 286 (+)

Umfang des Schadensersatzanspruchs: §§ 249 ff.

Fall 4: Ausarbeitung (Gutachten)

Aufgabe 1:

E könnte gegenüber T einen Anspruch auf Nacherfüllung gem. §§ 437 Nr. 1, 439, 434 I 1 haben.

1. Hierfür ist zunächst ein zwischen E und T geschlossener Kaufvertrag Voraussetzung. Ein solcher kommt durch zwei sich deckende Willenserklärungen zustande. E und T haben einen Kaufvertrag über einen von T hergestellten Öltank Typ X 1 geschlossen.

2. Es müsste ein Sachmangel nach § 434 vorliegen. Ein Sachmangel liegt vor, wenn die Sache nicht die vertraglich vereinbarte Beschaffenheit hat (vgl. § 434 I 1). Da E und T keine bestimmte Beschaffenheit vereinbart haben, kommt nur ein *Sachmangel nach § 434 I 2 Nr. 1 in Betracht. Ein solcher liegt dann vor, wenn sich der Öltank nicht für die nach dem Vertrag vorausgesetzte Verwendung eignet.* E und T haben eine bestimmte Verwendung des Öltanks vertraglich vorausgesetzt. Geschuldet war von T ein intakter Öltank. Ein Tank mit einer porösen Schweißnaht, aufgrund derer das im Tank befindliche Öl ausläuft, ist für seine Zwecke unbrauchbar und für die nach dem Vertrag vorausgesetzte Verwendung (oberirdische Lagerung von Heizöl) nicht geeignet. *Der Sachmangel muss zum Zeitpunkt des Gefahrübergangs vorgelegen haben.* Zum Zeitpunkt des Einbaus des Tanks im Keller des E (Gefahrübergang gem. § 446) war die Schweißnaht aufgrund eines Fabrikationsfehlers bereits porös.[1]

3. Folglich kann E gem. §§ 439, 437 Nr. 1, 434 I 2 Nr. 1 Nacherfüllung verlangen. Nach § 439 I hat er dabei grundsätzlich die Wahl zwischen Nachbesserung und Ersatzlieferung. E kann also als Nacherfüllung Lieferung eines neuen Exemplars des gleichen Modells verlangen.

---

[1] Zeigt sich innerhalb von sechs Monaten seit Gefahrübergang (§ 446) ein Sachmangel, so wird gem. § 476 vermutet, dass die Kaufsache (= Öltank) bereits bei der Übergabe mangelhaft war.

4. Fraglich ist, ob der Verkäufer T ein *Verweigerungsrecht hat. Gem. § 439 III 1 kann er die vom Käufer gewählte Art der Nacherfüllung verweigern, wenn die Leistung für ihn nach § 275 (objektiv) unmöglich ist bzw. unter den in § 275 II und III genannten Gründen sowie dann, wenn die Nacherfüllung nur mit unverhältnismäßig hohen Kosten möglich ist (§ 439 III 1, 2. HS). Gem. § 439 III 2 sind hierbei der Wert der Sache in mangelfreiem Zustand, die Bedeutung des Mangels und die Frage zu berücksichtigen, ob auf eine andere Art der Nacherfüllung ohne Nachteile für den Käufer zurückgegriffen werden könnte.* Da es einen Öltank diesen Typs noch auf dem Markt gibt, liegt Unmöglichkeit der Nachlieferung i. S. d. § 275 I–III nicht vor. Da die Schweißnaht irreparabel ist, ist es zwingend erforderlich, dass der Tank gegen einen neuen ausgetauscht wird. Unverhältnismäßige Kosten können hierfür nicht entstehen, zumal lediglich Ein- und Ausbau- sowie Transportkosten anfallen.

Nach alledem sind die Voraussetzungen von § 439 III und § 275 nicht erfüllt.

Das Argument des T, E müsse die entsprechenden Kosten der Nacherfüllung tragen, ist nicht zutreffend. Gem. § 439 II hat der Verkäufer die zum Zweck der Nacherfüllung erforderlichen Aufwendungen zu tragen.

Somit kann E von T Nacherfüllung in Form von Lieferung eines mangelfreien Tanks gem. §§ 439 I, 1. HS, 437 Nr. 1, 434 I 2 Nr. 1 verlangen.

Aufgabe 2 a):

I. E könnte gegen T einen Anspruch auf Schadensersatz für das Abpumpen des Öls sowie die Reinigungsarbeiten aus §§ 437 Nr. 3, 434 I 2 Nr. 1, 280 I haben.

1. Voraussetzung ist ein zwischen E und T bestehender Kaufvertrag. Wie bei Aufgabe 1 festgestellt, haben E und T einen wirksamen Kaufvertrag geschlossen.

2. Ferner muss nach § 280 I 1 eine Pflichtverletzung durch T vorliegen. T war gem. § 433 I 2 zur Leistung einer mangelfreien Sache verpflichtet. Durch die Lieferung des defekten Öltanks hat er eine Pflichtverletzung begangen. Wie bereits oben (Aufgabe 1) erörtert, liegen die Voraussetzungen des § 434 I 2 Nr. 2 vor.

3. Gem. § 280 I 2 i. V. m. § 276 muss T diese Pflichtverletzung zu vertreten haben. Nach § 276 I 1 hat der Schuldner Vorsatz und Fahrlässigkeit zu vertreten. Im vorliegenden Fall hat allerdings nicht T, sondern sein Angestellter A die Endkontrolle nicht sorgfältig durchgeführt und deshalb den Defekt nicht entdecken können. *Das Verschulden des A könnte T nach § 278 S. 1 zu vertreten haben. A müsste Erfüllungsgehilfe sein. Erfüllungsgehilfe ist, wer mit Wissen und Willen des Schuldners bei der Erfüllung von dessen Verbindlichkeit tätig wird.* A wird auf Anweisung des T bei der Lieferung des Tanks an E tätig. A wollte damit keine eigene, sondern eine dem Verkäufer T obliegende Pflicht erfüllen. Folglich ist er Erfüllungsgehilfe von T. Der Erfüllungsgehilfe A hat die im Verkehr erforderliche Sorgfalt außer Acht gelassen, d. h. fahrlässig i. S. d. § 276 II gehandelt. T hat gem. § 278 S. 1 das Verschulden des A in gleichem Umfang zu vertreten wie eigenes Verschulden.

4. *Schließlich muss dem E kausal ein Schaden entstanden sein.* Aufgrund der Pflichtverletzung hat E eine unfreiwillige Vermögenseinbuße und folglich einen (Mangelfolge-)Schaden erlitten.

Für den Umfang des Schadensersatzes gelten die §§ 249 ff. T hat den Zustand herzustellen, der ohne das schädigende Ereignis bestehen würde (§ 249 S. 1). Folglich hat T den E in Geld zu entschädigen, d. h. die Kosten für das Abpumpen des Öls und die Reinigung in Höhe von 1300 € zu ersetzen (§ 249 S. 2).

E hat somit gegen T einen Anspruch auf Schadensersatz aus §§ 437 Nr. 3, 434 I 2 Nr. 1, 280 I.[2]

II. E könnte außerdem gegen T einen Schadensersatzanspruch in Höhe von insgesamt 1300 € gem. § 831 I geltend machen.[3]

1. A müsste Verrichtungsgehilfe des T sein. Verrichtungsgehilfe ist, wer für einen anderen, von dessen Weisungen er abhängig ist, eine Tätigkeit ausführt. A ist Angestellter des T. T kann dessen Tätigkeit jederzeit beschränken, untersagen oder nach Zeit oder Umfang bestimmen. Somit ist A Verrichtungsgehilfe des T.

2. Der Verrichtungsgehilfe muss eine tatbestandsmäßige und rechtswidrige unerlaubte Handlung (§ 823 I) begangen haben. Dies setzt zunächst voraus, dass A durch eine Handlung oder Unterlassung kausal eines der in § 823 I genannten absoluten Rechtsgüter verletzt hat. Durch die nicht ordnungsgemäß durchgeführte Endkontrolle des von A installierten Öltanks hat A die Ursache dafür gesetzt, dass die poröse Schweißnaht nicht rechtzeitig entdeckt wurde, schließlich aufriss und dadurch Öl in den Keller des T lief. Es bestand aufgrund entsprechender Vorschriften eine Pflicht zum Tätigwerden, d. h. Untersuchen des Öltanks. Dies hat A unterlassen. Allerdings wurde das Vermögen des E, also kein absolutes Recht i. S. d. § 823 I, geschädigt.

Folglich liegt keine unerlaubte Handlung seitens A vor, sodass ein deliktischer Anspruch des E gegen T gem. § 831 I nicht gegeben ist.

Aufgabe 2 b):

I. E könnte gegen T einen Anspruch auf Ersatz der Reparaturkosten für das Heizungsrohr gem. § 280 I haben

1. Aufgrund des zwischen E und T geschlossenen Kaufvertrags besteht zwischen beiden ein wirksames Schuldverhältnis.

---

2 Hier ist dem T ein Schaden an anderen Rechtsgütern als der Kaufsache, nämlich an seinem Eigentum, entstanden. Der Ersatz dieses Schadens rückt nicht an die Stelle eines mangelfreien Tanks, sondern stellt sich als Schadensersatz **neben** der Leistung dar. Mit Ersatz der entsprechenden Reinigungskosten ist der Anspruch auf einen mangelfreien Tank nicht ausgeschlossen. Der von E geltend gemachte Anspruch ist daher nicht auf Schadensersatz **statt** der Leistung gerichtet. Folglich kommt es auf die zusätzlichen Voraussetzungen der §§ 281–283 nicht an.

3 Der Vertragspartner haftet bei Lieferung einer mangelhaften Sache nach den Gewährleistungsregeln. Durch diese vertraglichen Ansprüche werden die deliktischen nach §§ 823 ff. nicht berührt. Es besteht insofern eine echte Anspruchskonkurrenz, d. h. Ansprüche aus Vertrag und Delikt können nebeneinander geltend gemacht werden. Siehe hierzu BGHZ 138, 230.

2. T könnte eine vertragliche Nebenpflicht verletzt haben. Nach § 241 II sind die Parteien eines Schuldverhältnisses verpflichtet, sich so zu verhalten, dass die Rechtsgüter und Rechte der anderen Partei nicht verletzt werden. Durch die Beschädigung des Heizungsrohrs hat T objektiv seine gegenüber E bestehende Sorgfaltspflicht verletzt.

3. Wie bereits unter 2 a) I. erörtert, hat T diese Pflichtverletzung nach §§ 280 I 2, 276, 278 zu vertreten.

4. Dem E müsste ein Schaden als Folge dieser Pflichtverletzung entstanden sein. Ein Heizungsrohr wurde beim Anschluss des Öltanks beschädigt, sodass eine Vermögensdifferenz seitens E vorliegt.

Somit sind die Voraussetzungen des § 280 I erfüllt, und E kann von T Schadensersatz verlangen. Für den Umfang des Schadensersatzes gelten die §§ 249 ff. T hat den Zustand herzustellen, der ohne das schädigende Ereignis bestehen würde (§ 249 S. 1). Folglich hat T den E in Geld zu entschädigen, d. h. die Kosten für die Reparatur des Heizungsrohrs in Höhe von 200 € zu ersetzen (§ 249 S. 2).

III. Wegen der vorgenannten Reparaturkosten könnte auch ein deliktischer Anspruch des E gegen T nach § 831 I in Betracht kommen.

1. Wie bereits bei Aufgabe 2 a) II festgestellt, ist A Verrichtungsgehilfe des T.

2. Im vorliegenden Fall hat er durch die Beschädigung der Heizungsrohre das Eigentum des E verletzt und eine tatbestandsmäßige und rechtswidrige unerlaubte Handlung begangen.

3. Die unerlaubte Handlung geschah bei der weisungsgebundenen Tätigkeit des A, der Installation des Öltanks.

4. Ferner muss dem E ein Schaden entstanden sein, für den die unerlaubte Handlung ursächlich war. Das Unterlassen war ursächlich für die entstandenen Kosten (Reparatur des Heizungsrohrs).

5. Gem. § 831 I 2 könnte sich T von seiner Haftung befreien, wenn er nachweist, dass ihn bei Auswahl und Beaufsichtigung des Gehilfen kein Verschulden trifft. Bei A handelt es sich um einen sonst sehr zuverlässigen Angestellten. Somit trifft den T kein Auswahl- und Überwachungsverschulden.

Aufgrund der bestehenden Exkulpationsmöglichkeit ist ein Schadensersatzanspruch des E gegen T gem. § 831 I nicht gegeben.

Aufgabe 3:

I. E könnte von F Ersatz für die entgangenen Mieteinnahmen gem. §§ 280 I, II, 286 verlangen.

1. Voraussetzung hierfür ist, dass zwischen E und F ein Schuldverhältnis besteht. E und F haben zwei übereinstimmende Willenserklärungen (Angebot und Annahme) dahingehend abgegeben, dass F neue Isolierfenster in das Mietshaus des E einbauen soll. F schuldete dem E die Herstellung eines Werkes (Einbau der

Fenster); zwischen beiden ist ein wirksamer Werkvertrag i. S. v. § 631 zustande gekommen.

2. F muss als Schuldner eine Pflichtverletzung durch Verzögerung der Leistung nach § 280 I, II begangen haben, also in Verzug geraten sein. Dafür ist nach § 286 erforderlich, dass die Leistung fällig war, der Gläubiger (E) gemahnt hat – sofern die Mahnung nicht gem. § 286 II Nr. 1 entbehrlich war – und dass der Schuldner (F) nicht geleistet hat.

a) Der Einbau der Fenster bzw. Abschluss der entsprechenden Arbeiten war am 31. 8. fällig.
b) Mit diesem Termin ist eine Zeit nach dem Kalender bestimmt (§ 286 II Nr. 1). Es bedurfte daher keiner Mahnung nach § 286 I 1.
c) F hat nach Ablauf des 31. 8. seine Verpflichtung gegenüber E noch nicht erfüllt.

3. Er kommt nach § 280 I 2 nur dann nicht in Schuldnerverzug, wenn er die Pflichtverletzung durch Verzögerung der Leistung nicht zu vertreten hat. F führt keine Tatsachen an, die sein Verschulden[4] ausschließen. Folglich befand sich F seit dem 1. 9. in Verzug.

4. Dem E muss durch die Pflichtverletzung des F ein Schaden entstanden sein. Hätte F die Fenster pünktlich eingebaut, hätte E für den Monat September Mieteinnahmen in Höhe von 4 000 € gehabt.

Somit muss der Schuldner F dem Gläubiger E den eingetretenen Verzögerungsschaden gem. §§ 280 I, II, 286 erstatten. E ist nach §§ 249 ff. von F so zu stellen, wie er bei rechtzeitiger Leistung stehen würde. Nach § 252 umfasst der zu ersetzende Schaden auch den entgangenen Gewinn. Dazu gehört der Mietausfall in Höhe von 4 000 €.

Vertiefung: **Schadensersatz wegen Pflichtverletzung**[5]

I. Allgemeines

Bisher waren bestimmte Fälle der Leistungsstörungen nicht im Gesetz normiert. Das Rechtsinstitut der „positiven Vertragsverletzung (pVV)" – auch „positive Forderungsverletzung (pFV)" genannt – diente der Füllung einiger Regelungslücken. Sie bestanden im Bereich der Gewährleistung, sofern das Gesetz – wie z. B. beim Auftrag oder Dienstvertrag – überhaupt keine Regelungen für die Schlechterfüllung enthielt bzw. wenn die bestehenden Regelungen nicht als ausreichend

---

4 Indem F den Herstellungstermin am 31. 8. nicht einhält, lässt er die im Verkehr erforderliche Sorgfalt außer Acht und handelt fahrlässig i. S. d. § 276 II.
5 Literatur zur Vertiefung: AnwKom/Dauner-Lieb, § 280, Rn. 4, 53 ff.; Dauner-Lieb/Arnold, Fälle 98–101; Dauner-Lieb u. a./Dauner-Lieb, § 2, Rn. 31 ff.; Lorenz/Riehm, 6. Kapitel, §§ 2, 8; Luther/Palm, D. IV.; Sklarzik, apf 2002, 1, 9 ff.; Marx/Wenglorz, S. 28 ff.; Schellhammer, S. 727 ff.; Westermann/Schultz, S. 43 ff.; Wörlen, Schuldrecht AT, Rn. 198 ff.

angesehen wurden (z. B. im Kaufrecht hinsichtlich der Mangelfolgeschäden). Außerdem waren sie relevant bei der Verletzung von leistungsbezogenen Nebenpflichten (z. B. Verpackungspflicht) oder nicht leistungsbezogenen Nebenpflichten (z. B. Sorgfalts-, Obhuts- Aufklärungspflichten).[6]

Die bisher mit Hilfe der pVV gelösten Probleme sollen sich nunmehr „quasi von selbst lösen" – und zwar durch die Umstellung von einer Anknüpfung an konkrete Leistungsstörungen auf den **allgemeinen Tatbestand der Pflichtverletzung in der Zentralnorm des § 280 I.** Damit wurde ein einheitlicher Haftungstatbestand für alle Leistungsstörungen aus einem Schuldverhältnis normiert – unabhängig davon, ob es sich um die Verletzung von Haupt- oder Nebenleistungspflichten oder von nicht leistungsbezogenen Nebenpflichten handelt.

Der Schuldner hat im Falle einer Pflichtverletzung dem Gläubiger den hierdurch entstandenen Schaden zu ersetzen, es sei denn, er hat die Pflichtverletzung nicht zu vertreten.

Die Voraussetzungen dieses Schadensersatzanspruchs sind:

1. Schuldverhältnis

Im Zeitpunkt der Verletzungshandlung muss zwischen dem Anspruchsteller und dem Anspruchsgegner ein wirksames vertragliches[7] oder gesetzliches[8] Schuldverhältnis bestanden haben.

Ausnahmsweise können auch andere Personen, die selbst nicht Vertragspartner sind, in den Schutzbereich des Vertrags einbezogen werden (z. B. Familienangehörige, Hausangestellte, Besuch u. Ä.).[9]

2. Pflichtverletzung

Der Anspruchsgegner (= Schuldner) muss durch eine Handlung oder eine pflichtwidrige Unterlassung eine aus dem Schuldverhältnis resultierende Pflicht, die dem Anspruchsteller gegenüber bestand, verletzt haben.

Hauptbeispiele für Pflichtverletzungen sind:

a) Verletzung vertraglicher Nebenpflichten,[10]

wie z. B. Obhuts-, Sorgfalts-, Schutz- (Verkehrssicherungs-), Mitteilungs-, Auskunfts-, Leistungstreue- oder Mitwirkungspflichten gegenüber dem Vertragspartner.

---

6 Jauernig/Vollkommer, § 276, Rn. 46; Palandt/Heinrichs, § 276 Rn. 107; Medicus, BR, Rn. 306.

7 Z. B. Kaufvertrag, Werkvertrag, Dienstvertrag, Maklervertrag.

8 Beispiel: Geschäftsführung ohne Auftrag. Da in den gesetzlichen Schuldverhältnissen der §§ 812 ff., 823 ff. und 987 ff. die Pflichten der Parteien abschließend geregelt sind, kommen hier keine Ansprüche gem. § 280 in Betracht.

9 Beispiel: Der Vermieter verletzt seine Verkehrssicherungspflicht, indem er bei Glatteis nicht streut. Der Sohn des Mieters stürzt und bricht sich ein Bein. Siehe hierzu Jauernig/Vollkommer, § 328 Anm. III. 4. m. w. N.

10 Beispiele für nicht leistungsbezogene Nebenpflichtverletzungen sind zu finden in Fall 4, Aufgabe 2; Fall 7, Aufgabe 2; Fall 8; Aufgabe 2 a); Fall 10, Aufgabe 4. Siehe auch Palandt/Heinrichs, Ergänzung, § 280 Rn. 24 ff.

Nach § 241 II kann ein Schuldverhältnis nach seinem Inhalt jeden Teil zur Rücksicht auf die Rechte, Rechtsgüter und Interessen des anderen Teils verpflichten. Aus der Formulierung „kann" folgt, dass es sich hier um eine Ausnahmevorschrift handeln könnte, dass also in der Regel keine Schutzpflichten bestünden. Nach bisheriger Rechtsprechung wurden allerdings Schutzpflichten in fast allen Sonderverbindungen anerkannt; sie unterschieden sich nur bezüglich ihrer Intensität.[11] Da die Schuldrechtsreform hieran nichts ändern wollte[12], ist davon auszugehen, dass auch weiterhin die Parteien eines Schuldverhältnisses verpflichtet sind, sich so zu verhalten, dass die Rechtsgüter und Rechte des anderen Teils (sofern eine Partei eine durch das Schuldverhältnis bedingte Einwirkungsmöglichkeit auf diese erhält) nicht verletzt werden.[13]

b) Schlechterfüllung einer Hauptleistungspflicht

Dies betrifft u. a. Schuldverhältnisse, die keine Regelung über die Schlechtleistung enthalten[14] (sog. „Gewährleistungslücke").

3. Vertretenmüssen[15]

Der Anspruchsgegner (Schuldner) muss die Pflichtverletzung zu vertreten haben. Mit der Formulierung des § 280 I 2 wird eine Beweislastregel aufgestellt. Ein Vertretenmüssen des Schuldners wird durch die Pflichtverletzung indiziert, der Schuldner muss sich deshalb entlasten.[16]

Das Vertretenmüssen ist in den §§ 276 ff. geregelt. Grundsätzlich hat der Schuldner Vorsatz und Fahrlässigkeit zu vertreten. Eine Ausnahme von diesem Grundsatz ist denkbar, wenn ein anderer Verschuldensmaßstab eingreift, der sich nach § 276 I 1 aus dem sonstigen Inhalt des Schuldverhältnisses herleiten lässt. Möglich ist eine abweichende vertragliche Vereinbarung, die eine strengere oder mildere Haftung enthält.

Für das Verschulden seines Erfüllungsgehilfen[17] muss er nach § 278 S. 1 einstehen. Die Pflichtverletzung darf allerdings nicht nur „bei Gelegenheit" des Schuldverhältnisses, sondern muss in Erfüllung einer Verbindlichkeit des Schuldners geschehen sein.[18]

---

11 Krebs, DB 2000, Beilage 14, 1, 9.
12 Vgl. hierzu BT-Drucksache 14/6040, 283.
13 Beispiel: Der Wirt schüttet beim Servieren Rotwein auf den Anzug des Gastes.
14 Z. B. §§ 611, 652, 662, 675, 677, 705.
15 Siehe hierzu auch: Exkurs „Vertretenmüssen" S. 69 ff.
16 Vgl. hierzu BT-Drucksache 14/6040, 136.
17 Beispiel: Der vom Wirt mit dem Servieren beauftragte Kellner schüttet das bestellte Glas Rotwein auf den Anzug des Gastes. Siehe hierzu auch Fall 4, Aufgabe 2; Fall 8, Aufgabe 2 a); Fall 10, Aufgabe 4.
18 Beispiel: Der vom Malermeister mit dem Streichen der Zimmerdecken beauftragte Malergeselle stiehlt nach Abschluss der Malerarbeiten beim Verlassen des Arbeitsplatzes eine wertvolle Vase. – Für eine solche Pflichtverletzung des Erfüllungsgehilfen haftet der Schuldner (= Malermeister) gegenüber dem Auftraggeber (z. B. Hauseigentümer) nicht.

4. Kausaler Schaden

Die schuldhafte Pflichtverletzung muss für den Schaden, der dem Vertragspartner entstanden ist, adäquat kausal sein. Nach der Adäquanztheorie ist nur die Pflichtverletzung für den eingetretenen Schaden kausal, die vom Standpunkt eines objektiven Beobachters generell geeignet ist, unter normalen Umständen den konkreten Schaden herbeizuführen.[19]

Rechtsfolge des Schadensersatzanspruchs wegen Pflichtverletzung:

a) Ersatz des durch die Pflichtverletzung entstandenen Schadens gem. § 280 I

Schäden, die durch eine Schlechtleistung (Lieferung einer mangelhaften Sache) oder durch die Verletzung von leistungsbegleitenden Nebenpflichten gem. § 241 II an anderen (absoluten) Rechtsgütern des Gläubigers entstanden sind[20], werden von § 280 I (i. V. m. § 249) erfasst.

Beispiel für diesen „einfachen Schadensersatz": Der mit dem Streichen der Raufasertapeten beauftragte Malermeister hat den Teppichboden des Raumes nicht richtig abgedeckt und hinterlässt auf diesem Farbkleckse (Sorgfaltspflichtverletzung). Die Kosten für deren Beseitigung stellen den „einfachen Schadensersatz" dar. *Oder:* Ein geliefertes krankes Tier steckt andere Tiere des Käufers an. § 280 I erfasst auch diese Schäden, die an anderen Rechtsgütern des Käufers entstanden sind sowie die Kosten und Aufwendungen im Hinblick auf diese Rechtsgüter.

b) Schadensersatz statt Leistung gem. §§ 280, 281

Der durch die Mangelhaftigkeit der Leistung entstandene Schaden (sog. **kleiner Schadensersatz**) ist in §§ 280 I, III, 281 I 1 geregelt, und zwar in der Formulierung: „. . . der Schuldner die . . . Leistung nicht . . . wie geschuldet erbringt".

Beispiel:

Der Gläubiger behält die mangelhafte Sache und beansprucht den Wertunterschied zwischen mangelhafter und mangelfreier Sache.

Es ist auch ein **großer Schadensersatz** möglich, der sich unter den weiteren Voraussetzungen des § 281 I 3 ergibt (also eine nicht unerhebliche Schlechtleistung voraussetzt)[21]. Beispiel: Rückgabe der mangelhaften Kaufsache, wenn der Mangel erheblich ist.

Voraussetzungen hierfür:

- § 280 I, III und
- § 281   a) erfolglose Nachfristsetzung bzw. Abmahnung, §§ 281 I 1, 281 III
      b) ggf. entbehrlich gem. § 281 II oder bei Kauf- und Werkvertrag, wenn die Voraussetzungen der §§ 440 bzw. 636 vorliegen
      c) zusätzlich: Erheblichkeit der Pflichtverletzung, § 281 I 3

---

19 Siehe hierzu auch die Vertiefung „Unerlaubte Handlungen" I. 4.
20 Die „klassischen" Mangelfolgeschäden und Begleitschäden.
21 Ausführlicher unter „Vertiefung Kaufrecht", III. 4.

Rechtsfolge ist Schadensersatz statt der Leistung bzw. statt der **ganzen** Leistung. Alternativ kann der Gläubiger Aufwendungsersatz gem. § 284 verlangen bzw. unter den weiteren Voraussetzungen von § 323 vom Vertrag zurücktreten.[22]

c) Schadensersatz statt der Leistung gem. §§ 280 I, 282

Nebenpflichtverletzungen können auch eine solche Intensität erreichen, dass dem Vertragspartner das Festhalten am Vertrag – trotz im Übrigen mangelhafter Leistung – nicht mehr zugemutet werden kann. In diesem Fall kann er Schadensersatz statt der Leistung nach §§ 280 I, III, 282 verlangen. Mit diesem Schadensersatz kann – anstelle der Primärleistung – i. S. d. § 362 I erfüllt werden.

Voraussetzungen:
- § 280 I i. V. m. § 241 II und
- § 282

Prüfschema – Schadensersatz wegen Pflichtverletzung gem. § 280 I:

1. Wirksames Schuldverhältnis
2. Objektive Pflichtverletzung durch den Schuldner (ggf. i. S. v. § 241 II)
3. Vertretenmüssen, §§ 280 I 2, 276 ff.
4. Schaden beim Gläubiger als Folge der Pflichtverletzung

Rechtsfolge: Schadensersatz – Umfang: §§ 249 ff.

II. Ersatz vergeblicher Aufwendungen (§ 284)

Nach § 284 kann Aufwendungsersatz „anstelle" des Schadensersatzes statt der Leistung verlangt werden[23], also grundsätzlich nur **alternativ** zum Schadensersatz gem. §§ 281–283. Ausnahmen betreffen die Fälle, in denen es sich nicht um Schadensersatz „statt der Leistung" i. S. d. genannten Vorschriften handelt: Wenn z. B ein Konzertabend ausfällt, weil in dem vermieteten Raum vor Veranstaltungsbeginn der Kronleuchter herabgefallen ist und den Flügel „getroffen" hat, kann der Veranstalter nach § 284 Aufwendungsersatz für die nutzlos gewordenen Werbemaßnahmen verlangen und gem. § 280 I einfachen Schadensersatz für den beschädigten Konzertflügel.

Auch der Aufwendungsersatzanspruch setzt grundsätzlich Vertretenmüssen (§ 276) voraus.[24] Es müssen außerdem die „zusätzlichen Voraussetzungen" i. S. d. § 280 III i. V. m. §§ 281–283 erfüllt sein.

---

22 Zum Rücktritt siehe die Ausführungen im Rahmen der „Vertiefung Kaufrecht" III. 2. und Vertiefung Werkvertragsrecht III. 3.
23 Beispiel in Fall 12, Aufgabe 4 b).
24 BT-Drucksache 14/6040, S. 144 – Begründung zu § 284.

III. Rücktrittsrecht

Die Voraussetzungen und Rechtsfolgen des Rücktritts wurden einheitlich in den §§ 323 und 346 ff. beim vertraglichen und gesetzlichen Rücktrittsrecht geregelt. Bei jeder Pflichtverletzung des Schuldners ist im gegenseitigen Vertrag der gesetzliche Rücktritt nach § 323 verschuldensunabhängig möglich[25]. Das Rücktrittsrecht besteht bei Unmöglichkeit nach §§ 326 V i. V. m. § 323, bei sonstigen Pflichtverletzungen nach § 323 (direkt).

Vertiefung: Schadensersatz wegen Pflichtverletzung <u>vor</u> Vertragsschluss / Aufnahme von Vertragsverhandlungen[26]

Im BGB fehlte bis 31. 12. 2001 eine Regelung für im vorvertraglichen Bereich durch unrichtig abgegebene Erklärungen, Missachtung von Offenbarungspflichten u. Ä. entstandene Schäden an Rechtsgütern des (späteren) Vertragspartners. Aufgrund richterlicher Rechtsfortbildung wurde aus § 242 das auf dem römischen Recht fußende Rechtsinstitut der c. i. c (= culpa in contrahendo, Verschulden bei oder vor Vertragsschluss[27]) entwickelt.

Diese Haftung ist nunmehr kodifiziert: § 311 II bestimmt, dass ein Schuldverhältnis i. S. d. § 241 II auch durch die Aufnahme von Vertragsverhandlungen, die Anbahnung eines Vertrags (bei welcher der eine Teil im Hinblick auf eine etwaige rechtsgeschäftliche Beziehung dem anderen Teil die Möglichkeit zur Einwirkung auf seine Rechte, Rechtsgüter und Interessen gewährt oder ihm diese anvertraut) oder andere geschäftliche Kontakte entsteht. Wegen der Pflichten, die sich aus diesem Schuldverhältnis der Vertragsanbahnung ergeben, verweist § 311 II auf die Generalklausel des § 241 II. Nach dieser Vorschrift kann ein Schuldverhältnis nach seinem Inhalt jeden Teil zur Rücksicht auf die Rechte, Rechtsgüter und Interessen des anderen Teils verpflichten. Das Gesetz gibt hier eine Art „Blankettermächtigung",[28] die unter Berücksichtigung der bisherigen Rechtsprechung ausgefüllt werden muss.

---

25 Beispiel hierzu in Fall 5, Aufgabe 1; siehe auch Vertiefung Pflichtverletzung – Unmöglichkeit der Leistung V. 3.
26 Literatur zur Vertiefung: AnwKom/Dauner-Lieb, § 280, Rn. 56 ff.; Luther, D. V.; Sklarzik, apf 2002, 1, 9 ff.; Westermann/Schultz, S. 45 ff.; Dauner-Lieb, Fälle 102–112; Dauner-Lieb u. a./Dauner-Lieb, § 2, Rn. 30; Schellhammer, S. 734 ff.; Wörlen, Schuldrecht AT, Rn. 249 ff.
27 Lat. „culpa" = Schuld, „in contrahendo" = beim Verhandeln.
28 So Dauner-Lieb in: Ernst/Zimmermann (Hrsg.), S. 305, 316 f.

Die Voraussetzungen der Haftung:

1. Wirksames Schuldverhältnis

a) Aufnahme von Vertragsverhandlungen

Gem. § 311 II Nr. 1 entsteht durch die Aufnahme von Vertragsverhandlungen ein Schuldverhältnis. Es endet, wenn es zur Beendigung der Verhandlungen kommt oder wenn der Vertrag, über den verhandelt worden ist, zustande kommt. Dieses Schuldverhältnis begründet – wie bisher auch – keine primären Leistungspflichten.[29] Welche Pflichten im Stadium der Vertragsaufnahme bestehen, lässt sich aus § 241 II – auf den § 311 II verweist – entnehmen. Danach kann ein Schuldverhältnis nach seinem Inhalt jeden Teil zur Rücksicht, Fürsorge und Loyalität gegenüber dem anderen Teil verpflichten. Wie weit diese Pflichten reichen, bestimmt sich nach den Umständen des Einzelfalls – es soll nach dem Willen des Gesetzgebers auf die Ergebnisse der bisherigen Rechtsprechung zurückgegriffen werden[30]. Man kann also davon ausgehen, dass die Pflicht besteht, Körper, Leben und Eigentum sowie andere Rechtsgüter des anderen Teils nicht zu verletzen.

b) Anbahnung eines Vertrags

In den Fällen des § 311 II Nr. 2 – Pflichtverletzung während der Anbahnung eines Vertrags – sind noch keine Vertragsverhandlungen aufgenommen worden. Mit dieser Alternative werden Situationen wie z. B. das Betreten von Geschäftslokalen[31] erfasst. Denn damit setzt sich der potenzielle Kunde der besonderen Einwirkungsmöglichkeit des Inhabers auf Körper und Gesundheit aus. Für diese Haftung ist es nicht rechtserheblich, ob ein Gespräch stattgefunden hat oder nicht.

Beispiel hierfür ist der klassische „Bananenschalenfall"[32]: Jemand betritt ein Warenhaus, um etwas zu kaufen oder um sich über das Warenangebot zu informieren, rutscht bereits am Eingang auf einer Bananenschale aus und bricht sich ein Bein.

In § 311 II Nr. 2 geht es nur um eine mögliche künftige rechtsgeschäftliche Beziehung.[33] Auch in diesem Fall entstehen aufgrund von § 241 II die vorgenannten Nebenpflichten – da hier ebenfalls eine Einwirkung auf die Rechte, Rechtsgüter und Interessen des anderen Teils möglich ist. Unter den „Rechten und Rechtsgütern" sind die in § 823 I genannten absoluten Rechte (z. B. Körper, Gesundheit, Eigentum) zu verstehen, mit „Interessen" sind insbesondere die Vermögensinteressen des potenziellen Vertragspartners (z. B. Entscheidung, ob er den Vertrag abschließt oder nicht) gemeint.

---

29 Es entsteht ein vertragsähnliches Vertrauensverhältnis (BGH NJW 1981, 1035).
30 BT-Drucksache 14/6040, 163.
31 BT-Drucksache 14/6040, 163.
32 RGZ 95, 58. Ähnlich der „Salatblattfall" des BGH, BGHZ 66, 4.
33 Wobei ein bloß „sozialer" Kontakt, wie z. B. das Betreten eines Warenhauses im Winter, um sich aufzuwärmen, nicht genügt.

c) Ähnliche geschäftliche Kontakte

§ 311 II Nr. 3 stellt eine „Auffangregelung"[34] im Rahmen der in § 311 II vorgenommen Definition vorvertraglicher Schuldverhältnisse dar. Zu den „ähnlichen geschäftlichen Kontakten" zählen solche, bei denen noch kein Vertrag angebahnt, ein solcher aber vorbereitet werden soll. Es muss sich um die an dem potenziellen Vertrag Beteiligten handeln. Nicht ohne weiteres werden Dritte erfasst, die in einem Näheverhältnis zu einer der Vertragsparteien stehen. Wenn sie in den Schutzbereich des Schuldverhältnisses mit einbezogen sind, werden sie hingegen geschützt.

d) Einbeziehung Dritter in den Schutzbereich

§ 311 III 1 bestimmt, dass ein Schuldverhältnis mit Pflichten nach § 241 II auch zu Personen entstehen kann, die nicht selbst Vertragspartei werden sollen. Dem Wortlaut nach scheint diese Vorschrift nicht nur zu regeln, ob ein Dritter aus §§ 280 I, 311 II haftet, sondern auch, ob ein Dritter Ansprüche aus diesen Vorschriften haben kann.[35] Da § 311 III 1 allerdings keine Hinweise auf die Voraussetzungen für eine derartige Einbeziehung enthält, wird die Einbeziehung Dritter in den Schutzbereich des vorvertraglichen Schuldverhältnisses weiter an die Voraussetzungen des Vertrages mit Schutzwirkung zugunsten Dritter geknüpft.[36]

§ 311 III 2 erfasst die Fälle der sog. „Vertreter- oder Sachwalterhaftung", also die Fälle, in denen ein nicht direkt am Vertrag beteiligter Dritter besonderes Vertrauen (z. B. als Vertreter, Sachverständiger) in Anspruch nimmt. Es handelt sich um die Haftung von Sachverständigen oder anderen „Auskunftspersonen", die nicht selbst ein Eigeninteresse an einem Abschluss des Vertrags haben, dennoch aber durch ihre Äußerungen entscheidend zum Vertragsabschluss beitragen, weil sich ein (oder beide) Vertragspartner auf ihre Objektivität und Neutralität verlässt (z. B. Schätzung eines zum Verkauf stehenden Gebrauchtwagens durch einen Sachverständigen).

2. Objektive Pflichtverletzung durch den Schuldner

Die Pflichten sind sehr allgemein in § 241 II normiert. Es kommen vor allem die Verletzung von Schutz- und Sorgfaltspflichten gegenüber einem Geschäftspartner sowie Offenbarungspflichten (Aufklärung, Mitteilung) bei bestimmten Geschäften in Betracht.

---

34 Canaris, JZ 2001, 499.
35 Deshalb wurde vorgeschlagen, die Einbeziehung Dritter in den Schutzbereich des vorvertraglichen Schuldverhältnisses aus § 311 III 1 abzuleiten – siehe hierzu Canaris, JZ 2001, 499, 520; Teichmann, BB 2001, 1485, 1492.
36 So auch BT-Drucksache 14/6040, 163. Beispiel: Die Mutter kauft in Begleitung ihres 17-jährigen Sohnes im Supermarkt des V ein. Der Sohn wird durch ein umstürzendes Regel verletzt. Er verlangt Schadensersatz. Der Sohn hat einen Anspruch gegen V aus dem Schuldverhältnis zwischen V und der Mutter (§§ 280 I, 311 II, 241 II). Siehe hierzu auch Palandt/Heinrichs, § 276 Rn. 66 m. w. N.

3. Vertretenmüssen

Der Schuldner muss die Pflichtverletzung zu vertreten haben (§ 280 I 2, § 276).[37] Für das Verschulden seines Erfüllungsgehilfen hat er nach § 278 S. 1 einzustehen.[38]

4. Kausaler Schaden

Die schuldhafte Pflichtverletzung muss für den Schaden, der dem potenziellen Vertragspartner entstanden ist, adäquat kausal sein. Nach der Adäquanztheorie ist nur die Pflichtverletzung für den eingetretenen Schaden kausal, die vom Standpunkt eines objektiven Beobachters generell geeignet ist, unter normalen Umständen den konkreten Schaden herbeizuführen.[39]

Die Schadensersatzpflicht folgt aus § 280 I. Die genauere Bestimmung des Inhalts des Schadensersatzanspruchs soll weiterhin der Rechtsprechung überlassen bleiben.[40]

Prüfschema – Schadensersatz wegen Pflichtverletzung vor Vertragsschluss gem. §§ 280 I, 311 II, 241 II:

1. Wirksames (vorvertragliches) Schuldverhältnis – § 280 I i. V. m. § 311 II
   a) Aufnahme von Vertragsverhandlungen (Nr. 1)
   b) Anbahnung eines Vertrags (Nr. 2)
   c) ähnliche geschäftliche Kontakte (Nr. 3)
2. Objektive Pflichtverletzung durch den Schuldner i. S. v. § 241 II
3. Vertretenmüssen, §§ 280 I 2, 276 ff.
4. Schaden beim Gläubiger als Folge der Pflichtverletzung

Rechtsfolge: Schadensersatz – Umfang: §§ 249 ff.

Anmerkung:
Häufig sind konkurrierende Ansprüche aus Vertrag (z. B. § 280 I; §§ 280, 282, 241 II) und unerlaubter Handlung (§§ 823 ff.) zu prüfen. In der Praxis ist die Haftung aus Vertrag gegenüber der Haftung nach §§ 823 ff. für den Geschädigten günstiger, zumal bei vertraglichen Ansprüchen auch Vermögensschäden erstattet werden.[41]

---

37 Ausführlich hierzu: Exkurs „Vertretenmüssen".
38 Beispiele in Fall 4, Aufgabe 2; Fall 8, Aufgabe 2 a); Fall 10, Aufgabe 4.
39 Siehe hierzu auch die Vertiefung „Unerlaubte Handlungen" I. 4.
40 BT-Drucksache 14/6040, 163. Ob der Schadensersatzanspruch auf Vertragsaufhebung (Grundsatz der Naturalrestitution – § 249) oder -anpassung gerichtet ist, regelt der Gesetzgeber nicht. Dies bleibt der Rechtsprechung überlassen. Siehe zum Meinungsstand PALANDT/HEINRICHS, § 276 Rn. 79, 102.
41 Außerdem vgl. auch §§ 278/831.

Vertiefung: **Schadensumfang (§§ 249-255)**[42]

Die verschiedenen Anspruchsgrundlagen, die in den fünf Büchern des BGB zu finden sind, regeln, ob **Schadensersatz dem Grunde nach** zu leisten ist. Der Umfang des zu ersetzenden Schadens hingegen ist in den §§ 249 ff. normiert und wird für den Bereich der unerlaubten Handlungen durch §§ 842 ff. ergänzt. Die §§ 249 ff. gelten nicht nur für die im BGB geregelten Schadensersatzanspruchsgrundlagen, sondern auch außerhalb des BGB (z. B. § 7 StVG, § 1 ProdHaftG).

Der Schaden, der ursächlich durch den haftungsbegründenden Tatbestand entstanden ist, muss ersetzt werden. Er ergibt sich aus der Differenz des Vermögens vor und nach dem schädigenden Ereignis.

Das BGB unterscheidet bei Schäden, die im **rechtsgeschäftlichen Verkehr** entstehen, zwischen

---

Vertrauensschaden/negativem Interesse/Vertrauensinteresse

Es ist der Schaden zu ersetzen, der dem Geschäftspartner daraus entstanden ist. dass er auf die Gültigkeit des in Wahrheit ungültigen Rechtsgeschäfts vertraut hat. Er ist so zu stellen, wie er stünde, wenn das Rechtsgeschäft nie vorgenommen worden wäre.

Beispiele: §§ 122 I, 179 II (negatives Interesse begrenzt durch das positive Interesse)

„Einfachem Schadensersatz" wegen Verletzung einer Pflicht aus dem Schuldverhältnis;[43]
§ 280 I ist hierfür die (einzige) Anspruchsgrundlage.

„Schadensersatz statt der Leistung" gem. §§ 280 III, 281–283.[43]
Es muss das „positive Interesse" ersetzt werden:[44] Der Geschäftspartner ist so zu stellen, wie er stünde, wenn das Rechtsgeschäft ordnungsgemäß erfüllt worden wäre. Das umfasst u. U. auch den entgangenen Gewinn (§ 252).
Der Anspruch auf Schadensersatz tritt an die Stelle des Anspruchs auf die Leistung.

Ausgangspunkt für alle Schadensersatzverpflichtungen ist **§ 249 S. 1 – der Grundsatz der Naturalrestitution:** Es ist der gleiche wirtschaftliche Zustand herzustellen, der bestünde, wenn der zum Ersatz verpflichtende Umstand nicht eingetreten wäre.

---

42 Literatur zur Vertiefung: BROX, Allgemeines Schuldrecht, 7. Kapitel, § 27; FIKENTSCHER, § 55; SCHELL-HAMMER, S. 593 ff..

43 Ausführlich hierzu die Vertiefungen „Schadensersatz wegen Pflichtverletzung" (I. 5.) sowie „Kaufrecht" (II. 4.).

44 Dieser Schadensersatz entspricht dem herkömmlichen Schadensersatz wegen Nichterfüllung.

Beispiel:

Student M leiht sich den druckfrischen BGB-Text der Studentin F aus und verschüttet versehentlich eine Tasse Kaffee darüber. M schuldet F aus § 280 I sowie § 823 I (fahrlässige Eigentumsverletzung) einen neuen Gesetzestext. Oder: Reparatur des beschädigten Pkw durch den Schädiger. Oder: Widerruf von Ehrverletzungen.

§ 249 S. 2: Der Gläubiger kann bei Verletzung einer Person oder Beschädigung einer Sache (soweit deren Herstellung noch möglich ist[45]) **Geldersatz** verlangen.

Beispiel:

(siehe oben) F kann entweder einen neuen BGB-Text oder den zum Kauf eines neuen BGB-Textes erforderlichen Geldbetrag von M verlangen. Oder: der beschädigte Pkw wird in einer Kraftfahrzeugwerkstatt zur Reparatur gegeben und die entsprechenden Kosten vom Schädiger verlangt. Oder: Heilbehandlungskosten.

Der Gläubiger hat also bei **Sachschäden** ein **Wahlrecht**. Er kann entweder eine tatsächliche Reparatur oder Nachbesserung durchführen lassen und den dazu anfallenden Geldbetrag verlangen oder sich mit der schadhaften Sache zufrieden geben und auf Grundlage fiktiver Abrechnung die Summe einfordern, die zur Reparatur oder Ersatzbeschaffung notwendig gewesen wäre.[46]

Der Gläubiger kann in anderen Fällen als der Körperverletzung oder Sachbeschädigung gem. § 250 den zur Herstellung erforderlichen Geldbetrag erst verlangen, wenn die Herstellung in Natur trotz Fristsetzung nicht erfolgt ist.[47]

§ 251 I, 1. Alt.: Ist die **Herstellung nicht möglich**, kann der Gläubiger **Geldersatz** verlangen (= Schadenskompensation).

Beispiel:

Ein beschädigter Pkw lässt sich nicht mehr reparieren. Oder: Schadensersatz (weil sonst: Erfüllung). Oder: Schadensersatz bei schweren Verletzungen des Persönlichkeitsrechts.

§ 251 I, 2. Alt.: Ist die Herstellung zur Entschädigung des Gläubigers **ungenügend**, kann der Gläubiger Geldersatz verlangen.

Beispiel:

Bei einem beschädigten Pkw bleibt trotz einer vollständigen Reparatur ein sog. „merkantiler Minderwert".[48]

---

45 = ungeschriebenes Tatbestandsmerkmal im Umkehrschluss aus der Regelung des § 251 I 1.
46 Wählt er die zweite Variante, muss er ggf. (nach dem 2. Schadensersatzrechtsänderungsgesetz: gem. § 249 II 2) die Umsatzsteuer abziehen. Siehe hierzu Fußnote 50.
47 Der § 250 spielt in der Praxis kaum eine Rolle; Geldersatz wird in der Regel auch dann einverständlich geleistet, wenn die Voraussetzungen der §§ 249 S. 2, 250, 251 nicht erfüllt sind, vgl. PALANDT/ HEINRICHS, § 250 Rn. 1.
48 Darunter versteht man den Betrag, um den eine beschädigte und einwandfrei ausgebesserte Sache (z. B. Kraftfahrzeug) im Verkehr weniger wert ist als die gleiche unbeschädigte Sache. Nach der Rechtsprechung werden der Zeitwert des Unfallwagens und 10–20 % Händlerspanne zuerkannt, BGH, NJW 1978, 1373. Siehe auch STAUDINGER/MEDICUS, § 251 Rn. 44.

§ 251 II 1: Ist die Herstellung für den Schuldner mit unverhältnismäßigen Aufwendungen verbunden, kann der Schuldner Geldersatz leisten und nicht die theoretisch möglichen – aber wirtschaftlich sinnlosen – Reparaturkosten.

Beispiel:

Die Reparaturkosten übersteigen den Wert der Sache um 30 % (Faustregel). Der Schädiger muss hier nur den Wiederbeschaffungswert bezahlen. Siehe aber § 251 II 2!

Naturalrestitution und Geldersatz sind nebeneinander möglich (§ 251 I, „Soweit . . .", bedeutet: Für den Restschaden kann also Geld verlangt werden).

Gem. § 252 ist auch der **entgangene Gewinn** zu ersetzen, sofern dieser nach dem gewöhnlichen Lauf der Dinge mit einer gewissen Wahrscheinlichkeit erwartet werden konnte.

Beispiel:

Der Geschädigte führt den Nachweis, dass er aufgrund konkreter Vertragsabschlüsse einen Gewinn gemacht hätte. Oder: Verdienstausfall.

Bei der Berechnung des **materiellen Schadens** muss man die tatsächlich bestehende Vermögenslage des Gläubigers infolge des anspruchsbegründenden Ereignisses mit der hypothetischen Vermögenslage (die sich ohne dieses Ereignis ergeben hätte) vergleichen. Der Schaden besteht in der Differenz.

§ 253: Geldersatz für **immaterielle Schäden** ist grundsätzlich ausgeschlossen. Beispiele für gesetzliche Ausnahmen:
- § 847: Schmerzensgeld bei unerlaubter Handlung (§§ 823 ff.)
- § 611 a II: Verstoß gegen das geschlechtsbezogene Benachteiligungsverbot
- § 651 f II: Entschädigung für nutzlos aufgewendete Urlaubszeit
- § 97 II UrhG: Verletzung des geschützten Rechts am Werk der Urheber und Künstler

außerdem:
- Rechtsprechung: bei schweren Verletzungen des allgemeinen Persönlichkeitsrechts, wenn Genugtuung durch Unterlassung, Widerruf, Gegendarstellung oder auf andere Weise nicht zu erreichen ist.[49]

Durch das Gesetz zur Änderung schadensersatzrechtlicher Vorschriften[50] findet eine Neuregelung des Schmerzensgeldanspruchs statt. § 847 erlaubte bisher nur ein Schmerzensgeld im Bereich der verschuldensabhängigen unerlaubten Handlung.

Künftig ist nach § 253 II n. F. auch bei Gefährdungstatbeständen und innerhalb des Vertragsrechts Schmerzensgeld möglich. Voraussetzung hierfür ist, dass die Verletzung entweder vorsätzlich herbeigeführt wurde (§ 253 II Nr. 1 n. F.) oder der Schaden unter Berücksichtigung seiner Art und Dauer nicht unerheblich ist

---

49 Vgl. Fall 9, Aufgabe 3, Fn. 9.
50 2. Schadensersatzrechtsänderungsgesetz, BT-Drucksache 742/01 vom 19. 2. 2001 – es soll voraussichtlich am 1. 8. 2002 in Kraft treten. Ausführlich hierzu: DAUNER-LIEB u. a./HUBER, § 16.

(§ 253 II Nr. 2 n. F.)[51]. Für kleinere Verletzungen, die durch fahrlässiges Handeln verursacht worden sind, gibt es folglich kein Schmerzensgeld.

Bei allen Schadensersatzansprüchen wird das **Mitverschulden** nach § 254 berücksichtigt.

Fall 5: Autokauf mit Hindernissen und Tücken beim „Kleingedruckten"

Schwerpunkte:
Rechtsfolgen bei Mängeln der Kaufsache – Verbrauchsgüterkauf – Haftungsbeschränkungen durch Allgemeine Geschäftsbedingungen

K benötigt mehrere Kraftfahrzeuge.

Zunächst schließt er mit dem Privatier und Autosammler A einen Kaufvertrag über einen „brandneuen", „keinesfalls reparaturbedürftigen" Pkw zum Preis von 30 000 €. Doch seine Freude an dem Neuwagen währt nicht lange, denn der Motor zeigt schon einige Tage nach dem Kauf verschiedene Auffälligkeiten, die nicht nur im Innenraum des Fahrzeugs unerträgliche Geräusche erzeugen. Bei der ersten Regenfahrt dringt an zwei undichten Stellen Wasser in den Innenraum ein. Außerdem hat die Scheibenwischanlage diverse kleinere Defekte.

Nach einigen Tagen bringt K den Pkw zu A und verlangt die Beseitigung der Mängel. Als er den Wagen anschließend bei A abholt, muss K feststellen, dass nach wie vor die Mängel vorhanden sind. Auch nach dem zweiten Mangelbeseitigungsversuch stellt sich kein Reparaturerfolg ein. Als K das bei A moniert, erklärt dieser, damit müsse er sich wohl abfinden.

K erklärt daraufhin nach 22 Wochen den Rücktritt vom Vertrag. A weigert sich, weil K zum einen nur ein Anspruch auf Nacherfüllung zustehe und zum anderen, weil der Nacherfüllungsanspruch bereits verjährt sei. A verweist insoweit auf seine von K bei Vertragsschluss akzeptierten AGB, in denen u. a. folgende Klauseln stehen:

„5. Bei Mangelhaftigkeit der Kaufsache steht dem Käufer nur ein Recht auf Nacherfüllung zu.

6. Die Mängelrechte des Käufers erlöschen mit Ablauf von zwei Monaten nach Ablieferung."

---

51 Kein Schmerzensgeld gibt es also für Bagatellverletzungen, die einen geringen und nur vorübergehenden Einfluss auf das Allgemeinbefinden haben, wie z. B. Kopfschmerzen, Erkältung, Schürfwunden, Prellungen.

Aufgabe 1: Kann K von A Rückzahlung des Kaufpreises – gegen Rückgabe des Pkw – verlangen?

Gehen Sie davon aus, dass A ein Autohändler ist, der im Rahmen seiner – von K akzeptierten – AGBs den Rücktritt vom Vertrag ausgeschlossen hat.

Aufgabe 2: Kann K trotzdem gegenüber dem Unternehmer A dieses Gewährleistungsrecht geltend machen und Rückzahlung des Kaufpreises verlangen?

Beim Kfz-Vertragshändler B erwirbt K einen sog. Jahreswagen für 15 000 €. Hierbei handelt es sich um einen besonders günstigen Kauf, zumal der Pkw in den einschlägigen Gebrauchtwagenlisten mit einem Preis von 17 500 € steht.

Nach einigen Tagen stellt sich heraus, dass das Fahrzeug einen bis dahin unentdeckten erheblichen Defekt an der automatischen Klimaanlage hat. Die von K gesetzte Frist zur Nacherfüllung lässt B fruchtlos verstreichen.

Ein von K eingeholtes Sachverständigengutachten ergibt, dass der Wagen mit dem festgestellten Defekt an der Automatik nur noch einen Zeitwert von 12 500 € hat.

K, der lediglich eine Anzahlung in Höhe von 5000 € an B geleistet hat, erklärt, er möchte den Wagen behalten und den Kaufpreis entsprechend mindern.

Aufgabe 3: Hat K ein Minderungsrecht? Falls ja, wie viel muss er noch an B zahlen?

Es kann bei vorgenanntem Jahreswagen nicht geklärt werden, ob der Defekt an der Klimaanlage schon bei Übergabe des Fahrzeugs vorhanden war oder auf unsachgemäße Benutzung durch K zurückzuführen ist.

Aufgabe 4: Kann K auch in diesem Fall sein Minderungsrecht ausüben?

Beim Autohaus des V kauft K den Neuwagen „Minispritti", bei dem es sich nach Angaben des Herstellers – entsprechende Werbebroschüren liegen im Verkaufsraum des V aus – um ein „5-Liter-Auto" handeln sollte. Das von K gekaufte Modell hat – wie alle anderen Wagen dieser Serie – einen durchschnittlichen Benzinverbrauch von 6 Litern pro 100 km. Mit einer Nachrüstung des Motors könnte der Benzinverbrauch auf 5 Liter pro 100 km reduziert werden. Mit V hatte K nicht über diese Frage gesprochen. V bekundet, die Broschüre stamme nicht von ihm, und er habe sie auch nicht gelesen.

Aufgabe 5: Kann K von V Nachbesserung (Mangelbeseitigung) verlangen?

Fall 5: Prüfschema/Lösungsskizze

Aufgabe 1:

```
K ——————————————— A
        § 433
```

K ⟶ A Rückzahlung des Kaufpreises Zug um Zug gegen Rückgabe des Pkw gem. §§ 346 I, 323 I, 437 Nr. 2, 1. Alt., 434 I 1

1. vertragliches oder gesetzliches Rücktrittsrecht; hier: § 437 Nr. 2, 1. Alt. (+)
2. wirksamer Kaufvertrag über eine Sache (+)
3. Lieferung einer mangelhaften Sache durch Verkäufer (= Pflichtverletzung) (+)
   Mangel i. S. d. §§ 434 I 1 bei Gefahrübergang, § 446
4. Fristsetzung zur Nacherfüllung (§ 323 I) ist entbehrlich gem. § 440 (+)
5. Erheblichkeit der Pflichtverletzung (+)
6. kein Ausschluss des Rücktritts durch AGB (+)
   a) AGB i. S. d. § 305 I
   b) kein Ausschluss bzw. keine Einschränkung nach § 310
   c) AGB = Vertragsbestandteil gem. §§ 305 II, 305 a–c
   d) Wirksamkeit der AGB
      § 309 Nr. 8 b) bb) – Klausel ist unwirksam
   e) § 306 I – Vertrag bleibt wirksam
      § 306 II – gesetzliche Vorschriften treten anstelle der entfallenen Klausel
7. Erklärung des Rücktritts gem. § 349 (+)
8. Durchsetzbarkeit des Rücktritts (+)
   a) § 309 Nr. 8 b) ff) – Klausel ist unwirksam
   b) § 306 I, II: § 438 I Nr. 3 ist anwendbar

Ergebnis: K ⟶ A Rückzahlung des Kaufpreises Zug um Zug gegen Rückgabe des Pkw gem. §§ 346 I, 323 I, 437 Nr. 2, 1. Alt., 434 I 1 (+)

Aufgabe 2:

K ⟶ A Rückzahlung des Kaufpreises Zug um Zug gegen Rückgabe des Pkw gem. §§ 346 I, 323 I, 437 Nr. 2, 1. Alt., 434 I 1

Voraussetzungen wie bei Aufgabe 1, Nr. 1–5

6. Verbrauchsgüterkauf i. S. d. § 474 (+)
   a) K = Verbraucher i. S. d. § 13
   b) B = Unternehmer i. S. d. § 14 I
   c) Kaufgegenstand = bewegliche Sache
   folglich: zwingende Geltung der gesetzlichen Gewährleistungsvorschriften (§ 475)
7. Rücktrittserklärung gem. § 349
8. Mindestverjährungsfrist von zwei Jahren (§ 475 II)

Ergebnis: Wie Aufgabe 1

Aufgabe 3:

K ——————— B
§ 433

K ——→ B Minderung gem. §§ 437 Nr. 2, 2. Alt. i. V. m. 434 I 2 Nr. 2, 323, 441

1. wirksamer Kaufvertrag über eine Sache (+)
2. Lieferung einer mangelhaften Sache durch Verkäufer (= Pflichtverletzung) (+)
   a) Mangel i. S. d. § 434 I 2 Nr. 2
   b) bei Gefahrübergang, § 446 (+)
3. erfolglose Frist zur Nacherfüllung, § 323 I (+)
4. Erklärung der Minderung, § 441 (+)

Ergebnis: K ——→ B Minderung gem. §§ 437 Nr. 2, 2. Alt. i. V. m. 434 I 2 Nr. 2, 323, 441 (+)
Berechnung der Minderung: § 441 III

Aufgabe 4:

K ——→ B Minderung gem. §§ 437 Nr. 2, 2. Alt. i. V. m. 434 I 2 Nr. 2, 323, 441

Voraussetzungen wie bei Aufgabe 3, Nr. 1–2 a)

3. Vorliegen des Mangels bereits bei Gefahrübergang?
   Beweislastumkehr gem. § 476 (+)
   a) Verbrauchsgüterkauf i. S. d. § 474 I 1
   b) kein Ausschluss der Vermutung (§ 476, 2. HS)

Ergebnis: Wie bei Aufgabe 3

Aufgabe 5:

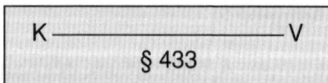

K ——————— V
§ 433

K ——→ V Nachbesserungsanspruch gem. §§ 437 Nr. 1, 439, 434

1. Kaufvertrag E–T (+)
2. Sachmangel bei Gefahrübergang nach § 434 I 3 (+)
3. § 439: Wahlrecht des E – Nachbesserung
4. Kein Haftungsausschluss
5. Verweigerungsrecht des V?
   § 439 III (–)
   §§ 275 II, III (–)

Ergebnis: K ——→ V Nachbesserungsanspruch gem. §§ 437 Nr. 1, 439, 434 (+)

Fall 5: Ausarbeitung/Gutachten

Aufgabe 1:

K könnte gegenüber A einen Anspruch auf Rückzahlung des Kaufpreises Zug um Zug gegen Rückgabe des Pkw gem. §§ 346 I, 323 I, 437 Nr. 2, 1. Alt., 434 I 1 haben.

1. Das Rücktrittsrecht des K könnte sich aus §§ 437 Nr. 2, 1. Alt., 323, 434 ergeben.

2. Dann müssten K und A einen wirksamen Kaufvertrag i. S. d. § 433 geschlossen haben. Durch zwei übereinstimmende Willenserklärungen der Vertragsparteien kam zwischen ihnen ein solcher Vertrag zustande.

3. Es müsste ein Mangel gem. § 434 I 1 vorliegen. Das ist der Fall, wenn die Beschaffenheit der Kaufsache von der vertraglich vereinbarten Beschaffenheit abweicht. K und A haben bei den Vertragsverhandlungen festgelegt, dass der Wagen „brandneu" und „keinesfalls reparaturbedürftig" sei. Da der Pkw gleichwohl einige Mängel hat (unerträgliche Geräusche im Innenraum, undichte Stellen und Defekte an der Scheibenwischanlage), wich er von dieser Beschaffenheitsvereinbarung ab und ist folglich gem. § 434 I 1 mangelhaft. Der Mangel lag bereits bei Übergabe des Fahrzeugs (= Gefahrübergang, vgl. § 446) vor.

4. Die nach § 437 Nr. 2, 1. Alt. i. V. m. § 323 I erforderliche Fristsetzung zur Nacherfüllung könnte gem. § 440 entbehrlich sein. Danach bedarf es keiner Fristsetzung, wenn die dem Käufer zustehende Art der Nacherfüllung fehlgeschlagen ist – was nach § 440 S. 2 nach dem zweiten erfolglosen Versuch angenommen wird („gilt"). Indem A zweimal vergeblich die Mängelbeseitigung versuchte, ist diese Voraussetzung gegeben.

5. Voraussetzung für dieses Gestaltungsrecht ist außerdem, dass die Pflichtverletzung des A erheblich ist (§ 323 V 2). Wenn ein als „brandneu" verkauftes Auto mehrere Defekte (siehe oben) hat, ist die Erheblichkeit der Pflichtverletzung gegeben.

Folglich könnte A ein Rücktrittsrecht aus §§ 437 Nr. 2, 1. Alt., 323 I, 434 I 1 haben.

6. Dieses Gestaltungsrecht könnte allerdings durch eine vertragliche Vereinbarung ausgeschlossen sein.[1] In Betracht kommt ein Ausschluss aufgrund von Ziffer 5 der von A verwendeten AGB. Dadurch steht dem V bei Mangelhaftigkeit der Kaufsache nur ein Recht auf Nacherfüllung zu. K kann also nur dann vom Vertrag zurücktreten, wenn diese Vertragsbedingung nichtig ist. Dies könnte aufgrund der Vorschriften der §§ 305–310 der Fall sein.

a) Zunächst muss es sich bei den Vertragsbedingungen um Allgemeine Geschäftsbedingungen i. S. v. § 305 I handeln. Darunter fallen nur solche vorfor-

---

[1] Für gesetzliche Ausschlussgründe gem. § 323 V oder VI gibt der Sachverhalt keine Anhaltspunkte. Diese brauchen deshalb nicht erörtert werden.

mulierten Vertragsbedingungen, die für eine Vielzahl von Verträgen vorgelegt werden und nicht das Ergebnis beiderseitiger Vertragsverhandlungen darstellen. Indem K die vorformulierten AGB mit der Klausel Ziffer 5 von A bei Vertragsschluss vorgelegt wurden, sind die Voraussetzungen von § 305 I erfüllt.

b) Die Anwendbarkeit der Verbraucherschutzvorschriften (§§ 305 ff.) darf nicht durch § 310 ausgeschlossen sein. Bei dem Kaufvertrag handelt es sich um einen schuldrechtlichen Vertrag, sodass er nicht unter den sachlichen Anwendungsbereich des § 310 IV fällt. K ist auch kein Kaufmann i. S. d. HGB – sondern „Verbraucher" (vgl. § 13 BGB)[2] und unterliegt damit auch nicht den Beschränkungen des § 310 I.

c) Beachtlich sind die Vertragsbedingungen nur dann, wenn sie gem. §§ 305 II, 305 a-c durch Einbeziehung Bestandteil des Einzelvertrags zwischen A und K geworden sind. Nach § 305 II Nr. 1 ist ein ausdrücklicher oder konkludenter Hinweis auf die AGB durch den Verwender erforderlich; der Vertragspartner muss die Möglichkeit erhalten, in zumutbarer Weise von deren Inhalt Kenntnis zu nehmen und mit ihrer Geltung einverstanden sein (§ 305 II Nr. 2). Indem K den vorformulierten Vertrag akzeptiert hat, sind die AGB des A Vertragsbestandteil geworden. Es liegt auch weder eine Überraschungsklausel gem. § 305 c vor noch steht eine Individualvereinbarung gem. § 305 b entgegen.

d) Inwieweit die Klausel inhaltlich den gesetzlichen Anforderungen entspricht, ergibt sich aus den §§ 309, 308, 307.[3] Gem. § 309 Nr. 8 b) bb) ist in AGB eine Bestimmung unwirksam, die bei Verträgen über Lieferungen neu hergestellter Sachen die Ansprüche gegen den Verwender . . . auf ein Recht auf Nacherfüllung beschränkt, sofern dem anderen Vertragsteil nicht ausdrücklich das Recht vorbehalten wird, bei Fehlschlagen der Nacherfüllung zu mindern oder . . .. vom Vertrag zurückzutreten. A hat im vorliegenden Fall versäumt, dem K bei Fehlschlagen der Nacherfüllung die vorgenannten Möglichkeiten einzuräumen.

Folglich ist Ziff. 5 der AGB-Klausel des von K und A geschlossenen Vertrags unwirksam.

e) Dies führt allerdings nicht zur Unwirksamkeit des ganzen Vertrags (vgl. § 139), sondern nach § 306 I zur Unwirksamkeit dieser Klausel. Gem. § 306 II richtet sich der Inhalt des Vertrags nach den gesetzlichen Vorschriften, also denen über das Rücktrittsrecht.

Somit ist das Rücktrittsrecht des K nicht durch Ziff. 5 der AGB ausgeschlossen.

7. K müsste den Rücktritt gem. § 349 erklärt haben. Eine solche Erklärung erfolgte nach 22 Wochen.

---

2 Bei einem Verbrauchervertrag – der hier nicht vorliegt – gilt außerdem § 310 III.
3 Gem. § 307 III ist allerdings die Inhaltskontrolle nur für solche Bestimmungen in AGB möglich, durch die von Rechtsvorschriften abweichende oder diese ergänzende Regelungen vereinbart werden. D. h., die §§ 307–309 sind nicht anwendbar, wenn lediglich der Gesetzestext – evtl. auch nur sinngemäß – wiederholt wird oder durch die AGB die jeweiligen vertraglichen Leistungen nur tatsächlich beschrieben werden. Da durch die Klausel Ziffer 5 die gesetzlichen Mängelrechte ausgeschlossen werden, indem dem Käufer lediglich ein Nacherfüllungsanspruch eingeräumt wird, ist die Inhaltskontrolle möglich.

8. Fraglich ist jedoch, ob dieses Gestaltungsrecht noch durchsetzbar ist. Die Verjährungsnormen gelten nicht unmittelbar, da es sich bei dem Rücktritt nicht um einen Anspruch (vgl. § 194) handelt. Gem. §§ 438 IV 1, 218 ist der Rücktritt allerdings unwirksam, wenn der Anspruch auf Leistung oder auf Nacherfüllung verjährt ist und der Verkäufer sich hierauf beruft. *Gem. § 438 I Nr. 3 verjährt dieser Mängelanspruch in zwei Jahren ab der Übergabe der Sache.* Abweichend von der gesetzlichen Regelung wurde in Ziff. 6 der AGB vereinbart, dass eine zweimonatige Verjährungsfrist gelten soll – worauf A sich auch beruft.

Nach § 309 Nr. 8 b) ff) ist in Verträgen betreffend die Lieferung neu hergestellter Sachen eine Bestimmung in AGB unwirksam, die eine kürzere Verjährungsfrist als ein Jahr vorsieht. Somit ist auch die vorgenannte Klausel Ziff. 6 des A unwirksam und gem. § 306 I gegenstandslos und durch §§ 438 IV 1, 218 (§ 438 I Nr. 3) zu ersetzen (vgl. § 306 II).

Folglich hat K gegen A einen durchsetzbaren Anspruch auf Rückzahlung des Kaufpreises Zug um Zug (§ 348) gegen Rückgabe des Pkw[4] gem. §§ 346 I, 323 I, 437 Nr. 2, 1. Alt., 434 I 1.

Aufgabe 2:

Ein Anspruch des K gegenüber A auf Rückzahlung des Kaufpreises Zug um Zug gegen Rückgabe des Pkw könnte gem. §§ 346 I, 323 I, 437 Nr. 2, 1. Alt., 434 I 1 vorliegen.

Die Voraussetzungen des Rücktrittsrecht wurden bereits bei Aufgabe 1 (unter 1. bis 5.) erörtert.

Fraglich ist, ob das Rücktrittsrecht des K durch die AGB des A wirksam ausgeschlossen werden konnte.

6. Das ist nicht der Fall, wenn es sich bei dem Kaufvertrag um einen Verbrauchsgüterkauf i. S. d. § 474 I 1 handelt. Es müsste zwischen einem Verbraucher und einem Unternehmer ein Kaufvertrag über eine bewegliche Sache zustande gekommen sein.

a) K müsste Verbraucher sein. Verbraucher ist nach § 13 jede natürliche Person, die ein Rechtsgeschäft abschließt, das weder ihrer gewerblichen noch selbstständigen beruflichen Tätigkeit zugeordnet werden kann. K ist eine natürliche Person und hat den Wagen auch als Privatmann gekauft. Somit ist er Verbraucher.

b) A müsste Unternehmer sein. Unternehmer ist nach § 14 I jede Person, die ein Rechtsgeschäft in Ausübung ihrer gewerblichen oder selbstständigen beruflichen Tätigkeit abschließt. A hat als Autohändler den Kaufvertrag mit K in Ausübung seiner gewerblichen Tätigkeit abgeschlossen; die Voraussetzungen des § 14 werden erfüllt.

---

4 Das Eigentum gem. § 929 zurückübertragen. Der Käufer kann vom Verkäufer verlangen, dass dieser die Sache bei ihm abholt, vgl. BGH NJW 1983, 1479, 1480 (Rspr. hinsichtlich der früher möglichen Wandelung).

c) Schließlich hat V an K mit dem Pkw auch eine bewegliche Sache verkauft. Folglich sind die §§ 475 ff. anwendbar. *Gem. § 475 I 1 kann sich der Unternehmer auf eine vor Mitteilung eines Mangels getroffene Vereinbarung nicht berufen, mit der zum Nachteil des Verbrauchers von den gesetzlichen Gewährleistungsvorschriften abgewichen wird.*[5] A konnte daher nicht wirksam durch seine AGBs vereinbaren, dass K auf sein Rücktrittsrecht verzichtet.

Somit ist der Gewährleistungsausschluss unwirksam.

7. Der Rücktritt wurde von K erklärt (siehe Aufgabe 1).

8. Gem. § 475 II darf bei neuen Sachen eine Verjährungsfrist von zwei Jahren nicht unterschritten werden.

K hat also auch in diesem Fall gegen A einen durchsetzbaren Anspruch auf Rückzahlung des Kaufpreises Zug um Zug (§ 348) gegen Rückgabe des Pkw gem. §§ 346 I, 323 I, 437 Nr. 2, 1. Alt., 434 I 1.

Aufgabe 3:

Ein Minderungsrecht des K könnte sich aus §§ 437 Nr. 2, 2. Alt. i. V. m. 434 I 2 Nr. 2, 323, 441 ergeben.

1. Voraussetzung hierfür ist, dass zwischen K und B ein wirksamer Kaufvertrag besteht. Dies ist der Fall, wenn zwei übereinstimmende Willenserklärungen, Angebot und Annahme, vorliegen. K und B haben einen Kaufvertrag über einen gebrauchten Pkw zum Preis von 15 000 € geschlossen.

2. a) Des Weiteren müsste der Wagen einen Mangel haben. Gem. § 434 I 1 liegt ein Sachmangel vor, wenn die Kaufsache nicht die vereinbarte Beschaffenheit aufweist. K und B haben keine bestimmte Beschaffenheit vereinbart, sodass § 434 I 1 nicht einschlägig ist. *Die Kaufsache könnte nach § 434 I 2 Nr. 1 mangelhaft sein. Dann darf sie sich nicht für die nach dem Vertrag vorausgesetzte Verwendung eignen.* K und B haben aber auch keine bestimmte Verwendung des Wagens vertraglich vorausgesetzt. *Nach § 434 I 2 Nr. 2 ist die Sache mangelhaft, wenn sie sich nicht für die gewöhnliche Verwendung eignet und nicht die übliche Beschaffenheit aufweist, die der Käufer erwarten darf.* Die übliche Verwendung eines Autos besteht in seiner Benutzung als Transportmittel und wird durch eine defekte Klimaanlage beeinträchtigt. Folglich liegt ein Sachmangel nach § 434 I 2 Nr. 2 vor.

b) Dieser Mangel war bereits bei Übergabe des Pkw (Gefahrübergang i. S. d. § 446) vorhanden.

3. Gem. § 437 Nr. 2, 2. Alt. müssen die Voraussetzungen eines Rücktrittsrechts erfüllt sein.[6] *Diese ergeben sich wiederum aus § 323. K kann also erst mindern, wenn eine dem B gesetzte Nacherfüllungsfrist erfolglos abgelaufen ist.* Die von

---

5 Diese Vorschrift gilt nicht nur für Regelungen in Allgemeinen Geschäftsbedingungen des Verkäufers, sondern ebenso für individualvertragliche Vereinbarungen. Beim Verbrauchsgüterkauf gelten somit die gesetzlichen Gewährleistungsvorschriften zwingend (Ausnahme in § 475 III).

6 Dies ergibt sich aus dem Wortlaut der Vorschrift: „statt zurückzutreten . . .".

K dem B gesetzte Frist zur Nacherfüllung hat dieser ohne Kommentar verstreichen lassen.

4. K müsste nach § 441 I 1 dieses einseitige Gestaltungsrecht ausüben. Gegenüber B hat K die Minderung erklärt.

Die Höhe des Minderungsanspruchs berechnet sich nach § 441 III. Danach ist der Kaufpreis in dem Verhältnis herabzusetzen, in welchem zur Zeit des Verkaufs der Wert der Sache in mangelfreiem Zustand zu dem wirklichen Wert gestanden haben würde. Daraus ergibt sich folgende Berechnungsformel (X ist der gesuchte Minderungsbetrag):

$$X = \frac{(\text{Wert mit Mangel x vereinbarter Kaufpreis})}{\text{Wert ohne Mangel}}$$

$$X = \frac{(12\,500\,€ \times 15\,000\,€)}{17\,500\,€} = 10\,714,29\,€$$

K hat folglich ein Minderungsrecht gem. §§ 437 Nr. 2, 2. Alt. i. V. m. 434 I 2 Nr. 2, 323, 441. Er muss an B den geminderten Kaufpreis in Höhe von 10 714,29 € abzüglich der bereits geleisteten 5 000 €, also 5 714,29 € zahlen.

Aufgabe 4:

K könnte ein Minderungsrecht gem. §§ 437 Nr. 2, 2. Alt. i. V. m. 434 I 2 Nr. 2, 323, 441 zustehen.

Dessen Voraussetzungen wurden bereits bei Aufgabe 3 erörtert und bejaht.

3. Wenn der Jahreswagen bereits bei Gefahrübergang (= Übergabe, vgl. § 446) diesen Mangel hatte, wären die Voraussetzungen des § 434 I 2 Nr. 2 erfüllt. Andernfalls wäre der Pkw zum maßgeblichen Zeitpunkt mangelfrei gewesen mit der Folge, dass K keine Gewährleistungsrechte zuständen.

Grundsätzlich geht die fehlende Aufklärbarkeit dieser Voraussetzung zu Lasten des Beweispflichtigen – also des K.[7]

Etwas anderes könnte sich aus § 476 ergeben. Danach wird, wenn sich innerhalb von sechs Monaten seit Gefahrübergang ein Sachmangel zeigt, vermutet, dass die Sache bereits bei Gefahrübergang mangelhaft war (Beweislastumkehr).

a) Voraussetzung hierfür ist, dass ein Verbrauchsgüterkauf nach § 474 I 1 vorliegt, also wenn ein Verbraucher eine bewegliche Sache von einem Unternehmer kauft.

Wie bereits bei Aufgabe 2 erörtert, ist K eine natürliche Person und somit Verbraucher i. S. d. § 13.

B hat als Kfz-Vertragshändler den Kaufvertrag mit K in Ausübung seiner gewerblichen Tätigkeit abgeschlossen; die Voraussetzungen des § 14 sind erfüllt.

---

7 Was sich aus dem Rechtsgedanken des § 363 ergibt. Siehe hierzu BT-Drucksache 14/6040, 213, 245.

Schließlich hat V an K mit dem Pkw auch eine bewegliche Sache verkauft. Somit sind die §§ 475 ff. anwendbar, und es gilt die Beweislastumkehr des § 476 zugunsten des K.

b) Die Vermutung könnte nach § 476, 2. HS ausgeschlossen sein. Das ist dann der Fall, wenn sie mit der Art des Mangels oder der Kaufsache unvereinbar ist. Hierfür gibt es im Sachverhalt keine Anhaltspunkte. Es geht vielmehr um eine alltägliche Sachverhaltsunsicherheit, vor der der § 476 den Käufer schützen will. Zugunsten des K gilt folglich die Beweislastumkehr des § 476. Erbringt B keinen Gegenbeweis, wird vermutet, dass der von K gekaufte Wagen schon bei Gefahrübergang mangelhaft war.

Deshalb kann K auch in diesem Fall den Kaufpreis mindern.

Aufgabe 5:

K könnte gegenüber V einen Anspruch auf Nacherfüllung in Form der Nachbesserung gem. §§ 437 Nr. 1, 439, 434 haben.

1. Ein wirksamer Kaufvertrag ist zwischen den Vertragsparteien über den Neuwagen „Minispritti" zustande gekommen.

2. *Der Pkw müsste mangelhaft i. S. d. § 434 sein.* K und V haben weder einen bestimmten Benzinverbrauch vertraglich vereinbart noch sich über einen besonderen Verwendungszweck verständigt, sodass ein Mangel nach § 434 I 1 und 2 Nr. 1 ausscheidet.

In Betracht kommt ein Mangel gem. § 434 I 2 Nr. 2, wenn sich der Wagen für die gewöhnliche Verwendung nicht eignet oder nicht die übliche Beschaffenheit aufweist, also die „Qualität und Leistung"[8] *nicht gewährleistet ist.* Der Verwendungszweck eines (Neu-)Wagens besteht in seiner Benutzung als Transportmittel, die durch einen höheren Benzinverbrauch nicht eingeschränkt ist. Außerdem stellt ein Benzinverbrauch von 5 Litern pro 100 km keine „übliche Beschaffenheit" eines Neufahrzeugs dar, die ein Käufer erwarten kann, zumal die meisten Neuwagen einen höheren Benzinverbrauch haben. Ein Mangel nach § 434 I 2 Nr. 2 liegt deshalb nicht vor. *Allerdings bestimmt § 434 I 3 in Ergänzung der „üblichen Beschaffenheit", dass auch öffentliche Äußerungen des Herstellers – insbesondere in der Werbung – zur Beschaffenheit nach § 434 I 2 Nr. 2 gehören. Gem. § 4 I 1 ProdHaftG*[9] *ist Hersteller derjenige, der das Endprodukt hergestellt hat.* Indem H den Wagen gefertigt hat, ist er Hersteller. In der Werbebroschüre hat er den niedrigen Benzinverbrauch angegeben, sodass K ein „5-Liter-Auto" erwarten konnte. Dem Mangel könnte allerdings die Unkenntnis des V entgegenstehen. *Nach 434 I 3, 2. HS gehören die genannten Eigenschaften nicht zur Beschaffenheit, wenn der Verkäufer die Äußerung nicht kannte und auch nicht kennen musste.* Das Nichtkennen des V könnte allerdings auf Fahrlässigkeit beruhen (vgl. die Definition in § 122 II). *Gem. § 276 II handelt fahrlässig, wer die im Verkehr erforderliche Sorgfalt außer Acht lässt.* Von einem sorgfältigen Autoverkäu-

---

8 So BT-Drucksache 14/6040, 214.
9 § 434 I 3 verweist auf diese Vorschrift.

fer kann man erwarten, dass er sich über den Inhalt der Werbebroschüren informiert, zumal diese in seinem Geschäft ausliegen und die darin getätigten Aussagen den Kunden in seiner Kaufentscheidung beeinflussen. Außerdem profitiert ein Verkäufer von den entsprechenden Werbeaussagen des Herstellers. Indem V sich nicht über den Inhalt der Broschüre informierte, handelte er fahrlässig.

Der Mangel wäre außerdem ausgeschlossen, wenn die Werbung die Kaufentscheidung des K nicht beeinflusst hätte (§ 434 I 3 a. E.). Dem K kam es aber gerade auf einen niedrigen Benzinverbrauch an.

Somit liegt ein Sachmangel i. S. d. § 434 I 3 vor. Dieser war bereits bei Übergabe des Fahrzeugs (Gefahrübergang i. S. d. § 446) vorhanden.

3. Folglich hat K gem. § 439 ein Wahlrecht zwischen Beseitigung des Mangels (was er im vorliegenden Fall geltend macht) und Lieferung einer mangelfreien Sache.

4. *Die Haftung des V könnte gem. § 442 ausgeschlossen sein, wenn der Käufer bei Vertragsschluss den Mangel kannte.* Dem K fiel der höhere Benzinverbrauch erst **nach** Eigentumserwerb und Gebrauch des Wagens auf, sodass dieser Ausschlussgrund nicht in Betracht kommt.

5. V könnte die von K gewählte Art der Nacherfüllung (hier: Nachbesserung) *gem. § 439 III 1 verweigern, wenn sie nur mit unverhältnismäßigen Kosten möglich ist – wobei die Bedeutung des Mangels und die Frage, ob auf die andere Art der Nacherfüllung (= Ersatzlieferung einer mangelfreien Sache) zurückgegriffen werden kann, zu berücksichtigen sind.* Da alle Exemplare des verkauften Modells den erhöhten Benzinverbrauch haben, kommt die Ersatzlieferung nicht in Betracht. Eine Nachrüstung des Motors ist außerdem nicht mit unverhältnismäßigen Kosten verbunden.

Nach alledem kann K von V Nacherfüllung in Form der Nachbesserung gem. §§ 437 Nr. 1, 439, 434 verlangen.

Vertiefung: **Kaufrecht**[10]

I. Allgemeines

Bei dem Kaufvertrag handelt es sich um einen gegenseitigen Vertrag, in dem sich der eine Vertragspartner (Käufer) zur Veräußerung einer Sache (§ 433 I 1) und der andere (Käufer) zur Zahlung einer Geldsumme (§ 433 II) verpflichtet. Es handelt

---

10 Literatur zur Vertiefung: AnwKom/BÜDENBENDER, §§ 433 ff.; DAUNER-LIEB/KITZ, Fälle 53–87; DAUNER-LIEB u. a./BÜDENBENDER, § 8; HUBER/FAUST, 12. Kapitel: LORENZ/RIEHM, 8. Kapitel, §§ 4, 5 und 8; LUTHER/STEIMLE, E.; MARX/WENGLORZ, S. 38 ff.; SCHELLHAMMER, Die Haftung des Verkäufers für Sach- und Rechtsmängel – Neue Struktur und neuer Mangelbegriff, MDR 2002, 214 ff.; DERS., S. 23 ff.; SKLARZIK, apf 2002, 1, 9 ff.; WENZEL/TSCHICHOFLOS/HÜTTE/HELBRON, S. 2 ff.; WESTERMANN/BUCK, S. 105 ff.; WÖRLEN, Schuldrecht BT, Rn. 10 ff.; ZIMMER/ECKOLD, Das neue Mängelgewährleistungsrecht beim Kauf, JURA 2002, 145 ff.

sich um ein schuldrechtliches Verpflichtungsgeschäft. Die sachenrechtliche Zuordnung des Kaufgegenstandes wird hierdurch nicht verändert.[11]

Gem. § 433 I 2 gehört die Lieferung einer mangelfreien Sache durch den Verkäufer zum Inhalt des Erfüllungsanspruchs des Käufers und stellt somit eine Hauptpflicht des Verkäufers dar. Bei deren Verletzung kommt das allgemeine Leistungsstörungsrecht zur Anwendung[12], d. h. die Lieferung einer mangelhaften Sache ist eine Pflichtverletzung i. S. d. § 280 I.

Von den §§ 433 ff. werden **alle Kaufverträge, die ab dem 1. 01. 2002**[13] **geschlossen wurden**, erfasst. Sie gelten für bewegliche Sachen (Mobilien) und unbewegliche (Immobilien), für Spezies- und Gattungskaufverträge, für Kaufverträge über Rechte (§ 453) und sonstige Gegenstände (§ 453). Sie gelten auch unabhängig von der persönlichen Eigenschaft der Vertragspartner, wobei allerdings **Verbrauchsgüterkaufverträge**[14] den zusätzlichen Anforderungen der §§ 474 ff. unterliegen.

Für das wirksame Zustandekommen eines Kaufvertrags sind – wie bei jedem Vertrag – die §§ 104 ff.[15], 134, 138 sowie §§ 145 ff. zu beachten. Grundstückskaufverträge müssen außerdem gem. § 311 b I notariell beurkundet werden. Nach § 311 a I ist ein (Kauf-)Vertrag auch im Falle der anfänglich objektiv unmöglichen Leistung wirksam.

II. Der Begriff des „Mangels" im Kaufrecht

Das kaufvertragliche Gewährleistungsrecht gilt für Sach- und Rechtsmängel. Gewährleistungsgrund ist ein Verkäuferverstoß gegen die Erfüllungspflicht aus § 433 I 2 (also eine Pflichtverletzung).

§ 434 („Sachmangel") regelt nicht, unter welchen Voraussetzungen eine Kaufsache einen Mangel aufweist[16], sondern vielmehr, wann diese mangelfrei ist. Wie sich aus der Formulierung des § 434 I 2 („soweit . . . nicht", . . . „sonst") ergibt, sind die genannten Tatbestände der Reihe nach zu prüfen.[17]

Es liegt **kein Sachmangel** nach § 434 I 1 vor, wenn die Sache bei Gefahrübergang (§§ 446 f.) die – **vertraglich** – **vereinbarte Beschaffenheit** hat. Der Gesetzgeber hat sich hier ausdrücklich für den subjektiven Fehlerbegriff entschieden. Die – aus § 463 a. F. bekannte – „Zusicherung" ist nun in der Beschaffenheits-

---

11 Das Eigentum an der Sache geht erst durch das Verfügungsgeschäft, d. h. durch die Übereignung i. S. d. §§ 929 ff., vom Verkäufer auf den Käufer über. Siehe hierzu Fall 11, Aufgabe 2 und Fall 12, Aufgabe 2.

12 Die früher in den §§ 459 ff. vorhandenen Gewährleistungsrechte wurden mit Wirkung vom 1. 1. 2002 z. T. in das allgemeine Schuldrecht integriert.

13 Art. 229 § 5 S. 1 EGBGB. Vor diesem Termin wirksam zustande gekommene Kaufverträge richten sich ausschließlich nach den §§ 433 ff. a. F.

14 Näheres unter VIII.

15 Beispiel hierfür in Fall 1, Aufgabe 3.

16 Dies entspricht auch der Systematik der sog. Verbrauchsgüterkauf-Richtlinie (EU-Richtlinie 1999/44/EG vom 25. 5. 1999, ABl. EG 1999 Nr. L 171 S. 12 – abgedruckt auch in: NJW 1999, 2421).

17 HAAS, BB 2001, 1313, 1314.

vereinbarung vorhanden, d. h. Abreden, die nach bisherigem Recht als Zusicherung einer Eigenschaft verstanden wurden, begründen nunmehr mindestens eine Beschaffenheitsvereinbarung i. S. v. § 434 I 1. Eine Zusicherung des Verkäufers ist auch relevant für den Maßstab des Vertretenmüssens nach § 276 und kann zu einer verschuldensunabhängigen Schadensersatzhaftung führen.

Wenn die Beschaffenheit nicht (vertraglich) ausdrücklich vereinbart ist, kommt es **subsidiär** auf die **vertraglich vorausgesetzte Verwendung** an (vgl. § 434 I 2 Nr. 1).[18] In letzter Linie werden die **gewöhnliche Verwendung der Sache bzw. die Beschaffenheit anderer Sachen der gleichen Art** (also „Konkurrenzprodukte"), die der Käufer nach der Art der Sache erwarten kann, als objektive Maßstäbe herangezogen (§ 434 I 2 Nr. 2).[19]

In § 434 I 3 wird der Stärkung des Verbraucherschutzes Rechnung getragen und die Relevanz öffentlicher Äußerungen des Verkäufers oder auch des Herstellers über bestimmte Eigenschaften der Sache – insbesondere der Werbung oder Kennzeichnung für die vertraglich vereinbarte Beschaffenheit – festgeschrieben. Da Werbeaussagen des Verkäufers meist schon als Beschaffenheitsvereinbarungen nach § 434 I 1 gelten, hat Satz 3 vor allem bei Äußerungen Dritter (z. B. dem Hersteller i. S. d. § 4 I und II ProdHaftG oder dessen Gehilfen) Bedeutung. Grund dieser Haftung ist die Tatsache, dass auch der Verkäufer von diesen Äußerungen Dritter profitiert. Der **Verkäufer** hat die Möglichkeit des **Entlastungsbeweises** – er muss dann beweisen, dass er die Äußerung nicht kannte und auch nicht kennen musste oder die unzutreffende Äußerung für die Willensbildung des Käufers nicht maßgeblich sein konnte, etwa weil sie für die vom Käufer beabsichtigte Verwendung nicht relevant war (§ 434 I 3, 2. HS.).

Ein Sachmangel liegt nach § 434 auch vor, wenn
- eine vereinbarte **Montage** unsachgemäß durchgeführt wurde (z. B. mangelfreie Sache wird durch den Montagevorgang mangelhaft oder Montage selbst wird fehlerhaft durchgeführt – § 434 II 1). Hierunter fällt aber nur der Kauf einer Sache mit Montageverpflichtung (Bringschuld). Wenn die Montage allerdings den Schwerpunkt der vertraglich geschuldeten Leistung bildet, handelt es sich um Pflichtverletzungen aus einem Werkvertrag.[20]
- die **Montageanleitung mangelhaft** ist; es sei denn, die Sache ist fehlerfrei montiert worden (§ 434 II 2).[21]
- der Verkäufer eine andere Sache (also **falsch geliefert**, sog. aliud) oder **zu wenig geliefert** hat (§ 434 III).

Nach § 435 liegt ein **Rechtsmangel** vor, wenn Dritte irgendwelche Rechte in Bezug auf die Kaufsache geltend machen können (z. B. Pfandrecht) oder im Grundbuch ein Recht eingetragen ist, das nicht besteht (z. B. Grunddienstbarkeit).

---

18 Man könnte die gewöhnliche Verwendung der Kaufache als stillschweigend vertraglich vorausgesetzt betrachten. Die Eignung für die gewöhnliche Verwendung ist jedoch in § 434 I 2 Nr. 2 eigenständig geregelt, sodass § 434 I 2 Nr. 2 überflüssig wäre, wenn man eine stillschweigende Vereinbarung der gewöhnlichen Verwendungseignung bereits in § 434 I 2 Nr. 1 „hineinlesen" würde. § 434 I 2 Nr. 1 kommt also nur zum Tragen, wenn dem Vertrag nach eine **besondere** Verwendung vorausgesetzt wird (BT-Drucksache 14/6040, 213).

19 Damit wird ergänzend auf den objektiven Fehlerbegriff abgestellt.

20 BGH NJW 1998, 3197 f.

21 Sog. „IKEA-Klausel".

III. Ansprüche und Rechte des Käufers bei Mängeln der Kaufsache

Bei Vorliegen eines Mangels können dem Käufer gem. § 437 i. V. m. dem allgemeinen Schuldrecht folgendende Ansprüche bzw. Rechte zustehen:

Nacherfüllung (Nachbesserung/Nachlieferung) gem. § 437 Nr. 1 i. V. m. § 439

nach Fristsetzung und erfolglosem Fristablauf folgende Möglichkeiten:

Rücktritt gem. § 437 Nr. 2	neben	Schadensersatz gem. § 437 Nr. 3

oder   **oder**

Minderung gem. §§ 437 Nr. 2, 441	Aufwendungsersatz gem. § 284

1. Nacherfüllung

Bei einer mangelhaften Kaufsache hat der Käufer gegen den Verkäufer einen Nacherfüllungsanspruch; er kann nach § 439 I entweder Beseitigung des Mangels (also Nachbesserung) oder die (Ersatz-)Lieferung einer mangelfreien Sache verlangen (Wahlrecht des Käufers). Dieser Anspruch hat **Vorrang vor allen anderen Ansprüchen.**[22] Der Verkäufer erhält damit gleichzeitig ein Recht zur „zweiten Andienung".[23] Denn Inhalt des Erfüllungsanspruchs ist nach § 433 I 2 die Lieferung einer mangelfreien Sache – eine Hauptleistungspflicht des Verkäufers. Der Käufer soll folglich – da der Vertrag noch nicht erfüllt ist – das Recht und der Verkäufer die Möglichkeit zur Nacherfüllung erhalten.

Die vom Käufer gewählte Form der Nacherfüllung bzw. jegliche Nacherfüllung kann der Verkäufer ablehnen, wenn diese für ihn nur unter unverhältnismäßigen Kosten möglich ist (§ 439 III). Hierfür gibt es folgende Kriterien:
* Der Wert der Sache in mangelfreiem Zustand (z. B. falls die Reparaturkosten eines billigen Massenprodukts außer Verhältnis zu seinem Neuwert stehen).
* Die Bedeutung des Mangels.
* Die Nachteile für den Käufer aus der gewählten Art der Nacherfüllung (z. B. gewisse Unannehmlichkeiten, die lange Dauer der Reparatur, wenn Ersatzlieferung sofort möglich wäre).

Wenn die eine oder andere Form der Nacherfüllung für den Verkäufer unmöglich ist, greift § 275 zu seinen Gunsten ein, d. h. er ist nicht zu einer unmöglichen Nacherfüllung verpflichtet.

---

[22] Was sich aus den § 281 I 1 (Schadensersatz), § 323 (Rücktritt) und § 441 I 1 i. V. m. § 323 I (Minderung) ergibt.

[23] DAUNER-LIEB u. a./BÜDENBENDER, § 8, Rn. 48.

Wenn der Verkäufer jegliche Art der Nacherfüllung verweigern kann, besteht für den Käufer die Möglichkeit, entweder vom Vertrag zurückzutreten und/oder Schadensersatz zu verlangen; gem. § 440 für die Fälle der Unverhältnismäßigkeit, des Fehlschlagens oder der Unzumutbarkeit, gem. § 326 V für die Fälle der Unmöglichkeit.[24]

Bei kleinsten Mängeln, die eine nur unerhebliche Pflichtverletzung darstellen, kann der Käufer Nacherfüllung verlangen, er ist aber nicht zum Rücktritt berechtigt (vgl. § 323 V 2). Der Käufer kann dann ggf. den Kaufpreis mindern oder Schadensersatz verlangen.

Gem. § 439 II hat der Verkäufer die zum Zweck der Nacherfüllung erforderlichen Aufwendungen (z. B. Transport-/Arbeitskosten) zu tragen. Hierfür ist es unerheblich, ob die Kaufsache an einen anderen Ort als den Erfüllungsort transportiert worden ist. Evtl. verursachte Mehrkosten können allerdings zur Unverhältnismäßigkeit einer Nachbesserung führen.

Liefert der Verkäufer eine (weitere) mangelfreie Sache, kann er die mangelhafte Sache gem. § 439 IV nach den Regeln des Rücktritts zurückverlangen.

Prüfschema – Anspruch des Käufers auf Nacherfüllung gem. § 437 Nr. 1 i. V. m. § 439:

1. Wirksamer Kaufvertrag über eine Sache (i. S. d. § 433)
2. Lieferung einer mangelhaften Sache durch Verkäufer
   (= Pflichtverletzung)
   Sachmangel (§ 434) bei Gefahrübergang oder Rechtsmangel (§ 435)
3. Kein Haftungsausschluss durch Vertrag (vgl. § 444) oder Gesetz (§ 442)
4. Kein Verweigerungsrecht des Verkäufers (§ 439 III)

Rechtsfolge: Wahlrecht des Käufers   a) Nachbesserung
                                             (= Beseitigung des Mangels)
                                          oder
                                          b) Lieferung einer
                                             mangelfreien Sache

---

2. Rücktritt

Bei dem Rücktritt handelt es sich um ein Gestaltungsrecht, und zwar das Recht des Käufers zur Aufhebung des Vertrags. Nach dessen Ausübung ist also ein Wechsel zu einem anderen Recht nicht mehr möglich.

Gem. §§ 437 Nr. 2, 1. Alt., 323, 326 V hat der Käufer das Recht, wegen eines Mangels zurückzutreten. Voraussetzungen hierfür sind ein gültiger Kaufvertrag, das Bestehen eines Mangels sowie das Scheitern des Nacherfüllungsanspruchs aus § 439 I. Der Rücktritt setzt außerdem den erfolglosen Ablauf einer angemessenen Frist zur Nacherfüllung voraus.[25] Hierdurch soll der Verkäufer Gelegenheit

---

24 Verweigert der Verkäufer die vom Käufer gewählte Art der Nacherfüllung zu Unrecht (z. B. weil er sich über die Verhältnismäßigkeit täuscht), so kann der Käufer ohne weitere Fristsetzung vom Vertrag zurücktreten und ggf. Schadensersatz verlangen.
25 Ein Verschulden des Verkäufers ist nicht erforderlich.

zur Nacherfüllung erhalten. Wenn der Käufer dem Verkäufer bereits mit dem vorrangigen Nacherfüllungsverlangen eine angemessene Frist gesetzt hat, kann er nach Fristablauf sofort vom Vertrag zurücktreten. Denn bei der in § 323 I genannten Frist handelt es sich nicht um eine weitere, zweite Frist. Der Rücktritt kann allerdings erst nach Fristablauf erklärt werden.

§ 437 Nr. 2, 1. Alt. verweist auf die §§ 440, 323 und 326. Eine Fristsetzung ist danach entbehrlich

- bei einer ernsthaften und endgültigen Erfüllungsverweigerung durch den Verkäufer (§ 323 II Nr. 1),
- bei einem Fixgeschäft i. S. d. § 323 II Nr. 2,
- bei Vorliegen von „besonderen Umständen" unter Abwägung der beiderseitigen Interessen nach § 323 II Nr. 3 (sog. Auffangtatbestand),
- wenn der Verkäufer beide Arten der Nacherfüllung gem. § 439 verweigert (§ 440 S. 1, 1. Alt.),
- wenn die Nacherfüllung fehlgeschlagen oder unzumutbar ist (z. B. zwei fehlgeschlagene Reparaturversuche), § 440 S. 1, 2. Alt.

Ein Ausschluss des Rücktritts liegt vor bei
- Schlechtleistung und nur unerheblicher Pflichtverletzung des Verkäufers (§ 323 V 2),
- einem vom Käufer allein oder weit überwiegend selbst zu verantwortenden Umstand, der zum Rücktritt berechtigen würde, § 323 VI.

Der Käufer kann nach § 323 auch wegen sonstiger Pflichtverletzungen des Verkäufers vom Kaufvertrag zurücktreten (und nicht nur in den Fällen der Lieferung eines mangelhaften Kaufgegenstands); so zum Beispiel im Fall der Verletzung von vorvertraglichen Beratungspflichten oder bei Verletzung vertraglicher Nebenpflichten.

Prüfschema – Rücktritt des Käufers bei behebbarer mangelhafter Kaufsache gem. §§ 437 Nr. 2, 1. Alt. i. V. m. §§ 440, 323, 326 V:

1. Wirksamer Kaufvertrag über eine Sache (i. S. d. § 433)
2. Lieferung einer mangelhaften Sache durch Verkäufer (= Pflichtverletzung)
   Sachmangel (§ 434) bei Gefahrübergang oder Rechtsmangel (§ 435)
3. Angemessene Fristsetzung zur Nacherfüllung (§ 323 I), es sei denn: entbehrlich (§§ 440, 323)
4. Erfolgloser Fristablauf
5. Kein Ausschluss gem. § 323 V oder VI
6. Kein Haftungsausschluss durch Vertrag (vgl. § 444) oder Gesetz (§ 442)
7. Erklärung des Rücktritts gem. § 349

Rechtsfolge:
- Anspruch aus § 346 I (Zurückgewährung der empfangenen Leistungen, Herausgabe der gezogenen Nutzungen)
- Ggf. § 346 II (Wertersatz)
- Ggf. § 347 (Nutzungen und Verwendungen nach Rücktritt)

Bei einer **unbehebbaren** mangelhaften Kaufsache ist v. g. Prüfschema ebenfalls anzuwenden, allerdings sind die Fristsetzung und deren Ablauf (Prüfungspunkte 3 und 4) gem. § 326 V entbehrlich; der Schuldner wird nach § 275 von der Leistung frei.

3. Minderung

Bei der Minderung wird – wie beim Rücktritt – kein Anspruch geltend gemacht, sondern ein **Gestaltungsrecht** ausgeübt. § 441 II bestimmt als Konsequenz hieraus, dass bei einer Beteiligung mehrerer Personen als Käufer oder Verkäufer die Minderung nur von allen bzw. gegen alle erklärt werden kann.[26] Der Kaufvertrag bleibt grundsätzlich bestehen, der Käufer hat jedoch die einseitige und unmittelbar wirkende Möglichkeit zur Reduzierung des Kaufpreises (§ 441 I 1 und III 1).

Die Voraussetzungen der Minderung nach § 437 Nr. 2, 2. Alt. entsprechen denjenigen beim Rücktritt, was sich aus der Formulierung in § 441 I 1 „statt zurückzutreten . . .“ ergibt. **Im Verhältnis zur Nacherfüllung ist die Minderung ebenfalls subsidiär.** Auch bei unerheblichen Mängeln kann gemindert werden, da die Bagatellgrenze des § 323 V 2 hier nicht gilt (vgl. § 441 I 2).

Für die Durchführung der Minderung ist der Kaufpreis in dem Verhältnis herabzusetzen, in welchem zur Zeit des Vertragsschlusses der Wert der Sache in mangelfreiem Zustand zu dem wirklichen Wert gestanden haben würde (§ 441 III 1).[27]

Falls notwendig, ist dieser Betrag vom Gericht durch Schätzung nach § 287 ZPO zu ermitteln (§ 441 III 2).

Prüfschema – Minderungsrecht des Käufers bei mangelhafter Kaufsache gem. §§ 437 Nr. 2, 2. Alt. i. V. m. §§ 440, 323, 326 V:

Wie Prüfschema „Rücktritt" (vgl. Formulierung in § 441 I: „statt zurückzutreten . . .")
Beachte: Der Ausschlussgrund des § 323 V 2 findet keine Anwendung (§ 441 I 2)

7. Erklärung der Minderung, § 441 I 1 (statt: Erklärung des Rücktritts)

Rechtsfolge:
Herabsetzung des Kaufpreises (§ 441 III)

$$\text{Geminderter Kaufpreis} = \frac{\text{wirklicher Wert x vereinbarter Kaufpreis}}{\text{Wert ohne Mangel}}$$

---

26 Die gleiche Regelung findet sich für das Rücktrittsrecht in § 351.
27 Dies entspricht der bisherigen Regelung des § 472 a. F.; deshalb haben die dazu entwickelten Kriterien weiterhin Gültigkeit.

4. Schadensersatz

Die Lieferung einer mangelhaften Sache bedeutet wegen § 433 I 2 eine besondere Form der Pflichtverletzung und eröffnet damit grundsätzlich Schadensersatzansprüche nach § 280 I. Voraussetzung hierfür ist, dass der Verkäufer diese Pflichtverletzung („Lieferung mangelhafter Ware") zu vertreten und dass er die Möglichkeit zur Nacherfüllung eingeräumt bekommen hat (§ 437 Nr. 3 i. V. m. §§ 280, 281). Der Verkäufer kann also schon bei fahrlässiger Lieferung mangelhafter Ware und wegen Mängeln an der Kaufsache selbst (Äquivalenzinteresse) auf Schadensersatz in Anspruch genommen werden. Er kann sich hinsichtlich des Vertretenmüssens entlasten, trägt hierfür allerdings die Darlegungs- und Beweislast (§ 280 I 2: „Dies gilt nicht . . .").

Die Verantwortlichkeit des Verkäufers richtet sich nach § 276: Danach hat er Vorsatz und Fahrlässigkeit zu vertreten, wenn nicht eine strengere oder mildere Haftung bestimmt noch aus dem sonstigen Inhalt des Kaufvertrags – insbesondere aus der Übernahme einer Garantie (vgl. § 443) oder eines Beschaffungsrisikos (z. B. bei einer Gattungsschuld) – zu entnehmen ist. Wenn der Verkäufer z. B. eine Garantie abgibt, haftet er – unabhängig davon, ob er den Mangel verschuldet hat oder nicht.

Der Ersatz für **Mangelschäden** erfolgt als **„Schadensersatz statt der Leistung"**[28] (auch: **kleiner Schadensersatz**) nach § 281 i. V. m. § 280 I, III. Dies bedeutet, dass der Anspruch auf Schadensersatz an die Stelle des Anspruchs auf die Leistung tritt. Die ursprünglich geschuldete Leistung kann dann nicht mehr vom Käufer verlangt werden, zumal der Ersatz des Minderwerts stattdessen (= Anspruch auf die mangelfreie Leistung) erfolgt.

Beispiel:

Der vom Verkäufer erworbene Neuwagen hat – was weder dem V noch dem K aufgefallen ist – defekte Bremsen. Bei der ersten Fahrt verunglückt deshalb Käufer K. Der Pkw hat einen erheblichen Schaden, K erleidet Rippenbrüche. Das von K in Auftrag gegebene Sachverständigengutachten bestätigt die defekte Bremsanlage.

Die Reparaturkosten für den Wagen und die Kosten für das Sachverständigengutachten (ggf. auch: der verbliebene Minderwert, die Mehrkosten für eine Ersatzbeschaffung, Nutzungsausfall, Vertragskosten) können als Mangelschaden geltend gemacht werden.

Mangelfolgeschäden werden nach § 280 I ersetzt. Darunter fallen z. B. die Schäden, die durch die mangelhafte Kaufsache an anderen Rechtsgütern – wie z. B. Körper und Gesundheit des Käufers – entstanden sind. Im o. g. Beispiel rückt der Ersatz dieser Schäden nicht an die Stelle eines mangelfreien Wagens, sondern stellt sich als Schadensersatz **neben der Leistung** dar. Mit Ersatz der Heilungskosten ist nicht der Anspruch auf einen mangelfreien Pkw ausgeschlossen. Der von K im Beispielsfall wegen der Rippenbrüche geltend gemachte Anspruch ist daher

---

28 Er entspricht im Wesentlichen dem früheren „Schadensersatz wegen Nichterfüllung" – siehe hierzu Bundestags-Drucksache 14/6040, 137.

nicht auf Schadensersatz **statt der Leistung** gerichtet.[29] Die Heilungskosten (= Mangelfolgeschaden) ergeben sich vielmehr unmittelbar aus §§ 437 Nr. 3, 1. Alt., 434 I 2 Nr. 2, 280 I.

Der Anspruch auf **Schadensersatz** kann **neben** einem **Rücktritt** (vgl. § 325) **oder** einer **Minderung** geltend gemacht werden. Mit der Forderung von Schadensersatz verliert der Käufer lediglich seinen Leistungsanspruch nach 433 I einschließlich des Nacherfüllungsanspruchs nach § 439 I – was § 281 IV klarstellt.

Neben dem Schadensersatzanspruch nach §§ 437 Nr. 3, 280, 281 wegen eines Mangels der Kaufsache können dem Käufer auch Schadensersatzansprüche gem. §§ 280, 31 II, 241 II (Schadensersatz wegen Pflichtverletzung vor Vertragsschluss) oder gem. §§ 280, 282 zustehen, so zum Beispiel bei fehlerhafter Beratung durch den Verkäufer oder bei Verletzung von Nebenpflichten (z. B. Beschädigung anderer Rechtsgüter des Käufers bei Lieferung durch den Verkäufer).

Prüfschema – „Kleiner Schadensersatz" des Käufers bei mangelhafter Kaufsache gem. §§ 437 Nr. 3, 1. Alt. i. V. m. §§ 440, 280 I und III, 281 I 1:

1. Wirksamer Kaufvertrag über eine Sache (i. S. d. § 433)
2. Pflichtverletzung des Käufers: Verstoß gegen § 433 I 2
   Sachmangel bei Gefahrübergang (§ 434) oder Rechtsmangel (§ 435)
3. Vertretenmüssen, §§ 280 I 2 i. V. m. § 276
4. Angemessene Fristsetzung zur Nacherfüllung und erfolgloser Fristablauf (§ 281 I 1)
   Frist ggf. entbehrlich nach § 440 S. 1 oder § 281 II
5. Schaden beim Gläubiger (Käufer)
6. Kein Haftungsausschluss durch Vertrag (vgl. § 444) oder Gesetz (§ 442)

Rechtsfolge: Schadensersatz **statt** der Leistung; Umfang: §§ 249 ff.

Prüfschema „**großer Schadensersatz**" („Schadensersatz statt der ganzen Leistung"):

Als zusätzliche Voraussetzung ist eine **erhebliche Pflichtverletzung** erforderlich (§ 281 I 3).

Im o. g. Beispielsfall könnte K, da defekte Bremsen an einem Neuwagen eine erhebliche Pflichtverletzung darstellen, im Rahmen des „großen Schadensersatzes" den beschädigten Pkw zurückgeben, die Kaufpreiserstattung sowie die Kosten für das Sachverständigengutachten verlangen.

---

29 Es kommt folglich nicht auf die Voraussetzungen der §§ 281–283 an.

Prüfschema – Schadensersatz <u>neben</u> der Leistung bei Mangelfolgeschaden aufgrund einer mangelhaften Kaufsache gem. §§ 437 Nr. 3, 1. Alt., 280 I:

1. Wirksamer Kaufvertrag über eine Sache (i. S. d. § 433)
2. Pflichtverletzung des Käufers: Verstoß gegen § 433 I 2
3. Vertretenmüssen, §§ 280 I 2 i. V. m. § 276
4. Schaden beim Gläubiger (Käufer)
5. Kein Haftungsausschluss durch Vertrag (vgl. § 444) oder Gesetz (§ 442)

Rechtsfolge: Schadensersatz; Umfang: §§ 249 ff.

---

5. Aufwendungsersatz

Gem. § 284 hat der Käufer bei einer mangelhaften Kaufsache auch die Möglichkeit, anstelle des Anspruchs auf Schadensersatz statt der Leistung (§ 437 Nr. 3, 1. Alt.) frustrierte Aufwendungen zu liquidieren. Dazu zählen z. B. die Vertragskosten.[30] Dies betrifft die Fälle, in denen der Gläubiger aus dem Geschäft keine materielle, kostendeckende und damit „rentable" Gegenleistung, sondern immaterielle Vorteile erhofft hatte. Dieser Anspruch setzt ein – vermutetes – Verschulden des Verkäufers voraus (§§ 284 i. V. m. §§ 281, 280 I 2).

Prüfschema – Aufwendungsersatz statt der Leistung wegen behebbar mangelhafter Kaufsache gem. §§ 437 Nr. 3, 2. Alt., 440, 281 I 1 i. V. m. § 284:

1. Wirksamer Kaufvertrag über eine Sache (i. S. d. § 433)
2. Sachmangel bei Gefahrübergang (§ 434) oder Rechtsmangel (§ 435)
3. Vertretenmüssen, §§ 280 I 2 i. V. m. § 276
4. Angemessene Fristsetzung zur Nacherfüllung und erfolgloser Fristablauf (§ 281 I 1)
   Frist ggf. entbehrlich nach § 440 S. 1 oder § 281 II
5. Gläubiger (Käufer) hatte Aufwendungen (§ 284)

Rechtsfolge: Aufwendungsersatz i. R. d. § 284

Bei einer **unbehebbaren** mangelhaften Kaufsache ist v. g. Prüfschema ebenfalls anzuwenden, allerdings ist die Fristsetzung und deren Ablauf (Prüfungspunkt 4) entbehrlich.

---

30 Schmidt-Räntsch, Rn. 805.

IV. Ausschluss der Gewährleistung

Die Gewährleistungsrechte können **kraft Gesetzes** ausgeschlossen sein. Das ist nach § 442 bei Kenntnis des Käufers von den Mängeln der Fall. Schädlich ist auch dessen grob fahrlässige Unkenntnis. Maßgeblicher Zeitpunkt hierfür ist der des Vertragsschlusses. Eine Ausnahme bei der grob fahrlässigen Unkenntnis besteht für die Fälle der Arglist und der Garantie des Verkäufers für das Vorhandensein einer bestimmten Eigenschaft.

Ein Ausschluss bzw. eine Einschränkung der Gewährleistung ist gem. § 444 auch **durch Vertrag** möglich. Der Verkäufer kann sich darauf allerdings nicht berufen, wenn er den Mangel arglistig verschwiegen oder eine Garantie für die Beschaffenheit der Sache übernommen hat.

V. Konkurrenzen

Die Anfechtung nach § 123 I wegen arglistiger Täuschung oder widerrechtlicher Drohung ist neben Mängelansprüchen bzw. -rechten des Käufers möglich. Hingegen ist § 119 II (Anfechtung wegen Irrtums über eine verkehrswesentliche Eigenschaft) ab Gefahrübergang bei Sachmängeln ausgeschlossen, da die §§ 433 ff. Spezialvorschriften sind.[31]

VI. Verjährung

Gem. § 438 gelten – abweichend von den Verjährungsvorschriften des Allgemeinen Teils – für alle in § 437 genannten Ansprüche einschließlich der Ansprüche aus Mangelfolgeschäden und wegen Aliudlieferung folgende Fristen:
* grundsätzlich zwei Jahre nach § 438 I Nr. 3,
* bei Bauwerken und Sachen, die entsprechend ihrer üblichen Verwendungsweise für ein Bauwerk verwendet wurden (z. B. Badewannen) und dessen Mangelhaftigkeit verursacht haben, fünf Jahre[32] nach § 438 I Nr. 2,
* 30 Jahre in den Fällen der Eviktionshaftung[33]: Dies betrifft Ansprüche wegen Rechtsmängeln, die Dritte aufgrund dinglichen Rechts (z. B. Eigentum) zur Herausgabe hinsichtlich der Kaufsache berechtigen.[34] Gleiches gilt für Ansprüche wegen Scheinbelastungen im Grundbuch (§ 438 I Nr. 1).

---

31 BROX, Schuldrecht BT, Rn. 96 ff. – dies entspricht den bisherigen Regelungen. Deshalb kann auf die zu §§ 459 ff. a. F. ergangene Rechtsprechung bzw. Literatur verwiesen werden.
32 Angleichung an die fünfjährige Haftung des die Baustoffe einbauenden Werkunternehmers nach § 634 a I Nr. 2.
33 Eviktion = Entwertung.
34 Diese Regelung berücksichtigt, dass nach § 197 I Nr. 1 Herausgabeansprüche aus Eigentum und anderen dinglichen Rechten erst in 30 Jahren verjähren. Ohne den durch § 438 I Nr. 1 herbeigeführten Fristengleichlauf müsste der Käufer ansonsten das Risiko tragen, dass seine Ansprüche gegen den Verkäufer mit Ablauf der zweijährigen Verjährungsfrist nach Nr. 3 verjähren, er jedoch weitere 28 Jahre dem Herausgabeanspruch eines Dritten ausgesetzt wäre.

- drei Jahre bei Arglist des Verkäufers. Hier gilt die käuferschützende, kenntnisabhängige Frist des § 195 (§ 438 III).

Bei beweglichen Sachen beginnt die Verjährung gem. § 438 II mit der Ablieferung der Sache, bei Grundstücken mit deren „Übergabe" (also Einigung und Eintragung[35]).

Da Rücktritt und Minderung Gestaltungsrechte und keine Ansprüche (vgl. die Definition in § 194 I) sind, können für sie die Verjährungsnormen nicht unmittelbar gelten. Gem. § 218 ist der Rücktritt unwirksam, wenn der Anspruch auf Leistung oder auf Nacherfüllung verjährt ist und der Verkäufer sich hierauf beruft. Dasselbe gilt nach § 438 V auch für die Minderung.

Gem. § 438 IV 2 hat der Käufer eine Mängeleinrede, soweit seine Gegenleistungspflicht noch nicht erfüllt ist. Damit wird ein Ausgleich für das Fristengefälle zwischen der Verjährung des Kaufpreisanspruchs (drei Jahre) und des dem Rücktritt bzw. der Minderung zugrunde liegenden Anspruchs auf Nacherfüllung (zwei Jahre) erreicht.

Pflichtverletzungen, die keinen Mangel i. S. d. § 434 verursachen, begründen keine Ansprüche nach § 437 und können deshalb auch nicht nach § 438 I verjähren. Für diese Ansprüche auf Schadensersatz aus Pflichtverletzung nach § 280 I oder wegen Verletzung vorvertraglicher Pflichten (§§ 280 I; 311 II, 241 II) – z. B. bei fehlerhafter Beratung vor Vertragsschluss – gilt das allgemeine Leistungsstörungsrecht und deshalb auch die regelmäßige Verjährungsfrist von drei Jahren (§ 195).

VII. Garantie

In den §§ 443 und 477 wird eine **gesetzliche Garantiehaftung** begründet. Wenn der Verkäufer oder ein Dritter (Großhändler, Importeur, Produzent) eine Garantie für die Beschaffenheit einer Sache übernimmt, stehen dem Käufer im Garantiefall die daraus resultierenden Rechte zu. Es handelt sich hierbei um eine gesetzliche Haftung von **quasi-vertraglicher Natur**. Denn eine Vertragsbeziehung muss zwischen dem Dritten und dem Käufer nach § 443 nicht bestehen. Anlass der Garantiehaftung des Dritten ist allerdings der zwischen dem Verkäufer und dem Käufer abgeschlossene Kaufvertrag. Der Inhalt der Garantieerklärung wird vom Gesetz nicht vorgegeben, zumal dieser in die Dispositionsbefugnis des Erklärenden – im Rahmen der Vertragsfreiheit – fällt.

Im Falle der **Haltbarkeitsgarantie** (Definition in § 443 I) wird ein während der Garantiezeit auftretender Sachmangel nach der Vermutungsregel des § 443 II (die widerlegbar ist) als Garantiefall angesehen. Der Käufer muss dann nur den Abschluss des Kaufvertrags, das Bestehen der Haltbarkeitsgarantiezusage und das Auftreten des Mangels im Rahmen der von der Garantieerklärung erfassten

---

35 Nach §§ 873, 925.

Frist darlegen und beweisen. Der Verkäufer kann dies entkräften durch z. B. den Nachweis einer sachwidrigen Behandlung der Kaufsache durch den Käufer.

VIII. Verbrauchsgüterkauf

In den §§ 433 ff. befinden sich die für alle Kaufverträge geltenden Vorschriften, die §§ 474-479 enthalten **zusätzliche Anforderungen an Verbrauchsgüterkaufverträge**. In Übereinstimmung mit der „Verbrauchsgüterkauf-Richtlinie"[36] bestimmt § 474 den Geltungsbereich: Verbrauchsgüterkaufverträge liegen nur vor bei Kaufverträgen zwischen einem Unternehmer (Definition in § 14) und einem Verbraucher (Definition in § 13) über bewegliche Sachen. Die Vorschriften der §§ 474 ff. gelten also nicht bei
- Verträgen zwischen Unternehmern,
- Verträgen zwischen Verbrauchern,
- Verträgen zwischen Verbraucher und Unternehmer, bei denen der Unternehmer „Käufer" ist,
- Kaufverträgen über Immobilien,
- Kaufverträgen über Rechte (§ 453).

Gem. § 475 I sind die in den §§ 433-435, 437, 439-443 sowie in §§ 474-477 verankerten Rechte des Verbrauchers im Vorhinein zu dessen Nachteil nicht abdingbar. Eine Ausnahme gilt nur für Schadensersatzansprüche: Sie können gem. § 475 III abbedungen werden.

Die grundsätzlich dispositive Verjährungsfrist des § 438 darf für neue Sachen vertraglich nicht auf weniger als zwei Jahre und für gebrauchte Sachen nicht auf weniger als ein Jahr verkürzt werden (§ 475 II).

Wichtig ist die in **§ 476** zu Lasten des Verkäufers festgeschriebene **Beweislastumkehr**. Danach wird zu Gunsten des Verbrauchers vermutet, dass ein Mangel, der innerhalb von sechs Monaten seit Gefahrübergang auftritt, bereits bei Übergabe der Sache (= Gefahrübergang, vgl. § 446[37]) vorhanden war. Diese Vermutung gilt nicht, wenn sie mit der Art der Sache oder des Mangels unvereinbar ist – so z. B. bei gebrauchten Waren, bei denen wegen des unterschiedlichen Grades der Abnutzung kein entsprechender Erfahrungssatz besteht.

In § 477 I 2 werden bestimmte formelle Anforderungen an Garantieerklärungen gestellt: Einfache und verständliche Formulierung, Hinweis auf die Gewährleistungsrechte, Inhalt der Garantie. Eine Verletzung dieser Anforderungen beeinträchtigt die Ansprüche des Käufers aus der Garantie nicht.

---

36 1999/44/EG des Europäischen Parlaments und des Rats vom 25. 5. 1999 (ABl. EG 1999 Nr. L 171/12).
37 Dieser ist auch bei Annahmeverzug des Käufers geben (§ 446 S. 3); die „Gefahrübergangsregelung" des § 447 gilt wegen § 474 II nicht.

IX. Rückgriff in der Lieferkette

Wenn am Ende der Lieferkette ein Verbrauchsgüterkauf steht, können nach § 478 Gewährleistungsrechte vom Verkäufer gegen seinen Vordermann in der Lieferkette geltend gemacht werden, ohne vorher eine Frist zur Nacherfüllung gesetzt zu haben, wenn er seinerseits gegenüber dem Verbraucher die Kaufsache als Folge ihrer Mangelhaftigkeit zurücknehmen musste oder der Kaufpreis gemindert wurde. Damit werden die Fälle der Nachlieferung, des Rücktritts, der Minderung sowie des „großen Schadensersatzes" erfasst.[38] Im Einzelfall muss nach §§ 437, 434 geprüft werden, ob Gewährleistungsansprüche des Letztverkäufers gegen seinen Lieferanten tatsächlich bestehen, denn § 478 setzt einen solchen Gewährleistungsanspruch des Letztverkäufers gegen seinen Lieferanten voraus.[39]

Vertiefung: **Allgemeine Geschäftsbedingungen**[40]

Die Gestaltungsfreiheit bei Verträgen wird oft durch Allgemeine Geschäftsbedingungen eingeschränkt[41], was aufgrund der im Schuldrecht bestehenden Vertragsfreiheit möglich ist. Solche Vereinbarungen sind wirksam, sofern sie nicht gegen ein gesetzliches Verbot (§ 134) oder gegen die guten Sitten (§ 138) verstoßen. AGB – umgangssprachlich auch: das „Kleingedruckte" – spielen im Rechtsverkehr eine große Rolle. Sie vereinheitlichen Massenverträge und ermöglichen eine schnelle Anpassung an geänderte rechtliche oder wirtschaftliche Rahmenbedingungen. Als einseitig gestellte „Bedingung" begünstigen AGB zumeist den wirtschaftlich stärkeren Vertragspartner. Dem anderen Teil fehlt oft auch die Möglichkeit, sich mit den abstrakt formulierten und oft nur schwer verständlichen Klauseln auseinander zu setzen bzw. diese zu beurteilen. Die §§ 305–310 („Gestaltung rechtsgeschäftlicher Schuldverhältnisse durch Allgemeine Geschäftsbedingungen")[42] bieten insbesondere dem Verbraucher in dieser Situation einen Schutz, da Regelungen für die Einbeziehung der AGB aufgestellt und diese einer inhaltlichen Kontrolle unterzogen werden.

---

38 Da beim „kleinen Schadensersatz" die Kaufsache nicht zurückgenommen wird, ist unklar, ob dieser Fall auch unter die Regelung des § 478 fällt.

39 Ausführlich hierzu: LUTHER/STEIMLE, S. 91 ff.

40 Literatur zur Vertiefung: DAUNER-LIEB u. a./HENNRICHS, § 6; HUBER/FAUST, 19. Kapitel, C.; LORENZ/RIEHM, 4. Kapitel; MARX/WENGLORZ, S. 56 ff.; SCHELLHAMMER, S. 891 ff.; WÖRLEN, Schuldrecht AT. Rn. 29 ff.

41 Beispiel hierfür in Fall 5: die §§ 434 ff. enthalten dispositives Recht (Ausnahmen gelten für Verbrauchsgüterkaufverträge i. S. d. § 474).

42 Bis 31. 12. 2001 befanden sich diese im AGBG. Dieses Sondergesetz wurde im Rahmen der Schuldrechtsreform in das BGB integriert und die Vorschriften des **materiell-rechtlichen** Teils des AGBG en bloc übernommen. Damit sollte eine Verbesserung der Transparenz und Übersichtlichkeit des deutschen Zivilrechts sowie die enge Verwobenheit des AGB-Rechts mit dem Schuldrecht erreicht werden. Der **formelle Teil** des AGBG (die bisherigen §§ 13 ff. AGBG) findet sich im neuen Gesetz über Unterlassungsklagen bei Verbraucherrechts- und anderen Verstößen (sog. Unterlassungsklagengesetz – UKlaG).

I. Begriffserläuterung

§ 305 I definiert, was unter dem Begriff „Allgemeine Geschäftsbedingungen" zu verstehen ist. Es handelt sich danach um einseitig von einer Vertragspartei (= Verwender) vorformulierte Vertragsbedingungen, die für eine Vielzahl von Vertragsabschlüssen erstellt worden sind. Dazu zählen auch Formularverträge[43] – sogar dann, wenn der Verwender diese nur einmalig gebraucht – zumal sie von ihrer Zweckbestimmung her dazu bestimmt sind, in einer Vielzahl von Einzelverträgen Verwendung zu finden. Bei sog. „Verbraucherverträgen (Definition in § 310 III) gelten die Schutzvorschriften der §§ 305 ff. auch dann, wenn die vorformulierten Vertragsbedingungen nur zur einmaligen Verwendung bestimmt sind und der Verbraucher aufgrund der Vorformulierung auf ihren Inhalt keinen Einfluss nehmen konnte. Außerdem „gelten"[44] die AGB als vom Unternehmer gestellt. Es spielt keine Rolle, ob der Verwender selbst, ein Interessenverband oder ein Dritter sie aufgesetzt hat, ob sie äußerlich einen gesonderten Vertragsbestandteil bilden, hand- oder maschinenschriftlich erstellt wurden (vgl. § 305 I 2 AGBG). Sind die Vertragsbedingungen nicht einseitig vom Verwender auferlegt worden, sondern stellen sie das Ergebnis beiderseitiger Vertragsverhandlungen dar, verbietet sich die Annahme von AGB (§ 305 I 3).

AGB sind keine Rechtsnormen, ihre Geltung beruht immer auf einer rechtsgeschäftlichen Grundlage.

II. Anwendungsbereich

Der **sachliche Anwendungsbereich** der Verbraucherschutzvorschriften (§§ 305–310) ist gem. § 310 IV auf schuldrechtliche und sachenrechtliche Verträge beschränkt. Neben Verträgen des Familienrechts und des Erbrechts sind auch Verträge des Gesellschaftsrechts ausgenommen; Gleiches gilt für das kollektive Arbeitsrecht. Arbeitsverträge unterliegen grundsätzlich der AGB-Prüfung.

Hinsichtlich des **persönlichen Anwendungsbereichs** finden die §§ 305 II, III und 308 sowie 309 gegenüber einem Unternehmer sowie gegenüber juristischen Personen des öffentlichen Rechts keine Anwendung (vgl. § 310 I 1).[45]

---

43 Beispiel: Miet-Formularverträge (von den einzelnen Interessenverbänden erstellt, wie z. B. Mieterverein oder „Haus- und Grund"/Vermieterverein), Kauf-Formularverträge (ADAC, Versicherungen, Banken, Händler haben diese ausgearbeitet) u. a.
44 = Fiktion (Annahme eines Sachverhalts, der in Wirklichkeit nicht besteht).
45 § 307 gilt unmittelbar. § 308 ist übertragbar, und die Verbote des § 309 sind eine Konkretisierung des § 307 II Nr. 1 und 2.

Vertragsbedingungen können nur dann nach den §§ 305–310 beurteilt werden, wenn es sich um echte AGB i. S. v. § 305 I handelt, wobei ggf. § 306 a (Umgehungsverbot[46]) zu beachten ist.

III. AGB als Vertragsbestandteil

Die Einbeziehungsvereinbarung ist ein Teil des Vertrages und setzt voraus,

1. dass der Verwender die andere Vertragspartei bei Vertragsschluss ausdrücklich (schriftlich oder mündlich) auf die AGB hinweisen muss.[47] Ausnahmsweise genügt ein deutlich sichtbarer Aushang am Ort des Vertragsschlusses (§ 305 II Nr. 1),[48]
2. der Vertragspartner in zumutbarer Weise von dem Inhalt der AGB Kenntnis nehmen kann (§ 305 II Nr. 2). Bei Abwesenden müssen die AGB diesen zugesandt werden, für Anwesende müssen sie mühelos lesbar und verständlich sein und dass
3. der Vertragspartner mit der Geltung der AGB einverstanden sein muss (§ 305 II a. E.). Das Einverständnis kann ausdrücklich oder konkludent erklärt werden.

Sofern ein Vertragsabschluss über das Internet erfolgt, muss der Verwender seine AGB unmittelbar und unübersehbar **vor** dem Anklicken der konkreten Bestellung platzieren. Es genügt nicht die Erwähnung der AGB im Hauptmenue auf der Homepage des Anbieters.[49] Der Kunde muss die Möglichkeit haben, sich die AGB durch „Download" zu kopieren.

Selbst wenn die in § 305 II genannten Voraussetzungen erfüllt sind, sind die AGB dennoch nicht Vertragsbestandteil geworden, soweit es sich um Überraschungsklauseln i. S. v. § 305 c I[50] handelt, oder wenn die AGB zu einer vertraglichen Individualabrede in Widerspruch stehen (§ 305 b).

---

46 Das in § 306 a normierte Umgehungsverbot soll verhindern, dass „findige" Verwender Wege suchen, die Verbraucherschutzvorschriften der §§ 305 ff. zu umgehen; so z. B., wenn der Warenumsatz nicht durch einen Kauf-, sondern durch einen Gesellschaftsvertrag – auf den die §§ 305 ff. (vgl. § 310 IV) keine Anwendung finden – geregelt wird. Die §§ 305 ff. greifen hier – schon allein bei Vorliegen des objektiven Tatbestandes – ein.

47 Ein **nach** Vertragsschluss erfolgter Hinweis – z. B. auf der Rechnung oder dem Lieferschein – genügt nicht. Hierbei handelt es sich vielmehr um einen Antrag auf Vertragsänderung, den der Vertragspartner nicht anzunehmen braucht.

48 So bei den konkludent geschlossenen Massenverträgen des täglichen Lebens, wo ein ausdrücklicher Hinweis in der Praxis kaum möglich ist bzw. eine unverhältnismäßige und im Grunde überflüssige Erschwerung der Massenabfertigung darstellen würde: Kino, Kfz-Waschanlage, chemische Reinigung, Selbstbedienungsladen, Kaufhaus u. a.

49 KITTNER, Rn. 833

50 Hierbei handelt es sich um eine Klausel, die derart ungewöhnlich ist, dass der Geschäftsgegner mit ihr unter gar keinen Umständen zu rechnen brauchte; Beispiele bei PALANDT/HEINRICHS, § 3 AGBG Rn.4 ff. Da die – bisher im AGBG befindlichen – Vorschriften inhaltlich nicht geändert wurden, kann auf die bisherige Kommentierung bzw. Rechtsprechung verwiesen werden.

IV. Wirksamkeitskontrolle

Die Inhaltskontrolle von AGB nach den §§ 307–309 (durch die Gerichte) soll der Überprüfung „vertraglicher rechtlicher" Regelungen[51] dienen. Daraus ergeben sich zwei Einschränkungen, die im Wortlaut von § 307 III nur ungenau zum Ausdruck kommen:

– Von einer „vertraglichen Regelung" kann man nicht sprechen, wenn AGB lediglich den Gesetzestext, ggf. nur sinngemäß, wiederholen. Die §§ 307–309 gelten in diesem Fall nicht, da sie nicht dazu dienen sollen, den Inhalt von Gesetzesvorschriften zu überprüfen![52]

– Eine „rechtliche" Regelung liegt nicht vor, wenn die AGB die jeweiligen Vertragsleistungen nur tatsächlich beschreiben.[53]

Sog. „Leistungsbeschreibungen", die Art, Umfang und Güte der geschuldeten Leistung festlegen, aber die für die Leistung selbst geltenden gesetzlichen Vorschriften unberührt lassen, sind ebenfalls der Inhaltskontrolle entzogen.

Beispiele sind Baubeschreibungen, Kataloge, Prospekte u. a.

Die Kontrolle von AGB nach den §§ 307–309 ist nur angebracht und möglich, soweit durch AGB-Klauseln dispositives Recht ausgeschlossen, geändert oder ergänzt werden soll.

1. Klauselverbote ohne Wertungsmöglichkeit, § 309

Die in dieser Vorschrift genannten Klauseln sind zwingend unwirksam.

2. Klauselverbote mit Wertungsmöglichkeit, § 308

Für die in § 308 genannten Verbote ist charakteristisch, dass sie „unbestimmte Rechtsbegriffe" (z. B. Nr. 1 und Nr. 2: „unangemessen lange", Nr. 3: „sachlich gerechtfertigter . . . Grund") enthalten. Diese sind also inhaltlich nicht durch einen fest umschriebenen Sachverhalt erfüllt, sondern bedürfen bei der Rechtsanwendung in einem konkreten Fall einer Wertausfüllung.[54]

3. Generalklausel, § 307 I und II

Sofern eine Klausel nicht nach § 309 oder § 308 unwirksam ist, kann sich die Unwirksamkeit aus dem Auffangtatbestand des § 307 I oder II ergeben. Diese Vorschrift legt den Wertmaßstab für die richterliche Inhaltskontrolle von AGB fest mit dem Ziel, dass niemand durch das „Kleingedruckte" unangemessen benachteiligt werden darf. Eine solche Benachteiligung liegt vor, wenn die Klausel von ihrem Regelungsgehalt her mit den Grundsätzen von Treu und Glauben (§ 242)

---

51 Vgl. Jauernig/Teichmann, § 8 AGBG Anm. 1 a.
52 Siehe Palandt/Heinrichs, § 8 AGBG Rn. 6.
53 Vgl. Jauernig/Teichmann, § 8 AGBG Anm. 1 b.
54 Interessante Beispiele in Palandt/Heinrichs, § 10 AGBG Rn. 4, 7, 11, 16.

unvereinbar ist und den Vertragspartner unangemessen benachteiligt (§ 307 I). In § 307 II erfolgt eine gewisse Konkretisierung der Generalklausel durch Regelbeispiele.

Bei „Verbraucherverträgen" i. S. d. § 310 III sind bei der Beurteilung der unangemessenen Benachteiligung auch die speziellen Umstände bei Vertragsschluss zu berücksichtigen (§ 310 III Nr. 3).

V. Rechtsfolgen der Nichteinbeziehung oder Unwirksamkeit, § 306

Sind AGB nicht wirksam in den Vertrag einbezogen worden (§§ 305 II, 305 a, 305 b) oder haben sich einzelne Klauseln als unwirksam erwiesen (§§ 309, 308, 307), so bleibt gem. § 306 I der Vertrag grundsätzlich wirksam. An die Stelle der unwirksamen Klausel treten die gesetzlichen Regelungen (§ 306 II) – es sei denn, dies würde zu einer unzumutbaren Härte für eine Vertragspartei führen. In diesem Fall entfällt ausnahmsweise der gesamte Vertrag (§ 306 III).

VI. Besonderheiten beim Verbrauchsgüterkauf

Das Kaufrecht ist aufgrund der Vorgaben der Verbrauchsgüterkauf-Richtlinie[55] seit 1. 1. 2002 für den gewerblichen Verkauf von Waren an Verbraucher künftig weitgehend zwingend (vgl. §§ 475, 651). Es kann also weder durch Individualvereinbarung noch erst recht durch AGB abgeändert werden. Vor allem der Haftungsausschluss bei Mängeln neu hergestellter Sachen und Werkleistungen (§ 309 Nr. 8 b) ist bei einem Verbrauchsgüterkaufvertrag (**von** einem Unternehmer **an** einen Verbraucher, vgl. § 474) nicht mehr zu Lasten des Verbrauchers dispositiv – mit Ausnahme des Anspruchs auf Schadensersatz (vgl. § 475). Es handelt sich hierbei vor allem um die Regelungsgegenstände des Sachmängelbegriffs, der Gewährleistungsrechte (außer Schadensersatz), der Gewährleistungsfrist für Gewährleistungsrechte (mit v. g. Ausnahme) sowie Formalanforderungen an vertragsbegleitende Garantien. Regelungen zum Schadensersatz sowie Regelungen außerhalb des Gewährleistungsrechts – z. B. Verzug oder Unmöglichkeit – sind im Rahmen der §§ 307–309 auch bei einem Verbrauchsgüterkauf möglich.

---

55 Vom 25. 5. 1999 (1999/44/EG).

Prüfung von AGB-Klauseln:

⇒ Wird ein bestehender Anspruch durch eine AGB-Klausel eingeschränkt oder ausgeschlossen?

⇒ Verstößt die AGB-Klausel gegen die Verbraucherschutzvorschriften der §§ 305–310?

I. Es muss sich um **AGB i. S. v. § 305 I** handeln, d. h.
   1. vorformulierte Vertragsbedingungen,
   2. für eine Vielzahl von Verträgen,
   3. die einseitig vom Verwender der anderen Vertragspartei gestellt worden sind und
   4. sich nicht als das Ergebnis beiderseitiger Vertragsverhandlungen darstellen (§ 305 I 3)

II. **Kein Ausschluss der Anwendbarkeit nach § 310**

III. Die AGB müssen durch **Einbeziehung** Bestandteil des Einzelvertrages geworden sein. Gem. § 305 II ist dazu erforderlich, dass
   1. der Verwender ausdrücklich auf die zugrunde gelegten Vertragsbedingungen hingewiesen hat (ausnahmsweise genügt ein Hinweis auf einen Aushang – z. B. in Banken),
   2. der anderen Vertragspartei die Möglichkeit gegeben worden ist, in zumutbarer Weise vom Inhalt der AGB Kenntnis zu nehmen (z. B. Abdruck der AGB auf den Rückseiten des Vertrages),
   3. die andere Vertragspartei sich mit der Geltung der AGB einverstanden erklärt hat,
   4. es sich nicht um Überraschungsklauseln im Sinne einer Überrumpelung oder Übertölpelung des Vertragsgegners handelt (§ 305 c) und
   5. die AGB nicht im Widerspruch zu einer vertraglichen Individualabrede stehen (§ 305 b)

IV. **Wirksamkeit der AGB**
   1. Klauselverbote ohne Wertungsmöglichkeit, § 309
   2. Klauselverbote mit Wertungsmöglichkeit, § 308
   3. Allgemeines Klauselverbot, § 307

Juristische Personen des öffentlichen Rechts/kaufmännischer Geschäftsbereich: § 307 gilt unmittelbar; § 308 ist übertragbar; Verbote des § 309 sind Konkretisierung des § 307 II Nr. 1 und 2.

V. **Rechtsfolgen fehlender Einbeziehung oder Unwirksamkeit**
   1. Grundsätzlich bleibt der Vertrag auch angesichts fehlender Einbeziehung oder Unwirksamkeit einer Klausel wirksam (§ 306 I)
   2. Die gesetzlichen Vorschriften treten dann an die Stelle der entfallenden Klausel (§ 306 II)
   3. Nur wenn die Anwendung der gesetzlichen Vorschriften anstelle der entfallenden Klauseln zu einer unzumutbaren Härte für eine Vertragspartei führt, entfällt der gesamte Vertrag (§ 306 III)

Fall 6: Die defekte Heizung

Schwerpunkte:
Gewährleistungsrechte beim Werkvertrag – Abtretung – Forderungsübergang – gesetzlicher Schadensersatzanspruch – Aufrechnung

Die Stadt B lässt in das Gewächshaus ihres Palmengartens Mitte Oktober eine neue Heizungsanlage vom Ein-Mann-Unternehmen U einbauen. Aufgrund fehlerhafter Installation funktioniert diese allerdings nicht. Die – sehr empfindlichen – Pflanzen drohen einzugehen.

Aufgabe 1: Kann B von U Nacherfüllung verlangen?

U wird von B am 20.10. zur Nacherfüllung binnen vier Tagen aufgefordert. Allerdings wurde U zwischenzeitlich in einen Verkehrsunfall verwickelt, liegt unverschuldet im Krankenhaus und ist zwei Wochen arbeitsunfähig.

Aufgabe 2: B will die Heizung auf Kosten des U reparieren lassen und fordert von ihm einen Vorschuss von 500 €. Zu Recht?

Nachdem U im November endlich die Heizung zum Funktionieren gebracht hat, stellt sich heraus, dass diese zu klein dimensioniert ist. B fordert deshalb U auf, bis spätestens 1. 12. die Heizungsanlage „nachzurüsten". U lässt auch diese Frist verstreichen. Am 3. 12. schreibt B an U, dass sie sich „für seine Leistungen bedanke" und lieber von einem anderen Heizungsbauer die Heizung „in Ordnung bringen" lasse, damit im Gewächshaus endlich die entsprechenden Temperaturen vorherrschen. Sie habe einen Sachverständigen eingeschaltet, der der Ansicht sei, dass dem U der geforderte Werklohn in Höhe von 10 000 € nicht zustehe. Der Wert der mangelhaften Heizungsanlage betrage nur 8 000 €, der einer richtig dimensionierten sei mit 11 000 € anzusetzen.

Aufgabe 3: Kann B den Werklohn mindern?

Während der Anfang Dezember plötzlich einsetzenden Frostperiode erfrieren Pflanzen im Wert von 2 000 €, da die Heizung nicht die richtige Leistung (Temperatur) gebracht hat.

Aufgabe 4: Kann B von U diesen Schaden ersetzt verlangen?

Nachdem U wieder genesen ist, spricht er beim zuständigen Sachbearbeiter Amtmann A in der Stadtverwaltung vor.

Zum einen legt er eine vom Schreibwarenhändler S ausgestellte Urkunde bei, in welcher S erklärte, er trete einen Kaufpreiszahlungsanspruch aus der Lieferung von Büromaterial an die Stadt B in Höhe von 4 000 € an U ab. S ist ein Schreibwarenhändler, mit dem sowohl die Stadt B als auch der U Geschäftsbeziehungen unterhalten.

Zum anderen verlangt U Bezahlung seiner Werklohnforderung. A entgegnet, für eine solch mangelhafte Leistung würde die Stadt keinen Cent bezahlen. Darüber erbost, versetzt U dem A einen Schlag ins Gesicht. A erleidet dadurch einen Kieferbruch. Die Stadt B zahlt ihm während der sechswöchigen Dienstunfähigkeit 4 000 € an Dienstbezügen. Da die Verletzung des A als Dienstunfall zu beurteilen war, zahlt die Stadt B ferner für A Heilungskosten in Höhe von 1 500 €.

Aufgabe 5: Stehen der Stadt B gegen U Ansprüche für die für sechs Wochen gezahlten Dienstbezüge und Heilungskosten (insgesamt 5 500 €) zu? Die Stadt beruft sich darauf, dass sich U gegenüber A schadensersatzpflichtig gemacht habe. Nach den gesetzlichen Bestimmungen seien diese Ersatzansprüche auf die Stadt B übergegangen. Hat U gegen die Stadt B einen Zahlungsanspruch in Höhe von 4 000 € aus der durch S abgetretenen Kaufpreisforderung?

Kann die Stadt B ggf. gegen diese Forderung aufrechnen?

Fall 6: Prüfschema/Lösungsskizze

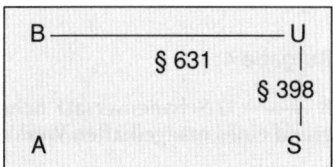

Aufgabe 1:

B ──→ U Nacherfüllung gem. §§ 634 Nr. 1, 635 I, 633 II 2 Nr. 2

1. Werkvertrag i. S. d. § 631 (+)
2. Sachmangel gem. § 633 II 2 Nr. 2 (+)
3. Kein Haftungsausschluss durch Vertrag oder Gesetz (+)
4. Kein Verweigerungsrecht des Unternehmers nach § 635 III (+)

Ergebnis: B ──→ U Nacherfüllung gem. §§ 634 Nr. 1, 635 I, 633 II 2 Nr. 2 (+). Wahlrecht des U: Beseitigung des Mangels oder Herstellung eines neuen Werks

Aufgabe 2:

B ──→ U Vorschuss hinsichtlich der Aufwendungen für die Selbstvornahme gem. §§ 634 Nr. 2, 637 I, III

1. Werkvertrag i. S. d. § 631 (+)
2. Sachmangel i. S. d. § 633 II 2 Nr. 2 (+)

3. Erfolgloses Verstreichen einer angemessenen Frist zur Nacherfüllung,
   § 637 I (+)
4. Vorschuss für erforderliche Aufwendungen zur Mängelbeseitigung,
   § 637 III (+)

Ergebnis: B $\longrightarrow$ U Vorschuss hinsichtlich der Aufwendungen für die Selbstvornahme gem. §§ 634 Nr. 2, 637 I, III (+); Umfang: 500 €

Aufgabe 3:

B $\longrightarrow$ U Minderungsrecht gem. §§ 634 Nr. 3, 2. Alt., 633 II 2 Nr. 2, 638 I

1. Werkvertrag (+)
2. Sachmangel (+)
3. Gem. § 638 („statt zurückzutreten"):
   Voraussetzungen des Rücktritts (+)
   erfolgloses Verstreichen einer angemessenen Frist zur Nacherfüllung
   (§§ 634 Nr. 3, 1. Alt., 323 I)
4. Erklärung der Minderung, § 638 I 1 (+)

Ergebnis: B $\longrightarrow$ U Minderungsrecht gem. §§ 634 Nr. 3, 2. Alt., 633 II 2 Nr. 2,
638 I (+)

$$\text{geminderter Werklohn} = \frac{\text{Istwert x vereinbarter Preis}}{\text{Sollwert}}$$

Aufgabe 4:

**B $\longrightarrow$ U Schadensersatz neben der Leistung bei Mangelfolgeschaden (auf-
grund eines mangelhaften Werks) gem. §§ 634 Nr. 4, 1. Alt., 280 I**

1. Werkvertrag (+)
2. Sachmangel (+)
3. Unternehmer (Schuldner) muss den Mangel zu vertreten haben, § 280 I 2
   i. V. m. § 276 (+)
4. Schaden beim Besteller (+)

Ergebnis: B $\longrightarrow$ U Schadensersatz neben der Leistung bei
Mangelfolgeschaden (aufgrund eines mangelhaften Werks) gem.
§§ 634 Nr. 4, 1. Alt., 280 I (+)

Aufgabe 5:

I. B $\longrightarrow$ U Schadensersatz gem. § 103 S. 1 HBG[1], § 823 I

1. Körperliche Verletzung eines Beamten (+)

---

1 § 103 HBG hat folgenden Wortlaut: „Wird ein Beamter oder Versorgungsberechtigter oder einer ih-
rer Angehörigen verletzt oder getötet, so geht ein gesetzlicher Schadenersatzanspruch, der diesen
Personen infolge der Körperverletzung oder der Tötung gegen einen Dritten zusteht, insoweit auf den
Dienstherrn über, als dieser während einer auf der Körperverletzung beruhenden Aufhebung der
Dienstfähigkeit oder infolge der Körperverletzung oder der Tötung zur Gewährung von Leistungen
(Fortsetzung Fußnote 1 s. S. 139)

2. Gewährung von Leistungen des Dienstherrn während der auf der Körperverletzung beruhenden Dienstunfähigkeit (+)
3. gesetzlicher Schadensersatzanspruch des A gegen einen Dritten (infolge der Körperverletzung) – § 823 I
   a) Tatbestandsmäßigkeit der Handlung des U (+)
      Verletzung eines der in § 823 I genannten Rechtsgüter, hier: Körper, Gesundheit
      Ursächlichkeit der Handlung für die Rechtsgutsverletzung
   b) Rechtswidrigkeit (+)
   c) Verschulden (+)
   d) Schaden (+)

Ergebnis: B ⟶ U Schadensersatz gem. § 103 S. 1 HBG, § 823 I BGB (+)
(Der gesetzliche Schadensersatzanspruch des A gegen U ist in Höhe von 5 500 € auf den Dienstherrn übergegangen.)

II. U ⟶ B Zahlung von 4 000 € gem. § 433 II i. V. m. § 398

1. Kaufpreisanspruch S ⟶ B gem. § 433 II (+)
2. Abtretung des Anspruchs von S an U gem. § 398
   a) S = Inhaber der Forderung (+)
   b) Abtretungsvertrag zwischen S und U (+)

Ergebnis: U ⟶ B Zahlung von 4 000 € gem. § 433 II i. V. m. § 398 (+)

III. Aufrechnung

1. Voraussetzungen der Aufrechnung durch B gem. § 387[2]
   a) Gegenseitigkeit der Forderungen
      aa) B ⟶ U Anspruch auf Zahlung von 5 500 € (+)
      bb) U ⟶ B Anspruch auf Zahlung von 4 000 € (+)
   b) Gleichartigkeit der Forderungen (+)
      Geldschuld
   c) Fälligkeit, § 271 (+)
2. Erklärung der Aufrechnung – § 388 (+)
3. Wirkung der Aufrechnung – § 389: Erlöschen der Forderungen in Höhe von 4 000 € (+)

Ergebnis: Aufrechnung seitens B (+)

Die Ansprüche sind in Höhe von 4 000 € erloschen. B kann von U noch 1 500 € fordern.

---

verpflichtet ist. Satz 1 gilt sinngemäß für gesetzliche Schadenersatzansprüche wegen der Beschädigung, Zerstörung oder Wegnahme von Heilmitteln, Hilfsmitteln oder Körperersatzstücken. Ist eine Versorgungskasse zur Gewährung der Versorgung verpflichtet, so geht der Anspruch auf sie über. Der Übergang des Anspruchs kann nicht zum Nachteil des Verletzten oder der Hinterbliebenen geltend gemacht werden."
Diese Vorschrift ist ein Beispiel für einen Forderungsübergang in der öffentlichen Verwaltung. Im Allgemeinen sind Arbeitnehmer tarifvertraglich verpflichtet, Schadensersatzansprüche gegen Dritte, die zu ihrer Dienstunfähigkeit geführt haben, an den Arbeitgeber gem. § 398 abzutreten.

2 Aufrechnungsverbote gem. § 393 bzw. § 395 liegen hier nicht vor, da die Stadt B aufrechnet und z. B. nicht „gegen" eine Forderung aus unerlaubter Handlung die Aufrechnung erklärt.

Fall 6: Ausarbeitung (Gutachten)

Aufgabe 1:

B könnte gegenüber U einen Anspruch auf Nacherfüllung gem. §§ 634 Nr. 1, 635 I, 633 II 2 Nr. 2 haben.

1. Voraussetzung hierfür ist, dass ein Werkvertrag zwischen B und U zustande gekommen ist. Erforderlich sind zwei übereinstimmende Willenserklärungen. B und U haben sich über den Einbau einer neuen Heizungsanlage für das Gewächshaus des Palmengartens geeinigt; folglich liegt ein Werkvertrag i. S. d. § 631 vor.

2. Die Heizungsanlage müsste mangelhaft sein. Hauptkriterium der Beurteilung der Mängelfreiheit eines Werks ist die vereinbarte Beschaffenheit (§ 633 II 1). Zwischen U und B wurde keine Beschaffenheitsvereinbarung getroffen. *Deshalb ist – nachrangig – die Eignung für die nach dem Vertrag vorausgesetzte Verwendung relevant (§ 633 II Nr. 1).* Aus dem Inhalt des Vertrags lässt sich kein konkreter Verwendungszweck entnehmen. *Das Werk ist dann frei von Sachmängeln, wenn es sich für den gewöhnlichen Verwendungszweck eignet (§ 633 II 2 Nr. 2).* Es ist davon auszugehen, dass die Vertragsparteien den Zweck zugrunde gelegt haben, der üblicherweise mit einem Geschäft dieser Art verfolgt wird. *Das Werk muss außerdem eine Beschaffenheit aufweisen, die bei Werken gleicher Art üblich ist und die der Besteller nach der Art des Werks erwarten kann.* Die gewöhnliche Verwendung einer Heizungsanlage besteht darin, die entsprechenden Räumlichkeiten zu erwärmen. Eine nicht funktionierende Heizung eignet sich hierfür nicht und ist deshalb mangelhaft nach § 633 II 2 Nr. 2.

3. Die Haftung des U ist weder vertraglich (vgl. § 639) noch gesetzlich (vgl. § 640 II) ausgeschlossen.

Somit kann U nach seiner Wahl gem. § 635 I den Mangel beseitigen oder eine neue Heizungsanlage einbauen.

4. Der Nacherfüllungsanspruch wäre ausgeschlossen, wenn die Beseitigung des Mangels objektiv unmöglich ist oder der hierfür erforderliche Aufwand in einem groben Missverhältnis zu dem Leistungshindernis des Unternehmers steht (vgl. § 635 III). Hierfür gibt der Sachverhalt keine Anhaltspunkte.

Somit steht B gegenüber U ein Anspruch auf Nacherfüllung gem. §§ 634 Nr. 1, 635 I, 1. Alt., 633 II 2 Nr. 2 zu.

U kann entweder den Mangel beseitigen oder ein neues Werk herstellen (Wahlrecht nach § 635 I). Es ist davon auszugehen, dass U eine Nacherfüllung möglich ist und U von dem Mangelbeseitigungsrecht Gebrauch machen wird.

Aufgabe 2:

B könnte von U einen Vorschuss hinsichtlich der Aufwendungen für die Selbstvornahme gem. §§ 634 Nr. 2, 637 I, III verlangen.

1. und 2. Wie bei Aufgabe 1 bereits geprüft, liegen die Voraussetzungen des Werkvertrags und des Sachmangels vor.

3. Nach *§ 637 I müsste B dem U eine angemessene Frist zur Nacherfüllung gesetzt haben, und diese Frist müsste erfolglos abgelaufen sein.* B hat den U zur Nachbesserung binnen vier Tagen aufgefordert. Diese Frist ist bei einer nicht funktionierenden Heizung im Gewächshaus, in dem sich empfindliche Pflanzen befinden, angemessen. U hat die Frist erfolglos verstreichen lassen.[3] Folglich sind die Voraussetzungen des § 637 I gegeben.

4. B hat somit gegen U grundsätzlich einen Anspruch auf Ersatz der Reparaturkosten. *Die Aufwendungen müssten nach § 637 zur Mängelbeseitigung erforderlich sein (§ 637 I).*

Bereits vor der Reparatur kann B von U nach § 637 III einen Kostenvorschuss verlangen. 500 € erscheinen in Anbetracht der nicht funktionierenden Heizung angemessen.

Somit kann B von U einen Vorschuss in Höhe von 500 € für die zur Beseitigung des Mangels erforderlichen Aufwendungen gem. §§ 634 Nr. 2, 637 I, III verlangen.

Aufgabe 3:

Ein Minderungsrecht des B gegenüber U könnte sich aus §§ 634 Nr. 3, 2. Alt., 633 II 2 Nr. 2, 638 I ergeben.

1. und 2. Bereits im Rahmen der Aufgabe 1 wurde festgestellt, dass ein Werkvertrag zwischen U und B über ein Werk mit einem behebbaren Mangel besteht.

3. Wie aus dem Wortlaut des § 638 („statt zurückzutreten") folgt, müssen für das Minderungsrecht die Voraussetzungen für ein Rücktrittsrecht erfüllt sein. Diese ergeben sich aus § 323.

Nach § 323 I muss der Gläubiger dem Schuldner – wenn dieser eine Leistung nicht vertragsgemäß erbracht hat – eine angemessene Frist zur Nacherfüllung gesetzt haben. Die Frist muss erfolglos verstrichen sein. B hat den U wiederholt (am 20. 10. und schließlich mit der Frist per 1.12.) aufgefordert, die Leistung endlich vertragsgemäß zu erbringen. Bis 1.12. hat es U nicht erreicht, dass die Heizungsanlage die entsprechende Erwärmung des Gewächshauses leistet, sodass die – in Anbetracht der recht langen Zeitspanne auch angemessene – Frist erfolglos abgelaufen ist.[4]

---

3 Auf ein Verschulden des U, der mehrere Wochen im Krankenhaus liegt, kommt es nicht an.
4 Die Pflichtverletzung muss – im Gegensatz zum Rücktrittsrecht – nicht erheblich sein, da nach § 638 I 2 die Vorschrift des § 323 V 2 keine Anwendung findet.

4. *B müsste die Minderung gegenüber U gem. § 638 I 1 erklärt haben.* Dies geschah durch das Schreiben der B vom 3. 12.

Folglich steht B gegenüber U ein Minderungsrecht gem. §§ 634 Nr. 3, 2. Alt., 633 II 2 Nr. 2, 638 I zu.

Der geminderte Werklohn wird wie folgt berechnet:

$$\frac{\text{Istwert 8 000 € x vereinbarter Preis 10 000 €}}{\text{Sollwert (Wert des mangelfreien Werks) 11 000 €}} = 7\,272{,}72\;\text{€}$$

Die Stadt B muss somit 7 272,72 € Werklohn an U zahlen.

Aufgabe 4:

B könnte von U Schadensersatz neben der Leistung (als Mangelfolgeschaden) gem. §§ 634 Nr. 4, 1. Alt., 280 I verlangen.

1., 2. Zwischen B und U besteht ein Werkvertrag (siehe oben, Aufgabe 1). U hat durch die Lieferung einer mangelhaften Sache seine Pflicht aus §§ 631 I verletzt.

3. *Diese Pflichtverletzung müsste U zu vertreten haben. Gem. §§ 280 I 2, 276 I hat der Schuldner Vorsatz oder Fahrlässigkeit zu vertreten, sofern nicht ein anderer Haftungsmaßstab relevant ist. Fahrlässig handelt, wer die im Verkehr erforderliche Sorgfalt außer Acht lässt (§ 276 II).* Ein Verschulden des Schuldners (hier: des U) wird grundsätzlich vermutet, es sei denn, er trägt Tatsachen vor, die ihn entlasten. U führt allerdings keine Tatsachen an, die sein Verschulden ausschließen.

4. *Durch die Pflichtverletzung müsste beim Gläubiger ein Schaden entstanden sein.* Im Gewächshaus sind Pflanzen im Gesamtwert von 2 000 € aufgrund der nicht richtig funktionierenden Heizungsanlage erfroren; folglich hat die Stadt B einen Vermögensschaden erlitten.

Nach allem kann B von U Schadensersatz für die erfrorenen Pflanzen verlangen. Der Umfang des zu ersetzenden Schadens ergibt sich aus §§ 249 ff. U muss also den Zustand herstellen, der vor dem schädigenden Ereignis (Heizungsausfall) bestand. Bei Verletzung des Eigentums kann die Gläubigerin nach § 249 S. 2 statt der Herstellung den erforderlichen Geldbetrag, d. h. Kosten für den Kauf neuer Pflanzen in Höhe von 2 000 €, vom Schuldner U verlangen.

Aufgabe 5:

I. Außerdem könnte B gegenüber U den auf den Dienstherrn übergegangenen gesetzlichen Schadensersatzanspruch des A gem. § 103 S. 1 HBG i. V. m. § 823 I geltend machen.

1. *Zunächst muss ein Beamter körperlich verletzt worden sein.* Durch den Schlag, den der erboste U dem Amtmann A der Stadt ins Gesicht versetzte, erlitt A einen Kieferbruch und somit eine Körperverletzung. Dies bedingte eine sechswöchige Dienstunfähigkeit.

2. *Die Stadt B muss während der auf der Körperverletzung beruhenden Dienstunfähigkeit dem Amtmann zur Gewährung von Leistungen verpflichtet gewesen sein.* Während des genannten Zeitraumes war die Stadt nach § 3 BBesG zur Weitergewährung der Bezüge (A 12) in Höhe von insgesamt 4 000 € und, da es sich um einen Dienstunfall i. S. d. § 31 I 1 BeamtVG handelte, auch zur Zahlung der Heilkosten nach § 33 I BeamtVG (1 500 €) verpflichtet.

3. Sofern A einen gesetzlichen Schadensersatzanspruch gegen den Dritten, der die Körperverletzung verursachte (hier: U) hat, geht dieser in Höhe der von der Stadt zu gewährenden Leistungen auf B über (§ 103 S. 1 HBG).

a) *Der gesetzliche Schadensersatzanspruch des A gegen U könnte gem. § 823 I gegeben sein. Dann muss U durch eine Handlung eines der in § 823 I genannten Rechtsgüter kausal verletzt haben.* Durch den Schlag ins Gesicht hat U den Kiefer des A gebrochen und somit dessen Körper verletzt. Die Handlung war ursächlich für diese Rechtsgutsverletzung.

b) *Sie muss außerdem widerrechtlich sein.* Ein Rechtfertigungsgrund liegt nicht vor, sodass U widerrechtlich handelte.

c) *Ferner muss U schuldhaft gehandelt haben.* Nach § 823 I hat der Schuldner Vorsatz und Fahrlässigkeit zu vertreten. U war erbost und versetzte dem A in dieser Gemütsverfassung den Schlag. Er handelte mit Wissen und Wollen, also vorsätzlich.

d) Durch die Rechtsgutsverletzung ist dem A adäquat kausal ein Schaden entstanden.

Somit besteht ein gesetzlicher Schadensersatzanspruch des A gegenüber U, dessen Umfang sich aus § 249 und § 842 ergibt. U muss den Zustand herstellen, der vor dem schädigenden Ereignis, d. h. dem Schlag ins Gesicht, bestand. Bei Verletzung einer Person kann der Gläubiger nach § 249 S. 2 statt der Herstellung den erforderlichen Geldbetrag, d. h. Erstattung der Heilkosten verlangen. Darüber hinaus ist U nach § 842 auch zur Zahlung des Erwerbsausfalls, der Dienstbezüge für die 6 Wochen, verpflichtet.

Die Stadt hat dem A Leistungen in Höhe von insgesamt 5 500 € (4 000 € Dienstbezüge, 1 500 € Heilungskosten) gewährt. Der gesetzliche Schadensersatzanspruch des A gegen U (§ 823 I) geht in dieser Höhe nach § 103 S. 1 HBG auf die B über.

Nach alledem kann B von U gem. § 103 S. 1 HBG i. V. m. § 823 I insgesamt 5 500 € verlangen.

II. U könnte gegen B einen Anspruch auf Zahlung von 4 000 € gem. §§ 433 II i. V. m. 398 haben.

1. *Voraussetzung ist, dass U Inhaber des Kaufpreiszahlungsanspruchs gem. § 433 II geworden ist, den S gegenüber der B hatte.* Dies ist der Fall, wenn die Abtretung des Anspruchs von S an U wirksam ist.

2. *Gem. § 398 S. 1 ist hierfür Voraussetzung, dass S im Zeitpunkt der Abtretung Inhaber der Forderung war und S und U einen Abtretungsvertrag geschlossen ha-*

ben. *S hatte einen Kaufpreiszahlungsanspruch aus der Lieferung von Büromaterial gegen B; er und U haben sich über die Abtretung dieses Anspruchs geeinigt, d. h. zwei übereinstimmende Willenserklärungen abgegeben.* Somit ist U gem. § 398 S. 2 mit Abschluss dieses Vertrages Gläubiger der genannten Forderung geworden.

Ein Anspruch des U gegen B auf Zahlung von 4 000 € ist nach § 433 II i. V. m. § 398 gegeben.

III. Aufrechnung durch B

B könnte mit ihrer gegenüber U bestehenden Forderung gegen die Forderung des U gem. §§ 387 f. aufrechnen.

1. a) Voraussetzung hierfür ist zunächst, dass sich zwei Personen einander Leistungen schulden. Wie oben bereits festgestellt, hat B gegen U einen Anspruch (aus übergegangenem Schadensersatz) auf Zahlung von insgesamt 5 500 €. B wiederum kann von U aus dem abgetretenen Kaufpreisanspruch 4 000 € verlangen. Die Gegenseitigkeit der Forderungen liegt somit vor.

b) *Ferner müssen die Forderungen gleichartig sein.* Da beides Geldschulden (in Euro) sind, ist auch diese Voraussetzung gegeben.

c) *Die Aufrechnung ist allerdings erst dann möglich, sobald die B die ihr gebührende Leistung fordern und die ihr obliegende Leistung bewirken kann; es muss also eine Fälligkeit gegeben sein.* Da weder von B noch von U eine Zeit für die Leistung bestimmt wurde, kann gem. § 271 I der Gläubiger die Leistung sofort verlangen und der Schuldner sie sofort bewirken.

2. Nach § 388 S. 1 erfolgt die Aufrechnung durch Erklärung gegenüber dem anderen Teile. B muss gegenüber U die Aufrechnung erklären.

3. Dies bewirkt gem. § 389, dass die Forderungen in Höhe ihrer betragsmäßigen Übereinstimmung[5], d. h. in Höhe von 4 000 €, erlöschen.

B kann von U noch 1 500 € fordern.

Vertiefung: **Werkvertragsrecht**[6]

Der Werkvertrag ist ein gegenseitiger Vertrag, in dem sich der Unternehmer zur Herstellung des versprochenen Werks und der Besteller zur Entrichtung der vereinbarten Vergütung verpflichtet (§ 631 I).

---

5 „Soweit sie sich decken."
6 Literatur zur Vertiefung: AnwKom/Raab, §§ 631 ff.; Dauner-Lieb/Kitz, Fälle 88–97; Dauner-Lieb u. a./Raab, § 9; Huber/Faust, 18. Kapitel; Lorenz/Riehm, 10. Kapitel, §§ 3, 4; Luther/Bonnmann/Erberich, G.; Marx/Wenglorz, S. 52 ff.; Sklarzik, apf 2002, 1, 12 ff.; Schellhammer, S. 208 ff.; Wenzel/Tschichoflos/Hütte/Helbron, S. 95 ff.; Westermann/Maifeld, S. 251 ff.; Wörlen, Schuldrecht BT, Rn. 216 ff.

I. Allgemeines

Gegenstand des Werkvertrags kann gem. § 631 II die Herstellung oder Veränderung einer Sache als auch ein anderer durch Arbeit oder Dienstleistung herbeizuführender Erfolg sein. Möglich ist die Erbringung eines körperlichen (z. B. Errichtung eines Hauses), geistigen (z. B. Gutachten, Architektenpläne) oder sonstigen Werks (z. B. Konzert, Transport).

Der Werkvertrag ist abzugrenzen vom Dienst- und „Werklieferungsvertrag"[7]:

Beim **Dienstvertrag** (§ 611) wird nur die Erbringung der Arbeitsleistung als solche und nicht ein bestimmter Erfolg geschuldet. Der **„Werklieferungsvertrag"** – der nach § 651 dem Kaufrecht zuzuordnen ist – hat die Lieferung herzustellender oder zu erzeugender beweglicher Sachen zum Inhalt – wobei es unerheblich ist, ob es sich um vertretbare oder unvertretbare Sachen handelt. Bei letztgenannten gelten gem. § 651 S. 3 zusätzlich einige Vorschriften des Werkvertragsrechts, die eine Mitwirkung des Bestellers regeln.

Kosten, die dem eigentlichen Werkvertrag vorausgehen (wie z. B. Kalkulationen, Anfertigung von Modellen), hat gem. § 632 III der Unternehmer zu tragen.

II. Der Begriff des „Mangels" im Werkvertragsrecht

Der Unternehmer muss dem Besteller gem. § 633 I das Werk frei von Sach- und Rechtsmängeln verschaffen. Der Mangelbegriff deckt sich im Grundsatz mit dem des Kaufrechts.[8]

§ 633 II enthält eine dreigliedrige Definition des Sachmangels:

Hauptkriterium der Beurteilung der Mängelfreiheit eines Werks ist die **vereinbarte Beschaffenheit** (§ 633 II 1) – wozu auch die Zusicherung von Eigenschaften zählt. Außerdem kann auch eine Garantie durch den Unternehmer übernommen worden sein, die den Umfang des Vertretenmüssens nach § 276 beeinflusst.

Wenn keine Beschaffenheitsvereinbarung zwischen den Parteien getroffen wurde, ist – nachrangig – die **Eignung für die nach dem Vertrag vorausgesetzte Verwendung** relevant (§ 633 II 2 Nr. 1). Die Verwendungsabsicht muss nicht auf eine explizite vertragliche Vereinbarung zurückgehen, es reicht auch eine konkludente Willensübereinstimmung der Parteien aus.

Lässt sich aus dem Inhalt des Vertrags kein konkreter Verwendungszweck entnehmen, ist das Werk dann frei von Sachmängeln, wenn es sich für den **gewöhnlichen Verwendungszweck** eignet (§ 633 II 2 Nr. 2). Es ist davon auszugehen, dass die Vertragsparteien den Zweck zugrunde gelegt haben, der üblicherweise mit einem Geschäft dieser Art verfolgt wird. Das Werk muss außerdem eine Be-

---

7 So die Bezeichnung der bis 31. 12. 2001 geltenden Sonderregelung (diese betraf den Fall, dass das Werk aus einem vom Unternehmer zu beschaffenden Stoff herzustellen war). Anders als in § 651 a. F. treten die Vorschriften des Werkvertragsrechts neben die Vorschriften des Kaufrechts. Sie ersetzen sie weder ganz noch teilweise.

8 Vgl. PALANDT/SPRAU, Ergänzung, § 633 Rn. 2.

schaffenheit aufweisen, die bei **Werken gleicher Art üblich** ist und die der Besteller **nach der Art des Werkes erwarten kann**.[9]

Im Unterschied zum Kaufrecht bestimmen **Werbeaussagen** nicht die Soll-Beschaffenheit eines Werks.

§ 633 III enthält die Definition des Rechtsmangels, der dann vorliegt, wenn Dritte in Bezug auf das Werk mehr als die im Vertrag übernommenen Rechte gegen den Besteller geltend machen können.[10]

Dem Sachmangel gleichgestellt ist gem. § 633 II 3 auch die Anders- und die Zuweniglieferung.[11]

Es ist für den Eintritt der gesetzlich vorgesehenen Rechtsfolgen unerheblich, ob ein Sach- oder ein Rechtsmangel vorliegt.

III. Ansprüche und Rechte des Bestellers bei mangelhaftem Werk

Bei Vorliegen eines Rechts- oder Sachmangels können dem Besteller nach § 634 i. V. m. dem allgemeinen Schuldrecht folgende Ansprüche bzw. Rechte zustehen:

Nacherfüllung
(Mangelbeseitigung/Herstellung eines neues Werks)
§ 634 Nr. 1 i. V. m. § 635

nach Fristsetzung und erfolglosem Fristablauf verschiedene Möglichkeiten:

Selbstvornahme, Aufwendungs-ersatz nach § 637	Rücktritt nach §§ 323, 326 V	statt Rücktritt: Minderung nach § 638	und/oder Schadensersatz nach §§ 280, 281
§ 634 Nr. 2	§ 634 Nr. 3, 1. Alt. (beachte § 636)	§ 634 Nr. 3, 2. Alt.	§ 634 Nr. 4, 1. Alt. (beachte § 636)
			oder **Ersatz vergeblicher Aufwendungen** § 634 Nr. 4, 2. Alt.

---

9 Die gleiche Regelung findet sich im Kaufrecht: § 434 I 1, 2.
10 Die Fälle des Rechtsmangels finden sich allerdings eher im Kaufrecht – z. B. bei Grundstückskaufverträgen.
11 Vgl. § 434 III im Kaufrecht.

1. Nacherfüllung gem. §§ 634 Nr. 1, 635

Da der Unternehmer nach §§ 631 I, 633 I zur Herstellung eines mangelfreien Werks verpflichtet ist, ist die Mangelfreiheit Teil der primären Leistungspflicht. Bis zur Abnahme trägt der Unternehmer das Risiko, dass die Herstellung misslingt und seine Leistungsbemühungen umsonst sind. Der Besteller hat deshalb bis zur vertragsgemäßen Herstellung des Werks einen Erfüllungsanspruch. Insofern ist der in §§ 634 Nr. 1, 635 normierte Nacherfüllungsanspruch kein besonderer Gewährleistungsanspruch, sondern ein Anspruch auf die nach dem Vertrag geschuldete (Primär-)Leistung.[12] Dem Unternehmer wird die Möglichkeit eingeräumt, anstelle der Mängelbeseitigung ein ganz neues Werk herzustellen. Die Wahl zwischen beiden Alternativen steht gem. § 635 – wegen der größeren Sachkunde – dem Unternehmer zu.[13]

Wenn der Unternehmer von der Möglichkeit, das Werk völlig neu herzustellen, Gebrauch macht, muss der Besteller gem. § 635 IV das mangelhafte Werk nach Maßgabe der Rücktrittsvorschriften (§§ 346–348) herausgeben.

Gem. § 635 II hat der Unternehmer die zum Zweck der Nacherfüllung erforderlichen Aufwendungen (z. B. Transport-, Wege-, Arbeits- und Materialkosten) zu tragen.

Er kann die sog. Unverhältnismäßigkeitseinrede nach § 635 III geltend machen, d. h. der Nacherfüllungsanspruch ist u. a. ausgeschlossen, wenn die Beseitigung des Mangels objektiv unmöglich ist[14] (§ 275 I), oder der hierfür erforderliche Aufwand in einem groben Missverhältnis zu dem Leistungsinteresse des Unternehmers steht.[15]

Die **Nacherfüllung** hat eine **vorrangige Stellung in der Haftungssystematik**: zu den im Folgenden genannten Gewährleistungsrechten kommt man nur, wenn eine angemessene Frist, die der Besteller dem Unternehmer zur Nacherfüllung gesetzt hat, erfolglos abgelaufen ist.

Prüfschema – Anspruch des Bestellers auf Nacherfüllung gem. §§ 634 Nr. 1, 635:

1. Werkvertrag (i. S. d. § 631)
2. Sachmangel (§ 633 II) oder Rechtsmangel (§ 633 III)
3. Kein Haftungsausschluss durch Vertrag (vgl. § 639) oder Gesetz (§ 640 II, §§ 651 S. 2, 442 I 1)
4. Kein Verweigerungsrecht des Unternehmers (§ 635 III)

Rechtsfolge: Wahlrecht des Unternehmers   a) Beseitigung des Mangels **oder**   b) Herstellung eines neuen Werks

---

12 So BT-Drucksache 14/4060, 209, 219 f. zu der Parallelregelung im Kaufrecht.
13 Im Kaufrecht obliegt diese Entscheidung dem Käufer, vgl. § 439.
14 BT-Drucksache 14/4060, 265. Siehe auch DAUNER-LIEB u. a./RAAB, § 9 Rn. 42.
15 Die Rechte des Bestellers bestimmen sich nach den §§ 280, 283 bis 285 und 326 (vgl. § 275 IV).

2. Selbstvornahme gem. §§ 634 Nr. 2, 637

Wenn der Unternehmer dem Nacherfüllungsverlangen des Bestellers nicht nachkommt oder die Nacherfüllung fehlschlägt, kann der Besteller den Mangel selbst beseitigen und seine diesbezüglichen Aufwendungen vom Unternehmer ersetzt verlangen. Es genügt, dass die dem Unternehmer gesetzte Frist zur Nacherfüllung erfolglos abgelaufen ist. Unerheblich ist, ob der Unternehmer die ausgebliebene Nacherfüllung zu vertreten hat oder nicht.

Die Selbstvornahme kann man als Nacherfüllung durch den Besteller selbst ansehen. Dem Besteller steht dieses Recht nur zu, wenn der Nacherfüllungsanspruch noch besteht. Deshalb scheidet eine Selbstvornahme aus, wenn die Herstellung des Werks unmöglich ist oder der Unternehmer die Nacherfüllung (gem. §§ 635 III, 275 II und III) zu Recht verweigert hat (vgl. § 637 I) – so z. B., weil diese einen unverhältnismäßigen Aufwand erfordert.[16]

Indem die Vorschrift des § 637 II 1 auf § 323 II verweist, wird die Fristsetzung u. a. in den Fällen der ernsthaften und endgültigen Leistungsverweigerung, der Termingeschäfte oder der besonderen Rücktrittsgründe entbehrlich.

Der Besteller kann vom Unternehmer nach § 637 III einen Vorschuss für die zur Mangelbeseitigung erforderlichen Aufwendungen verlangen.

Prüfschema – Anspruch des Bestellers auf Ersatz der Aufwendungen für die Selbstvornahme gem. §§ 634 Nr. 2, 637:

1. Werkvertrag (i. S. d. § 631)
2. Sachmangel (§ 633 II) oder Rechtsmangel (§ 633 III)
3. Erfolgloses Verstreichen einer angemessenen Frist zur Nacherfüllung (§ 637)
   Fristsetzung ist entbehrlich
   - bei ernsthafter und endgültiger Erfüllungsverweigerung (§§ 637 II 1, 323 II Nr. 1)
   - bei einem Fixgeschäft (§§ 637 II 1, 323 II Nr. 2)
   - bei einer Rechtfertigung aus besonderem Grund (§§ 637 II 1, 323 II Nr. 3)
   - wenn die Nacherfüllung fehlgeschlagen oder dem Besteller nicht zuzumuten ist (§ 637 II 2)
4. Besteller hatte Aufwendungen zur Mangelbeseitigung
5. Aufwendungen sind zur Mangelbeseitigung erforderlich (Verhältnismäßigkeitsprinzip)
6. Kein Haftungsausschluss durch Vertrag (vgl. § 639) oder Gesetz (§ 640 II, §§ 651 S. 2, 442 I 1)

Rechtsfolge: Ersatz der erforderlichen Aufwendungen

---

16 AnwKom/Raab, § 637 Rn. 4.

3. Rücktritt gem. §§ 634 Nr. 3, 1. Alt., 323, 326 V

Nach Ablauf der dem Unternehmer gesetzten Frist zur Nacherfüllung steht dem Besteller das Recht zum Rücktritt als echtes **Gestaltungsrecht** zu. Der Anspruch auf Rückzahlung eines bereits entrichteten Werklohns (§ 346 I) entsteht mit der Erklärung des Rücktritts nach § 349.

Durch den Rücktritt wird der Unternehmer erheblich belastet, da er den Anspruch auf den Werklohn vollständig verliert und das Werk oft nicht anderweitig verwerten kann. Deshalb ist der Rücktritt nach § 323 V 2 **ausgeschlossen**, wenn die **Pflichtverletzung des Unternehmers** (hier: Mangel des Werks) **unerheblich** ist. Der Besteller kann dann die übrigen Rechte, wie z. B. die Minderung, geltend machen. Ein Ausschluss des Rücktrittsrechts liegt auch vor, wenn der Besteller für den Mangel des Werkes allein oder weit überwiegend verantwortlich ist (§§ 634 Nr. 3, 323 VI).

Prüfschema – Rücktritt bei <u>behebbar</u> mangelhaftem Werk gem. §§ 634 Nr. 3, 1. Alt., 636, 323:

1. Werkvertrag (i. S. d. § 631)
2. Sachmangel (§ 633 II) oder Rechtsmangel (§ 633 III)
3. Erheblichkeit des Mangels (§ 323 V 2)
4. Erfolgloses Verstreichen einer angemessenen Frist zur Nacherfüllung (§§ 634, 1. Alt., 323 I)
   Fristsetzung ist entbehrlich
   • bei ernsthafter und endgültiger Erfüllungsverweigerung (§§ 634 Nr. 3, 1. Alt., 323 II Nr. 1)
   • bei einem Fixgeschäft (§§ 634 Nr. 3, 1. Alt., 323 II Nr. 2)
   • bei einer Rechtfertigung aus besonderem Grund (§§ 634 Nr. 3, 1. Alt., 323 II Nr. 3)
   • wenn die Nacherfüllung fehlgeschlagen oder dem Besteller nicht zuzumuten ist (§ 636, 2. Alt.)
   • wenn der Schuldner nach § 275 I – III nicht zu leisten braucht (§ 326 V)
5. Rücktrittserklärung, § 349
6. Rücktritt ist ausgeschlossen, wenn
   • Gläubiger für den Umstand, der ihn zum Rücktritt berechtigen würde, allein oder weit überwiegend verantwortlich ist (§ 323 VI, 1. Alt.)
   • der vom Schuldner nicht zu vertretende Umstand zu einer Zeit eintritt, zu der der Gläubiger im Annahmeverzug ist (§ 323 VI, 2. Alt.)
   • die Pflichtverletzung unerheblich ist (§ 323 V 2)
7. Kein Ausschluss durch Vertrag (vgl. § 639) oder Gesetz (§ 640 II, §§ 651 S. 2, 442 I 1)

Rechtsfolge: Anspruch aus § 346 I (Zurückgewährung der empfangenen Leistungen)

Bei einem <u>**unbehebbar**</u> mangelhaften Werk ist v. g. Prüfschema ebenfalls anzuwenden; allerdings ist die Fristsetzung (Prüfungspunkt 4) gem. § 326 V entbehrlich.

4. Minderung gem. §§ 634 Nr. 3, 2. Alt., 638

Die Minderung ist ebenfalls als **Gestaltungsrecht** normiert. Da der Besteller nach § 638 I mindern kann „statt zurückzutreten", gelten die vorstehenden Ausführungen zum Rücktritt grundsätzlich auch für die Minderung.

Im Gegensatz zum Rücktritt ist die Minderung auch bei unerheblichen Pflichtverletzungen zulässig, da § 323 V 2 gem. § 638 I 2 keine Anwendung findet.

Damit der Minderungsbetrag möglichst einfach und praktisch berechnet werden kann, sieht § 638 III – wie schon § 441 III – eine sich nach dem Verkehrswert richtende relative Berechnungsmethode vor. Die Vergütung ist in dem Verhältnis herabzusetzen, das dem Verhältnis zwischen dem Wert des mangelfreien Werks und dem wirklichen Wert des Werks (also dem Wert des mangelhaften Werks) entspricht.[17] Die Minderung ist, soweit erforderlich, durch Schätzung zu ermitteln (§ 638 III 2). Wenn der Besteller den Werklohn bereits (ganz oder zum Teil) entrichtet hat, ist der Mehrbetrag nach den Rücktrittsvorschriften zu erstatten (§§ 638 IV, 346 I, 347 I).

Prüfschema – Minderung bei <u>behebbar</u> mangelhaftem Werk gem. §§ 634 Nr. 3, 2. Alt., 638:

1. Werkvertrag (i. S. d. § 631)
2. Sachmangel (§ 633 II) oder Rechtsmangel (§ 633 III)
3. Gem. § 638 („statt zurückzutreten"): **Voraussetzungen des Rücktritts sind erforderlich**:
   erfolgloses Verstreichen einer angemessenen Frist zur Nacherfüllung (§ 634 Nr. 3, 1. Alt., 323 I)
   Fristsetzung ist entbehrlich
   • bei ernsthafter und endgültiger Erfüllungsverweigerung (§§ 634 Nr. 3, 1. Alt., 323 II Nr. 1)
   • bei einem Fixgeschäft (§§ 634 Nr. 3, 1. Alt., 323 II Nr. 2)
   • bei einer Rechtfertigung aus besonderem Grund (§§ 634 Nr. 3, 1. Alt., 323 II Nr. 3)
   • wenn die Nacherfüllung fehlgeschlagen oder dem Besteller nicht zuzumuten ist (§§ 636, 2. Alt.)
4. Erklärung der Minderung, § 638 I 1
5. Minderungsrecht ist ausgeschlossen, wenn
   • Gläubiger für den Umstand, der ihn zur Minderung berechtigen würde, allein oder weit überwiegend verantwortlich ist (§ 323 VI, 1. Alt.)
   • der vom Schuldner nicht zu vertretende Umstand zu einer Zeit eintritt, zu der der Gläubiger im Annahmeverzug ist (§ 323 VI, 2. Alt.)
6. Kein Ausschluss durch Vertrag (vgl. § 639) oder Gesetz (§ 640 II, §§ 651 S. 2, 442 I 1)

Rechtsfolge: Recht aus § 638 I 1 (Minderung der Vergütung)

$$\text{geminderter Werklohn} = \frac{\text{Istwert x vereinbarter Preis}}{\text{Sollwert}}$$

---

17 Wegen Einzelheiten zur Berechnung siehe MEDICUS, Schuldrecht BT, Rn. 55.

Bei einem **unbehebbar mangelhaften Werk** ist v. g. Prüfschema ebenfalls anzuwenden; allerdings ist die Fristsetzung (Prüfungspunkt 3) gem. § 326 V entbehrlich.

5. Schadensersatz gem. §§ 634 Nr. 4, 1. Alt., 636, 280, 281

Das Werkvertragsrecht enthält keine eigenständige Anspruchsgrundlage für den Schadensersatz, sondern verweist (wie § 437 Nr. 3 im Kaufrecht) in § 634 Nr. 3 auf die allgemeinen Vorschriften, insbesondere auf § 280 I.

Ist das Werk mangelhaft, so muss nach § 280 I geprüft werden, ob der Mangel auf einer Pflichtverletzung des Unternehmers beruht, die dieser zu vertreten hat. § 276 I enthält neben der Haftung für Verschulden eine Einstandspflicht des Schuldners für von ihm gegebene Garantien. Übernimmt der Unternehmer diese unbedingte Einstandspflicht für das Vorhandensein bestimmter Eigenschaften des Werks, so haftet er für Schäden, die infolge der nicht vertragsgemäßen Beschaffenheit des Werks entstehen, ohne Rücksicht auf Verschulden.

Die weiteren Voraussetzungen dieses Schadensersatzanspruchs richten sich nach den allgemeinen Vorschriften der §§ 280, 281, 283, 311 a. Nach wie vor ist die Unterscheidung zwischen Mangel- und Mangelfolgeschäden relevant:

Wenn der Besteller Schadensersatz wegen eines Mangels des Werkes verlangt (sog. **Mangelschaden**), macht er einen **Schadensersatzanspruch statt der Leistung** geltend, der nur unter den Voraussetzungen des § 281 I – insbesondere erst nach erfolglosem Ablauf einer Frist zur Nacherfüllung – besteht.

Ansprüche auf Ersatz der **Mangelfolgeschäden** (z. B. Wasserschaden im Keller des Bestellers aufgrund eines fehlerhaft installierten Wasserrohrs) sind gem. § 280 I geltend zu machen, denn sie bestehen **zusätzlich zu dem Erfüllungsanspruch** und **nicht anstelle der Leistung**.[18]

Wenn der Besteller **Schadensersatz statt der Leistung** verlangt, kann unterschieden werden zwischen
- dem **großen Schadenersatzanspruch** (Ersatz des vollen Nichterfüllungsschadens und Rückgabe des mangelhaften Werks). Voraussetzung hierfür: Pflichtverletzung (= Mangel) muss erheblich sein (vgl. § 281 I 3)
  und
- dem **kleinen Schadensersatzanspruch** (Ersatz des infolge der Wertminderung entstandenen Schadens und Besteller muss das mangelhafte Werk behalten).

Gem. § 325 wird das Recht auf Schadensersatz durch den Rücktritt nicht ausgeschlossen.

---

18 Diese Schäden betreffen das Integritäts- und nicht das Äquivalenzinteresse.

Prüfschema – Schadensersatz <u>statt</u> der Leistung bei <u>behebbar</u> mangelhaftem Werk gem. §§ 634 Nr. 4, 1. Alt., 636, 281 I 1:

1. Werkvertrag (i. S. d. § 631)
2. Sachmangel (§ 633 II) oder Rechtsmangel (§ 633 III)
3. Unternehmer (Schuldner) muss den Mangel zu vertreten haben (§ 280 I 2 i. V. m. § 276)
4. angemessene Frist zur Nacherfüllung ist erfolglos abgelaufen (§ 634 Nr. 4, 1. Alt., 281 I 1)
   Fristsetzung ist entbehrlich
   • bei endgültiger Leistungsverweigerung (§§ 634 Nr. 4, 1. Alt., 281 II, 1. Alt.)
   • bei Vorliegen besonderer Umstände (§§ 634 Nr. 4, 1. Alt., 281 II, 2. Alt.)
   • wenn der Unternehmer die Nacherfüllung verweigert (§§ 636, 1. Alt., 635 III)
   • wenn die Nacherfüllung fehlgeschlagen oder dem Besteller nicht zuzumuten ist (§ 636, 2. und 3. Alt.)
5. Schaden beim Besteller (= Gläubiger)
6. Kein Ausschluss durch Vertrag (vgl. § 639) oder Gesetz (§ 640 II, §§ 651 S. 2, 442 I 1)

Rechtsfolge: a) Schadensersatz statt der Leistung (= kleiner Schadensersatz)
b) Schadensersatz statt der ganzen Leistung (= großer Schadensersatz), falls Pflichtverletzung erheblich ist (§ 281 I 3)

Bei einem **unbehebbar** mangelhaften Werk (§§ 283 i. V. m. 275) ist v. g. Prüfschema ebenfalls anzuwenden; allerdings ist Prüfungspunkt 4 (erfolgloses Verstreichen einer angemessenen Frist zur Nacherfüllung) entbehrlich.

Prüfschema – Schadensersatz <u>neben</u> der Leistung bei Mangelfolgeschaden (aufgrund eines mangelhaften Werks) gem. §§ 634 Nr. 4, 1. Alt., 280 I:

1. Werkvertrag (i. S. d. § 631)
2. Sachmangel (§ 633 II) oder Rechtsmangel (§ 633 III)
3. Unternehmer (Schuldner) muss den Mangel zu vertreten haben (§ 280 I 2 i. V. m. § 276)
4. Schaden beim Besteller (= Gläubiger)
5. Kein Ausschluss durch Vertrag (vgl. § 639) oder Gesetz (§ 640 II, §§ 651 S. 2, 442 I 1)

Rechtsfolge: Schadensersatz **neben** der Leistung (= Mangelfolgeschaden)

---

6. Ersatz vergeblicher Aufwendungen gem. §§ 634 Nr. 4, 2. Alt., 284

Der Besteller hat die Möglichkeit, an Stelle des Schadensersatzes statt der Leistung gem. § 634 Nr. 4, 2. Alt. i. V. m. § 284 Ersatz vergeblicher Aufwendungen zu verlangen.

Voraussetzung hierfür ist, dass dem Gläubiger (Besteller) ein – noch nicht geltend gemachter – Schadensersatzanspruch statt der Leistung zusteht, der sich aus den §§ 280, 281 oder 311 a ergibt. Im Vertrauen auf den ordnungsgemäßen Erhalt der Leistung muss er Aufwendungen getätigt haben, wie z. B. Vertragskosten, Kauf von Anschlussrohren für die Heizung.

Prüfschema – Aufwendungsersatz statt der Leistung bei behebbar mangelhaftem Werk gem. §§ 634 Nr. 4, 2. Alt, 636, 281 I 1 i. V. m. § 284:

1. Werkvertrag (i. S. d. § 631)
2. Sachmangel (§ 633 II) oder Rechtsmangel (§ 633 III)
3. Unternehmer (Schuldner) muss den Mangel zu vertreten haben (§ 280 I 2 i. V. m. § 276)
4. angemessene Frist zur Nacherfüllung ist erfolglos abgelaufen (§ 634 Nr. 4, 1. Alt., 281 I 1)
   Fristsetzung ist entbehrlich
   • bei endgültiger Leistungsverweigerung (§§ 634 Nr. 4, 1. Alt., 281 II, 1. Alt.)
   • bei Vorliegen besonderer Umstände (§§ 634 Nr. 4, 1. Alt., 281 II, 2. Alt.)
   • wenn der Unternehmer die Nacherfüllung verweigert (§§ 636, 1. Alt., 635 III)
   • wenn die Nacherfüllung fehlgeschlagen oder dem Besteller nicht zuzumuten ist (§ 636, 2. und 3. Alt.)
5. Besteller (Gläubiger) muss Aufwendungen „billigerweise" gemacht haben (§ 284)
6. Kein Ausschluss durch Vertrag (vgl. § 639) oder Gesetz (§ 640 II, §§ 651 S. 2, 442 I 1)

Rechtsfolge: Ersatz der vergeblichen Aufwendungen, aber **kein** Anspruch auf Schadensersatz statt der Leistung

---

Bei einem **unbehebbar** mangelhaften Werk (§§ 283 i. V. m. 275) ist v. g. Prüfschema ebenfalls anzuwenden; allerdings ist Prüfungspunkt 4 (erfolgloses Verstreichen einer angemessenen Frist zur Nacherfüllung) entbehrlich.

IV. Ausschluss der Gewährleistung

Die Gewährleistungsrechte können **kraft Gesetzes** ausgeschlossen sein. So nach § 640 II, wenn der Besteller das Werk in Kenntnis des Mangels abnimmt. Ein

Ausschluss besteht auch gem. §§ 651 S. 2, 442 I 1, wenn das Werk aus einem vom Besteller gelieferten Stoff herzustellen ist und der Mangel auf diesen Stoff zurückzuführen ist.[19]

Die Gewährleistungsrechte können auch **durch Vertrag** ausgeschlossen oder eingeschränkt werden (§ 639). Der Unternehmer kann sich hierauf allerdings nicht berufen, wenn er den Mangel arglistig verschwiegen oder eine Garantie für die Beschaffenheit des Werks übernommen hat.

V. Verjährung

§ 634 a sieht drei verschiedene Verjährungsfristen für die in § 634 normierten Ansprüche auf Nacherfüllung, Selbstvornahme und Schadensersatz vor. Da es sich bei Rücktritt und Minderung um Gestaltungsrechte handelt, unterliegen diese nicht den Verjährungsfristen.[20] Die Rücktritts- oder Minderungserklärung ist gem. § 218 (vgl. § 634 a IV, V) unwirksam, wenn und soweit der Nacherfüllungsanspruch verjährt ist und der Unternehmer sich hierauf beruft.

Der jeweils geschuldete Erfolg bestimmt die Dauer der Haftung des Unternehmers für sein Werk:

Für Bauwerke und Werke, deren Erfolg in der Erbringung von Planungs- oder Überwachungsleistungen hierfür besteht, gilt eine fünfjährige Verjährungsfrist (§ 634 a I Nr. 2). Für unkörperliche Arbeitsergebnisse beträgt die Verjährungsfrist nach § 634 a I Nr. 1 zwei Jahre. In beiden Fällen beginnt die Verjährung mit der Abnahme (§ 634 a II). Für die „sonstigen Sachen" gilt die regelmäßige Verjährungsfrist (vgl. § 195) von drei Jahren (§ 634 a I Nr. 3). Hierzu zählen die Mängelansprüche bei Werken, die in der Herstellung oder Veränderung von Sachen mit Ausnahme der Bauwerke bestehen. Der Verjährungsbeginn richtet sich hier u. a. nach dem Kenntnis- oder Erkennbarkeitskriterium (§ 199 I Nr. 2).

Wenn der Unternehmer den Mangel arglistig verschwiegen hat, unterliegen die vorgenannten Ansprüche gem. § 634 a III der regelmäßigen Verjährungsfrist mit der Konsequenz, dass ebenfalls nicht die Abnahme maßgeblich ist, sondern der Zeitpunkt, in dem der Käufer von dem Mangel Kenntnis erlangt hat oder ohne grobe Fahrlässigkeit hätte erlangen können. Bei Bauwerken tritt die Verjährung jedoch nicht vor Ablauf der Fünfjahresfrist des § 634 a I Nr. 2 ein.

Ein anderweitige vertragliche Vereinbarung ist grundsätzlich möglich (vgl. § 202 II).

VI. Anwendung des Kaufrechts

Gem. § 651 finden auf Verträge, die die Herstellung oder Erzeugung beweglicher Sachen zum Gegenstand haben, die Vorschriften über den Kauf Anwendung. Al-

---

19 Wobei in diesem Fall die Vorschriften über das Kaufrecht Anwendung finden (§ 651 I 1).
20 Gem. § 194 I unterliegen nur Ansprüche der Verjährung.

lerdings sind die §§ 642, 643, 645, 649 und 650 auch bei der Lieferung herzustellender oder zu erzeugender **nicht vertretbarer Sachen**[21] mit der Maßgabe anzuwenden, dass an die Stelle der Abnahme der nach §§ 446, 447 maßgebliche Zeitpunkt (Zeitpunkt des Gefahrübergangs) tritt.

Vom Anwendungsbereich des Werkvertragsrechts erfasst sind damit im Wesentlichen die Herstellung von Bauwerken, reine Reparaturarbeiten und die Herstellung nichtkörperlicher Werke. Das Kaufrecht findet auf sämtliche Verträge mit einer Verpflichtung zur Lieferung herzustellender oder zu erzeugender Sachen Anwendung.

Da die Mängelhaftung bei beiden Vertragstypen weitgehend angeglichen ist, wird der Einordnung eines Vertrags ihre Bedeutung genommen.

Fall 7: Ärger mit den Mietern

Schwerpunkte:
Mietrecht – unbefristeter und befristeter Mietvertrag – Beendigung des Mietvertrages – Schadensersatzansprüche des Vermieters – Verzugszinsen

---

Inspektor I bei der Stadt V hat ein neues Aufgabengebiet übernommen. Er ist für die Bearbeitung von Mietangelegenheiten zuständig. Mit den Mietern städtischer Wohnungen gibt es leider rechtliche Probleme zu klären.

Der M 1 ist seit 1. 1. 2002 Mieter der Stadt (Monatsmiete 700 €) und bereitet Ärger, weil er von Beginn des Mietvertrags an immer 100 € zu wenig Miete bezahlt; fällig war die Miete laut vertraglicher Vereinbarung monatlich im Voraus, spätestens am 3. des Monats. Außerdem hält sich M 1 manchmal nicht an die Hausordnung. Am 2. 4. 2002 erhielt M 1 ein Schreiben der Stadt, wonach ihm wegen ständigen Zahlungsschwierigkeiten fristlos gekündigt wurde, auf jeden Fall müsse er zum nächstmöglichen Zeitpunkt die Wohnung räumen. Gegen die Kündigung legte M 1 Widerspruch ein mit der Begründung, dass die Stadt wegen solcher „Kleinigkeiten" kein Recht zur Kündigung habe. Außerdem sei die von ihm eingeräumte Verletzung der Hausordnung nicht in den Kündigungsgründen angeführt.

Aufgabe 1: Inspektor I wird um eine gutachtliche Äußerung gebeten.
Er soll prüfen:

a) ob und ggf. zu welchem Zeitpunkt die Stadt V von M 1 die Räumung der Wohnung verlangen kann und
b) ob die Stadt V Anspruch auf Zinsen hat.

---

21 Die vertretbare Sache ist in § 91 geregelt. Nicht vertretbar ist eine Sache, die auf die Wünsche des Bestellers ausgerichtet und deshalb für den Unternehmer anderweitig gar nicht oder schwierig abzusetzen ist (vgl. BGH NJW 1971, 1793) – wie z. B. ein Maßanzug.

Anlässlich einer Besichtigung der Wohnung des M 1 stellte die Stadt fest, dass in der Wohnung des M 1 mehrere Fensterscheiben Sprünge aufwiesen, und am Teppichboden im Wohnzimmer wurden mehrere Brandflecken festgestellt, die offensichtlich von Zigarettenresten verursacht wurden. M 1 erklärte, beim Putzen sei er mit dem Schrubber gegen die Scheiben gestoßen; ein Aschenbecher sei nicht immer für seine Zigarettenreste vorhanden gewesen. Diese Vorgänge gehörten allerdings zur „normalen" Abnutzung der Wohnung.

Aufgabe 2: Inspektor I soll prüfen, ob die Stadt Schadensersatzansprüche gegen M 1 hat.

Mit einem anderen Mieter (M 2) hat die Stadt V Probleme, weil dieser seine kurzfristig für ein halbes Jahr gemietete Zweizimmer-Wohnung nach Zeitablauf nicht räumen will. In dem schriftlichen Mietvertrag steht, dass die Stadt V ab 1. 7. 2002 (dann erst sind geeignete Handwerker verfügbar) die Wohnung gründlich sanieren und modernisieren wolle.

Obwohl die Stadt V dem M 2 auf dessen Anfrage vom 28. 2. am 15. 3. diese Absicht nochmals schriftlich mitgeteilt hat, legt M 2 Widerspruch ein und will auch nach dem 30. 6. 2002 in der Wohnung bleiben. M 2 ist der Meinung, dass er ebenso ein Recht auf die Wohnung habe wie jeder andere.

Aufgabe 3: Inspektor I soll prüfen, ob eine Räumungsklage Aussicht auf Erfolg hat.

Fall 7: Prüfschema/Lösungsskizze

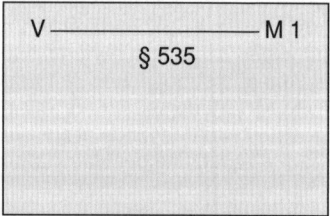

Aufgabe 1 a):

V ⟶ M 1 Rückgabe bzw. Räumung der Mietwohnung gem. § 546 I

1. Mietvertrag zwischen V und M 1 (+)
2. Beendigung des Mietverhältnisses (+)
   a) durch fristlose Kündigung seitens der V
      Schriftform, § 568 I (+)
      wegen Zahlungsverzugs gem. §§ 543 II Nr. 3, 569 III (−)
      wegen nachhaltiger Störung des Hausfriedens gem. §§ 543 I, III, 569 II (−)

b) Umdeutung der fristlosen in eine ordentliche Kündigung (§ 140)
c) durch ordentliche Kündigung
   nicht unerhebliche schuldhafte Verletzung der vertraglichen Pflichten seitens M 1, § 573 I, II Nr. 1
   aa) durch ständige Zahlung einer zu geringen Miete (+)
   bb) Verstöße gegen die Hausordnung können wegen § 573 III nicht be-
       rücksichtigt werden
3. Kündigungsfrist, § 573 c I: am 2. 4. 2002 per 30. 6. 2002
4. kein Härtefall gem. § 574 I (+)

Ergebnis: V ——→ M 1 Rückgabe bzw. Räumung der Mietwohnung gem.
       § 546 I (+)

Aufgabe 1 b):

V ——→ M 1 Verzugszinsen gem. §§ 288 I, 286.

1. Schuldverhältnis (+)
   Mietvertrag
2. Schuldnerverzug mit einer Leistungspflicht, §§ 535 II, 286
   a) Fälligkeit der Leistung – jeweils 3. Werktag (+)
   b) Mahnung – entbehrlich nach § 286 II Nr. 1 (+)
   c) Nichtleistung des M 1 (+)
   d) Vertretenmüssen des Schuldners M 1, § 286 IV (+)
3. Verzugszinsen in Höhe von 5 % über dem Basiszinssatz
   (§§ 288 I 2, 247 I 1)[1]

Ergebnis: V ——→ M 1 Verzugszinsen gem. §§ 288 I, 286 (+)

Aufgabe 2:

I. V ——→ M 1 Schadensersatz gem. § 280 I

1. Schuldverhältnis: Mietvertrag i. S. d. § 535 (+)
2. Pflichtverletzung – Missachtung der Schutz- und Sorgfaltspflicht,
   §§ 280 I 1, 241 II (+)
3. Vertretenmüssen, §§ 280 I 2, 276 (+), 538 (–)
4. Schaden (+)

Ergebnis: V ——→ M 1 Schadensersatz § 280 I (+)

Umfang des Schadensersatzes: §§ 249 ff. (§ 249 S. 2 – Geld)

---

1 Ein etwa entstandener höherer Verzugsschaden kann gem. § 288 III geltend gemacht werden.

II. V ⟶ M 1 Schadensersatz gem. § 823 I

1. Tatbestandsmäßigkeit der Handlung des M 1
   a) Verletzung eines der in § 823 I genannten Rechtsgüter; hier: Eigentum (+)
   b) Ursächlichkeit der Handlung für die Rechtsgutverletzung (+)
2. Rechtswidrigkeit (+)
3. Verschulden, Fahrlässigkeit (+)
4. Schaden (+)

Ergebnis: V ⟶ M 1 Schadensersatz gem. § 823 I (+)

Umfang des Schadensersatzanspruchs: §§ 249 ff. (§ 249 S. 2 – Geld)

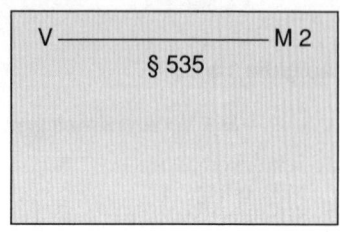

V ——————————— M 2
§ 535

Aufgabe 3:

V ⟶ M 2 Rückgabe bzw. Räumung der Mietwohnung gem. § 546 I

1. Mietvertrag zwischen V und M 2 (+)
2. Beendigung des befristeten Mietverhältnisses – §§ 575, 542 II[2]
   a) Zeitmietvertrag gem. § 575 I (+)
   b) Vermieter will gründlich sanieren, § 575 I Nr. 2 (+)
   c) Vermieter hat dem Mieter diese Absicht bei Vertragsschluss schriftlich mitgeteilt (+)
   d) Vermieter hat dem Mieter innerhalb der Fristen von § 575 II schriftlich mitgeteilt, dass diese Verwendungsabsicht noch besteht (+)

Ergebnis: V ⟶ M 2 Rückgabe bzw. Räumung der Mietwohnung gem. § 546 I (+)

Fall 7: Ausarbeitung (Gutachten)

Aufgabe 1 a):

Die Stadt V könnte von M 1 die Rückgabe der Mietsache, d. h. Räumung der Wohnung, gem. § 546 I verlangen.

1. V und M 1 haben einen Mietvertrag i. S. v. § 535 geschlossen.

2. *Dieser müsste beendet worden sein.*

---

2 Nach dieser Vorschrift ist der Abschluss von Zeitmietverträgen ohne Kündigungsschutz möglich.

a) *Dies könnte durch die seitens V ausgesprochene außerordentliche fristlose Kündigung erfolgt sein. Die Kündigung bedarf nach § 568 I der Schriftform.* Die Stadt beruft sich in ihrem Schreiben vom 2. 4. 2002 auf die seit längerer Zeit erfolgte zu geringe Mietzahlung sowie Verstöße gegen die Hausordnung. *In Betracht kommt deshalb eine außerordentliche fristlose Kündigung aus wichtigem Grund gem. § 543 II Nr. 3. Voraussetzung hierfür ist, dass der Mieter für zwei aufeinander folgende Termine mit der Entrichtung der Miete (oder eines nicht unerheblichen Teils davon) – vgl. § 543 II Nr. 3 a – oder aber in einem sich über mehr als zwei Termine erstreckenden Zeitraum mit der Entrichtung der Miete in Höhe eines Betrages in Verzug gekommen ist, der die Miete für zwei Monate erreicht (§ 543 II Nr. 3 b). Gem. § 569 III Nr. 1 ist bei Wohnraum außerdem zu beachten, dass der rückständige Teil der Miete im Falle des § 543 II Nr. 3 a nur dann als nicht unerheblich anzusehen ist, wenn er die Miete für einen Monat übersteigt.* M 1 zahlt seit 1. 1. 2002 monatlich jeweils 100 € zu wenig Miete. Somit ist er nicht mit einem erheblichen Teil der Miete in Verzug. Ein außerordentlicher Kündigungsgrund gem. § 543 II Nr. 3 liegt nicht vor.

Eine außerordentliche fristlose Kündigung könnte nach § 569 II möglich sein. Voraussetzung hierfür ist, dass der Mieter schuldhaft den Hausfrieden so nachhaltig stört, dass dem Vermieter die Fortsetzung des Mietverhältnisses nicht zugemutet werden kann. M 1 hält sich manchmal nicht an die Hausordnung. Dies stellt keine schwerwiegende Vertragsverletzung dar, die eine außerordentliche fristlose Kündigung nach § 569 II ermöglicht. Es ist daher auch unmaßgeblich, dass dieser Grund im Kündigungsschreiben vom 2. 4. 2002 nicht angegeben ist.

b) Die Stadt weist in dem Kündigungsschreiben darauf hin, dass M 1 auf jeden Fall zum nächstmöglichen Zeitpunkt die Wohnung räumen müsse. Somit kommt eine *Umdeutung der fristlosen Kündigung in eine ordentliche Kündigung gem. § 140 in Betracht. Danach ist Voraussetzung, dass ein nichtiges Rechtsgeschäft den Erfordernissen eines anderen Rechtsgeschäfts entspricht.* Die außerordentliche fristlose Kündigung ist – wie oben geprüft – unwirksam. Dieses Rechtsgeschäft gleicht mit allen wesentlichen Merkmalen einem anderen Rechtsgeschäft, nämlich der ordentlichen Kündigung. Nach § 140 gilt das letztgenannte, wenn anzunehmen ist, dass dessen Geltung bei Kenntnis der Nichtigkeit gewollt sein würde. Da V auf alle Fälle das Mietverhältnis beenden will, kann deren Willenserklärung in eine ordentliche Kündigung umgedeutet werden.[3]

c) *Ein Mietverhältnis über Wohnraum kann nach § 573 I bei einem berechtigten Interesse des Vermieters gekündigt werden.*

aa) *Als Kündigungsgrund kommt § 573 II Nr. 1 in Betracht, wonach ein berechtigtes Interesse besteht, wenn der Mieter seine vertraglichen Verpflichtungen schuldhaft nicht unerheblich verletzt.* Zu den Vertragspflichten des Mieters M 1 zählt die pünktliche Zahlung der vereinbarten Miete (§ 535 II), die aufgrund der vertraglichen Vereinbarung spätestens am 3. eines Monats fällig ist. Eine stän-

---

3 Siehe auch BGH NJW 1981, 977 (Mietvertrag); zur Umdeutung einer unwirksamen außerordentlichen in eine ordentliche Kündigung eines Arbeitsvertrages s. BAG NJW 1988, 581 f.

dige, sich über vier Monate erstreckende Zahlung von jeweils 100 € zu wenig Miete stellt eine nicht unerhebliche Vertragsverletzung dar. *M 1 müsste diese zu vertreten, d. h. nach § 276 I vorsätzlich oder fahrlässig gehandelt haben.* M 1 hat durch die Einbehaltung eines Teils der Miete die im Verkehr erforderliche Sorgfalt außer Acht gelassen und somit fahrlässig gehandelt (§ 276 II). Folglich liegt ein Kündigungsgrund nach § 573 II Nr. 1 vor.

bb) Fraglich ist, ob die ordentliche Kündigung der V auch auf die Verstöße gegen die Hausordnung gestützt werden kann. *Nach § 573 III werden als berechtigte Interessen des Vermieters nur die in der Kündigung (die gem. § 568 I der Schriftform bedarf) genannten Gründe berücksichtigt.* Die Stadt V hat sich in ihrem Kündigungsschreiben nur auf den Zahlungsverzug berufen. Somit sind die außerdem (mündlich) vorgebrachten Verstöße gegen die Hausordnung nicht berücksichtigungsfähig.

3. *Nach § 573 c 1 ist die Kündigung eines Mietverhältnisses über Wohnraum spätestens am dritten Werktag eines Kalendermonats für den Ablauf des übernächsten Monats zulässig.* Das Kündigungsschreiben ist dem M 1, der die Wohnung erst seit 1. 1. 2002 gemietet hat, am 2. 4. 2002 zugegangen (vgl. § 130). Somit läuft die Kündigungsfrist bis zum 30. 6. 2002.

4. Allerdings könnte M 1 gem. *§ 574 I 1 der Kündigung widersprechen und vom Vermieter die Fortsetzung des Mietvertrages verlangen, wenn die vertragsmäßige Beendigung des Mietverhältnisses für ihn oder seine Familie eine Härte bedeuten würde.* Der Mieter M 1 beruft sich in seinem Widerspruch lediglich darauf, dass die Stadt ihm wegen der „Kleinigkeiten" nicht kündigen könne. Dies ist allerdings kein Grund für einen Härtefall nach § 574 I 1.

Daher hat die Stadt V gegen M 1 einen Anspruch gem. § 546 I auf Räumung der Wohnung zum 30. 6. 2002.

Aufgabe 1 b):

Die Stadt V könnte gegen M 1 einen Anspruch auf Verzugszinsen in Höhe von 5 % über dem Basiszinssatz gem. §§ 288 I, 286 haben.

1. *Voraussetzung hierfür ist zunächst, dass zwischen V und M 1 ein Schuldverhältnis besteht.* Beide haben (durch zwei übereinstimmende Willenserklärungen) einen Mietvertrag i. S. d. § 535 geschlossen.

2. *M 1 muss mit einer Geldschuld in Verzug gekommen sein.* Nach § 535 II i. V. m. der vertraglichen Vereinbarung hatte er die Pflicht, die Miete – also eine Geldschuld – monatlich in der vereinbarten Höhe zu zahlen. *Nach § 286 ist für den Schuldnerverzug erforderlich, dass die Leistung fällig war, die Gläubigerin (V) gemahnt hat – sofern die Mahnung nicht gem. § 286 II Nr. 1 entbehrlich war – und dass der Schuldner (M 1) die Leistung nicht erbracht hat.* Der Mietzins war am 3. des Monats fällig. Mit diesem Termin ist eine Zeit nach dem Kalender bestimmt (§ 286 II Nr. 1); folglich bedurfte es nicht einer Mahnung nach § 286 I 1. M 1 hat nach Ablauf des dritten Tages eines Monats seine Verpflichtung gegenüber V nicht voll erfüllt, weil er seit 1. 1. 2002 monatlich jeweils 100 € zu wenig

Miete entrichtet. Er kommt *nach § 286 IV nur dann nicht in Schuldnerverzug, wenn er die Verzögerung der Leistung nicht zu vertreten hat.* M 1 führt keine Tatsachen an, die sein Verschulden ausschließen. Mithin befand sich M 1 jeweils ab dem 4. eines Monats mit der für diesen Monat fälligen Mietzahlung in Höhe von 100 € in Verzug.

3. Somit hat die Gläubigerin V nach §§ 288 I, 286 als Verzugsfolge Anspruch auf Verzugszinsen in Höhe von 5 % über dem Basiszinssatz.[4]

Aufgabe 2:

I. Die Stadt V könnte gegen M 1 einen Anspruch auf Schadensersatz gem. § 280 I haben.

1. *Voraussetzung für diesen Schadensersatzanspruch ist ein zwischen V und M 1 bestehendes Schuldverhältnis.* Wie bei Aufgabe 1 bereits festgestellt, haben V und M 1 einen wirksamen Mietvertrag geschlossen.

2. *M 1 muss eine aus dem Schuldverhältnis resultierende Pflicht verletzt haben.* Jeder Vertragspartner hat aufgrund des Schuldverhältnisses die Pflicht, die Rechtsgüter des anderen, auf die er eine durch den Vertrag bedingte Einwirkungsmöglichkeit hat, nicht zu beschädigen. Generell bestehen hinsichtlich einer gemieteten Sache Sorgfalts- und Obhutspflichten (§ 241 II). M 1 ist beim Putzen mit dem Schrubber nicht sorgfältig genug gewesen und hat so die Fensterscheiben beschädigt. Seine Zigarettenreste hätte er in Aschenbecher oder andere Abfallbehälter geben und nicht auf dem Teppichboden „beseitigen" sollen. Durch dieses Verhalten hat M 1 die genannten Pflichten verletzt.

3. *M 1 muss diese Pflichtverletzung zu vertreten haben (§ 280 I 2).* Nach § 276 I 1 hat der Schuldner Vorsatz und Fahrlässigkeit zu vertreten. Veränderungen oder Verschlechterungen der Mietsache, die durch den vertragsgemäßen Gebrauch herbeigeführt werden, muss der Mieter gem. § 538 nicht vertreten. Die Schäden an Fensterscheiben und Teppichboden sind durch vertragswidrigen Gebrauch entstanden. M 1 ließ beim Putzen die erforderliche Sorgfalt außer Acht und handelte hinsichtlich der zersprungenen Scheiben fahrlässig; Gleiches gilt für die Brandflecken auf dem Teppichboden.[5] Demnach liegt ein Verschulden seitens M 1 vor.

4. *Durch die Pflichtverletzung muss der Stadt ein Schaden entstanden sein.* Aufgrund der Verletzung der Schutz- und Sorgfaltspflicht hat die Stadt eine unfreiwillige Vermögenseinbuße und somit einen Schaden erlitten.

---

4 Dieser ergibt sich aus § 247 I 1. Hierbei handelt es sich um den Ersatz des objektiven Mindestschadens; gleichgültig ist, ob der Gläubiger tatsächlich einen entsprechenden Schaden erlitten hat. Höhere Zinsen (§ 288 IV) können sich aus § 352 HGB (5 %), §§ 48 I Nr. 2, 49 Nr. 2 WG, §§ 45 Nr. 2, 46 Nr. 2 ScheckG (2 % über Bundesbankdiskontsatz, mindestens 6 %), § 497 I 2 (2 1/2 Prozentpunkte über dem Basiszinssatz) ergeben. Sofern V einen höheren Verzugsschaden haben sollte (hierfür gibt es im Sachverhalt keine Anhaltspunkte), kann dieser nach §§ 280 I, II, 286 geltend gemacht werden.

5 Hier kann – mit entsprechender Begründung – auch Vorsatz bejaht werden.

Der Geschädigte kann den durch die Verletzung der leistungsbegleitenden Nebenpflichten (gem. § 241 II) entstandenen Schaden ersetzt verlangen.[6] Gem. § 249 S. 1 hat M 1 den Zustand herzustellen, der ohne das schädigende Ereignis bestehen würde. Bei Beschädigung einer Sache kann nach § 249 S. 2 vom Gläubiger statt der Herstellung der hierfür erforderliche Geldbetrag verlangt werden.

Folglich hat M 1 die Kosten für die Reparatur der Fensterscheiben und des Teppichs gem. § 280 I zu ersetzen.

II. Die Stadt könnte auch einen Schadensersatzanspruch gegen M 1 gem. § 823 I geltend machen.

1., 2. Voraussetzung hierfür ist, dass M 1 durch eine Handlung eines der in § 823 I genannten Rechtsgüter kausal verletzt hat und rechtswidrig handelte. Durch das unsorgfältige Umgehen mit dem Schrubber und das achtlose Fallenlassen der Zigarettenkippen hat M 1 die Fensterscheiben und den Teppichboden beschädigt und somit das Eigentum der Stadt V verletzt. Die Handlung war ursächlich für diese Rechtsgutsverletzung. Ein Rechtfertigungsgrund liegt hierfür nicht vor, sodass M 1 rechtswidrig handelte.

3. Ferner muss er schuldhaft gehandelt haben. Gem. § 823 I hat der Schuldner Vorsatz und Fahrlässigkeit zu vertreten. Wie bereits unter I. festgestellt, handelte M 1 fahrlässig.

4. Durch die Rechtsgutsverletzung ist der Stadt V adäquat kausal ein Schaden entstanden (s. o.).

Auch ein Schadensersatzanspruch nach § 823 I ist also begründet. Der Schadensumfang ergibt sich wiederum aus § 249 (s. o. – § 280 I).[7]

Aufgabe 3:

Die Stadt V könnte von M 2 die Räumung der Wohnung gem. § 546 I verlangen.

1. V und M 2 haben am 1. 1. 2002 schriftlich einen auf ein halbes Jahr befristeten Mietvertrag abgeschlossen.

2. Das zwischen ihnen bestehende Mietverhältnis könnte durch Zeitablauf gem. §§ 575, 542 II beendet worden sein.

a) *Gem. § 575 I Nr. 2 kann ein Mietvertrag auf bestimmte Zeit – hier ein halbes Jahr – eingegangen werden, wenn der Vermieter die Räume so wesentlich verändern oder instand setzen will, dass die Maßnahmen durch eine Fortsetzung des Mietverhältnisses erheblich erschwert werden.* Die Stadt V beabsichtigt, nach Vertragsende die Wohnung gründlich zu sanieren und zu modernisieren, sodass diese Voraussetzung gegeben ist.

---

6 Sog. „einfacher Schadensersatz".
7 Ein Schadensersatzanspruch gem. § 823 II i. V. m. § 303 StGB kommt nicht in Betracht, da nur die vorsätzliche Sachbeschädigung nach § 303 StGB strafbar ist, nicht aber – wie hier – eine fahrlässig begangene Sachbeschädigung.

b) *Ferner muss der Vermieter dem Mieter diese Absicht bei Vertragsschluss schriftlich mitgeteilt haben.* Bereits am 1. 1. 2002 hat die Stadt V im Rahmen des schriftlichen Mietvertrags darauf hingewiesen.

c) *Schließlich kann der Mieter frühestens vier Monate vor Ablauf der Befristung vom Vermieter verlangen, dass dieser ihm binnen eines Monats mitteilt, ob der Befristungsgrund noch besteht (§ 575 II 1).* Die Stadt V hat dem M 2 auf dessen Anfrage vom 28.2. am 15.3. die noch bestehende Sanierungsabsicht schriftlich mitgeteilt.

Damit sind alle Voraussetzungen des § 575 erfüllt, die Mietzeit ist beendet, und die Stadt V hat gegen M 2 einen Anspruch auf Räumung der Mietwohnung gem. § 546 I per 30.6.2002.

Fall 8: Der Mietvertrag des Junggesellen

Schwerpunkte:
Mietrecht – fristlose und ordentliche Kündigung durch den Vermieter – Unmöglichkeit der Rückgabepflicht nach § 546 – Wegnahmerecht des Mieters

---

V wohnt in seinem Zweifamilienhaus, in dem er die Zweitwohnung seit 1. 1. 2002 an den gut situierten Junggesellen M vermietet hat. Laut Mietvertrag darf die Zweitwohnung (ein Einzimmer-Appartement) nur von einer Person bewohnt werden. M zahlt eine Miete von 300 € monatlich, in der die Nebenkosten bereits enthalten sind. Als die Freundin des M immer häufiger bei ihm zu Besuch ist und dort auch übernachtet, fordert V den M am 1. 3. auf, dies abzustellen. Das Appartement sei nur für eine Person bestimmt, hierauf sei auch die Nebenkostenpauschale berechnet. Trotzdem ändert M seine Lebensgewohnheiten nicht. Als die Freundin des M am 1. 5. im Vorgarten ohne Gruß an V vorbeigeht, ist V mit seiner Geduld am Ende. Er geht sofort zu M und beschwert sich. Als M antwortet, dass ihn das gar nichts angehe, erklärt V erregt, dass M hiermit fristlos gekündigt sei.

M nimmt das nicht ernst. Am nächsten Tag findet er jedoch in seinem Briefkasten ein Schreiben des V, in dem steht, dass er die Kündigung aufrechterhalte und M auf alle Fälle ausziehen müsse. Hierfür bedürfe es keiner Angabe von Gründen, da M eine Wohnung in dem von V bewohnten Zweifamilienhaus gemietet habe.

Aufgabe 1: Muss M ausziehen? Wie lange ist die Kündigungsfrist?
Wie kann M sich wehren und mit welcher Erfolgsaussicht?

1. Variante:

Wie ist die Rechtslage, wenn M am 31. 5. auszieht und V bei der Wohnungsübergabe feststellt, dass in der Küche die beim Einzug des M von V neu installierte Spüle sehr zerkratzt ist. Auf entsprechenden Vorhalt erklärt M, dies sei seiner Freundin passiert, als sie die Spüle mit einem Topfreiniger aus grobem Stahl säubern wollte, um hartnäckige Flecken zu entfernen. Er, M, brauche dafür aufgrund des Mietvertrages nicht einzustehen; außerdem sei ihm die Rückgabe des Zweitschlüssels unmöglich, er habe diesen verloren.

Aufgabe 2: Welche Ansprüche kann V gegen M
    a) hinsichtlich der zerkratzten Spüle
    b) wegen des verlorenen Zweitschlüssels geltend machen?

2. Variante:

Wie ist die Rechtslage, wenn M am Tag seines Auszugs aus der Wohnung erklärt, ein wertvolles Marmor-Waschbecken, das er in seinem Bad fest einbauen ließ, mitnehmen zu wollen. Er (M) wolle das Marmor-Waschbecken lieber armen Leuten geben als dem intoleranten V belassen.

Aufgabe 3: a) Hat V gegenüber M einen Anspruch auf Herausgabe der Wohnung einschließlich des Marmor-Waschbeckens?
Kann er ein evtl. bestehendes Wegnahmerecht des M abwenden?
b) Kann V seine Forderungen gegen die Forderung des M aufrechnen?

Fall 8: Prüfschema/Lösungsskizze

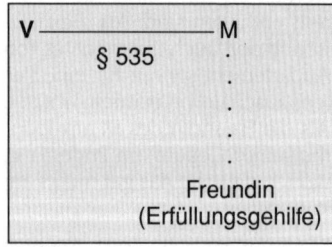

Aufgabe 1:

V ⟶ M Rückgabe bzw. Räumung der Mietwohnung gem. § 546 I

1. Mietvertrag zwischen V und M i. S. d. § 535 (+)
   keine Nichtigkeit der Klausel gem. § 138
2. Beendigung des Mietverhältnisses
   a) Schriftform, § 568 I (+)
   b) durch außerordentliche fristlose Kündigung seitens des V (–)
      unbefugte Überlassung der Mietsache an Dritte gem. §§ 543 I, II Nr. 2, III, 569 IV
   c) Umdeutung der fristlosen in eine ordentliche Kündigung (§ 140) (+)

d) durch ordentliche Kündigung (+)

§§ 573 I, 573 a I – berechtigtes Interesse ist nicht erforderlich
3. Kündigungsfrist – § 573 c I 1 i. V. m. § 573 a I 2: am 2. 5. per 31. 10.
4. Härtefall gem. § 574 I (–)

Ergebnis: V ——→ M Rückgabe bzw. Räumung der Mietwohnung gem.
§ 546 I (+)

Aufgabe 2 a):

I. V ——→ M Schadensersatz für die zerkratzte Spüle gem. § 280 I

1. Schuldverhältnis: Mietvertrag i. S. d. § 535 (+)
2. Pflichtverletzung – Verletzung der Schutz- und Sorgfaltspflicht §§ 280 I,
241 II (+)
3. Verschulden – §§ 276 I, 278 S. 1, 540 II (+)
4. Schaden (+)

Ergebnis: V ——→ M Schadensersatz für die zerkratzte Spüle § 280 I (+)
Umfang des zu ersetzenden Schadens: §§ 249 ff. (§ 249 S. 2 – Geld)[1]

II. V ——→ M Schadensersatz für die zerkratzte Spüle gem. § 831 I

Freundin ist nicht Verrichtungsgehilfe

Ergebnis: V ——→ M Schadensersatz gem. § 831 I (–)

Aufgabe 2 b):

**I. V ——→ M Schadensersatz für den verlorenen Schlüssel gem. §§ 280 I, III,
283 S. 1.**

1. Schuldverhältnis: Mietvertrag (+)
2. Pflichtverletzung: geschuldete Leistung (Rückgabe gem. § 546 I) wird nicht
erbracht
3. Vertretenmüssen des Schuldners – §§ 280 I 2, 276 I, II (+)
4. Schaden (+)

Ergebnis: V ——→ M Schadensersatz für den verlorenen Schlüssel gem.
§§ 280 I, III, 283 (+)
Umfang des zu ersetzenden Schadens: §§ 249 ff. (§ 251)

II. V ——→ M Schadensersatz für den verlorenen Schlüssel gem. § 823 I

1. Tatbestandsmäßigkeit der Handlung des M
a) Verletzung eines der in § 823 I genannten Rechtsgüter;
hier: Eigentum (+)
b) Ursächlichkeit der Handlung für die Rechtsgutsverletzung (+)
2. Rechtswidrigkeit (+)
3. Verschulden – § 276 II, Fahrlässigkeit (+)
4. Schaden (+)

---

1 Verjährung: § 548.

Ergebnis: V ———→ M Schadensersatz für den verlorenen Schlüssel gem.
§ 823 I (+)
Umfang des zu ersetzenden Schadens: §§ 249 ff. (§ 251)

Aufgabe 3 a):

V ———→ M Rückgabe der Mietsache gem. § 546 I

1. Wegnahmerecht des M gem. § 539 II[2] (+)
2. Abwendung der Wegnahme durch V nach § 552 I (+)

Ergebnis: V ———→ M Rückgabe der Mietsache gem. § 546 I (+)

Aufgabe 3 b):

Aufrechnung V gegenüber M gem. §§ 387 ff.

1. Voraussetzungen der Aufrechnung durch V gem. § 387 (+)
   a) Gegenseitigkeit der Forderungen
   b) Gleichartigkeit der Forderungen
   c) Fälligkeit
2. Erklärung der Aufrechnung – § 388
3. Wirkung der Aufrechnung – § 389

Ergebnis: Aufrechnung ist möglich; die Forderungen erlöschen in Höhe ihrer betragsmäßigen Übereinstimmung

---

Fall 8: Ausarbeitung (Gutachten)

Aufgabe 1:

V könnte von M die Rückgabe der Mietsache, d. h. Räumung der Wohnung, gem. § 546 I verlangen.

1. Fraglich ist zunächst, ob zwischen beiden ein *wirksamer Mietvertrag i. S. d. § 535 bestanden hat. Ein Mietvertrag setzt zwei übereinstimmende Willenserklärungen (Angebot und Annahme) des Inhalts voraus, dass dem Mieter der Gebrauch der Sache vom Vermieter – gegen Mietzahlung – gestattet wird.* M und V haben einen Mietvertrag geschlossen, der allerdings die Klausel enthält, dass das Einzimmer-Appartement nur von einer Person bewohnt werden darf. Diese könnte wegen *Verstoßes gegen die guten Sitten nach § 138 I nichtig sein. Es müsste dadurch gegen das „Anstandsgefühl aller billig und gerecht Denkenden"*[3] *verstoßen worden sein.* Die genannte Klausel wurde von den Parteien im Rah-

---

2 Für das Wegnahmerecht ist unerheblich, ob die Sache wesentlicher Bestandteil geworden ist (vgl. §§ 946, 93); siehe PALANDT/WEIDENKAFF, § 539 Rn. 9 ff.
3 So BGH NJW 1990, 704.

men der Vertragsfreiheit vereinbart; ein Verstoß gegen die guten Sitten ist unter Berücksichtigung der Tatsache, dass es sich bei der Mietsache nur um ein Zimmer handelt, nicht gegeben. Folglich bestand zwischen V und M ein wirksamer Mietvertrag.

2. Dieser könnte durch die seitens V am 1. 5. mündlich und einen Tag später schriftlich ausgesprochene *fristlose Kündigung* beendet worden sein.

a) *Die Kündigung bedarf gem. § 568 I der Schriftform. Ansonsten ist sie nach § 125 S. 1 nichtig.* M hat am 2. 5. die schriftliche Kündigung des V erhalten. Damit ist die Formvorschrift erfüllt.

b) *In Betracht kommt eine außerordentliche fristlose Kündigung aus wichtigem Grund gem. §§ 543 I, II Nr. 2, III, 569 IV. Voraussetzung hierfür ist, dass der Mieter die Rechte des Vermieters in erheblichem Maße verletzt, indem er die Mietsache unbefugt an Dritte überlässt.*

M ließ wiederholt seine Freundin in der Wohnung übernachten und stellte dies trotz Mahnung des V nicht ab. Dadurch verstieß er zwar gegen die vereinbarte Klausel, zumal das Appartement nach Begründung des V nur für eine Person bestimmt, die Nebenkostenpauschale auch danach berechnet war. Dieses Verhalten stellt jedoch keine erhebliche Verletzung der Vermieterrechte dar. Somit sind Gründe für eine außerordentliche Kündigung nicht gegeben. Außerdem hätte V gem. § 569 IV den zur Kündigung führenden wichtigen Grund in dem Kündigungsschreiben angeben müssen. Deshalb ist die außerordentliche fristlose Kündigung unwirksam.

c) In dem am 2. 5. dem M zugegangenen Kündigungsschreiben betont V, dass M auf alle Fälle ausziehen müsse. Folglich kommt eine *Umdeutung der fristlosen Kündigung in eine ordentliche Kündigung gem. § 140 in Betracht. Voraussetzung hierfür ist, dass ein nichtiges Rechtsgeschäft den Erfordernissen eines anderen Rechtsgeschäfts entspricht.* Die fristlose Kündigung ist – wie oben erörtert – unwirksam. Dieses Rechtsgeschäft gleicht mit allen wesentlichen Merkmalen einem anderen Rechtsgeschäft, nämlich der ordentlichen Kündigung. *Nach § 140 gilt das letztgenannte, wenn anzunehmen ist, dass dessen Geltung bei Kenntnis der Nichtigkeit gewollt sein würde.* Da V auf alle Fälle das Mietverhältnis beenden will, kann dessen Willenserklärung in eine ordentliche Kündigung umgedeutet werden.[4]

d) *Ein Mietverhältnis über Wohnraum kann nach § 573 I nur bei einem berechtigten Interesse des Vermieters gekündigt werden, sofern nicht eine Ausnahme vom Kündigungsschutz nach § 573 a I 1 vorliegt.*

Als Kündigungsgrund kommt § 573 a I 1 in Betracht, wonach kein berechtigtes Interesse an der Kündigung erforderlich ist, wenn der Vermieter in einem Zweifamilienhaus eine Wohnung selbst bewohnt; eine grundsätzliche Lösbarkeit ist hier – auch ohne weiteren Grund – gegeben.[5] V bewohnt in seinem Zweifami-

---

4 Siehe auch BGH NJW 1981, 977 (Mietvertrag).
5 Es ist deshalb unerheblich, ob der Aufenthalt der Freundin rechtlich als Besuch oder als „Daueraufenthalt" – entgegen der Klausel im Mietvertrag – zu werten ist.

lienwohnhaus eine Wohnung selbst, sodass eine Kündigung gem. § 573 a I 1 wirksam ist. Mit Schreiben vom 2. 5. hat V gem. § 573 a III auf die Ausnahme vom Kündigungsschutz Bezug genommen.

3. *Gem. § 573 c I 1 ist die Kündigung eines Mietverhältnisses über Wohnraum spätestens am dritten Werktag eines Kalendermonats für den Ablauf des übernächsten Monats zulässig; nach § 573 a I 2 verlängert sich die Frist um drei Monate.* Das Kündigungsschreiben ist dem M am 2. 5. zugegangen (vgl. § 130). Somit läuft die Kündigungsfrist bis zum 31. 10. des darauf folgenden Jahres.

4. M könnte allerdings gem. *§ 574 I 1 der Kündigung widersprechen und vom Vermieter die Fortsetzung des Mietverhältnisses verlangen, wenn die vertragsgemäße Beendigung des Mietverhältnisses für ihn eine Härte bedeuten würde.* Bei M handelt es sich um einen gut situierten Junggesellen; Gründe, die für eine Härte sprechen könnten, liegen nicht vor.

Aufgabe 2 a):

I. V könnte von M Schadensersatz gem. § 280 I verlangen.

1. *Voraussetzung für diesen Schadensersatzanspruch ist ein zwischen V und M bestehendes Schuldverhältnis.* Wie oben bereits erörtert, haben beide einen wirksamen Mietvertrag i. S. d. § 535 geschlossen.

2. *M muss eine aus dem Schuldverhältnis resultierende Pflicht verletzt haben.* Jeder Vertragspartner hat aufgrund des Schuldverhältnisses (vgl. § 241 II) die Pflicht, die Rechtsgüter des anderen, auf die er eine durch den Vertrag bedingte Einwirkungsmöglichkeit hat, nicht zu beschädigen. Die pflegliche Behandlung der Mietsache ist eine nicht leistungsbezogene Nebenpflicht. Durch das Zerkratzen der dem V gehörenden, von ihm beim Einzug des M neu installierten Spüle wurde die Sorgfaltspflicht objektiv verletzt.

3. *Die Pflichtverletzung muss weiter schuldhaft sein.* M hat nicht schuldhaft gehandelt. Er muss aber nach § 540 II für das Verschulden eines Dritten einstehen, wenn er diesem den Gebrauch der Mietsache gestattet. M hatte die Pflicht, die dem Vermieter gehörenden Gegenstände in ordnungsgemäßem, sauberen Zustand zu erhalten. Vor allem Flecken auf der (anfangs neuen) Spüle sollten nicht hinterlassen werden. Beim Reinigen der Spüle ist die Freundin somit in Erfüllung einer Pflicht des M aus dem Mietvertrag tätig geworden (lex specialis zu § 278). Es entsprach nicht dem vertragsgemäßen Gebrauch der Mietsache (§ 538), als die Freundin die Spüle mit einem Topfreiniger aus grobem Stahl bearbeitete, um hartnäckige Flecken zu entfernen. Hier kommt eine fahrlässige Pflichtverletzung in Frage. *Fahrlässigkeit bedeutet nach § 276 II die Außerachtlassung der im Verkehr erforderlichen Sorgfalt.* Die Freundin hätte die Spüle sorgfältiger, evtl. mit einem weichen Tuch reinigen sollen. Indem sie einen Topfreiniger aus grobem Stahl benutzte, hat sie die erforderliche Sorgfalt nicht beachtet und fahrlässig gehandelt. Dieses Verschulden hat M zu vertreten.

4. *Die schuldhafte Pflichtverletzung muss kausal für den Schaden sein.* Hätte M sorgfältiger reinigen lassen, so wären die Kratzer an der Spüle nicht entstanden.

Die Rechtsfolgen bestimmen sich aus § 280 I 1. Danach hat V einen Anspruch auf Schadensersatz.

Der Umfang des zu ersetzenden Schadens ergibt sich aus §§ 249 ff. Nach § 249 S. 1 hat M den Zustand herzustellen, der ohne das Zerkratzen der Spüle bestehen würde. Nach § 249 S. 2 kann V statt der Herstellung dieses Zustandes den dazu erforderlichen Betrag verlangen.[6]

II. Außerdem könnte V gegen M einen Schadensersatzanspruch nach § 831 I geltend machen.

Voraussetzung hierfür ist, dass die Freundin Verrichtungsgehilfe des M ist. Verrichtungsgehilfe ist, wer für einen anderen, von dessen Weisungen er abhängig ist, eine Tätigkeit ausführt.

Die Freundin ist lediglich zu Besuch bei M und nicht weisungsabhängig für diesen tätig.

Somit ist sie keine Verrichtungsgehilfin, und ein Anspruch nach § 831 I scheidet aus.

Aufgabe 2 b):

I. V könnte von M Schadensersatz für den verlorenen Schlüssel gem. §§ 280 I, III, 283 verlangen.

1. Ein Schuldverhältnis ist durch den zwischen V und M bestehenden Mietvertrag gegeben.[7]

2. *M muss eine Pflichtverletzung begangen haben. Es könnte eine Pflichtverletzung dahingehend vorliegen, dass die von M geschuldete Leistung nicht erbracht wird, da sie unmöglich ist.* M hat den Zweitschlüssel verloren. Somit ist ihm die nach § 546 I obliegende Verpflichtung, den zur Wohnung gehörenden Gegenstand nach Beendigung des Mietverhältnisses herauszugeben, nachträglich (subjektiv) unmöglich geworden. Eine Pflichtverletzung liegt also vor.[8]

3. *Der Schuldner muss die pflichtwidrige Herbeiführung der Unmöglichkeit zu vertreten haben.* Nach § 276 I 1 haftet M für Vorsatz und Fahrlässigkeit. *Fahrlässig handelt, wer die im Verkehr erforderliche Sorgfalt außer Acht lässt (§ 276 II).* M hätte besser auf den Zweitschlüssel achten müssen. Indem er ihn verlor, hat er die im Verkehr erforderliche Sorgfalt nicht beachtet und damit fahrlässig gehandelt.

---

6 Dieser Anspruch verjährt nach § 548 I in 6 Monaten; die Verjährung beginnt mit dem Zeitpunkt, in dem der Vermieter die Sache zurückerhält (§ 548 I 2).

7 Diese Voraussetzung kann – im Urteilsstil – festgestellt werden, da sie bei Aufgaben 1 und 2 schon erörtert wurde.

8 Der Rückgabeanspruch (Schlüssel) des V ist gem. § 275 I ausgeschlossen. Die ursprüngliche Verpflichtung des M (Primärleistungspflicht) wandelt sich in eine Schadensersatzpflicht (Sekundärleistungspflicht) um.

4. *Dem Gläubiger (V) muss ein Schaden entstanden sein.* Indem M dem Hauseigentümer V den Schlüssel nicht mehr zurückgeben kann, hat V eine Vermögenseinbuße erlitten.

Somit hat V gegen M gem. §§ 280 I, III, 283 S. 1 Anspruch auf Schadensersatz statt der Leistung. Der Anspruch ist auf das positive Interesse gerichtet, d. h. der Gläubiger V ist so zu stellen, wie er bei ordnungsgemäßer Erfüllung stehen würde. Da M nicht mehr den Schlüssel übergeben kann, muss er entweder einen gleichartigen Schlüssel beschaffen[9] oder aber den V in Geld entschädigen (vgl. § 251 I).

II. Darüber hinaus könnte V gegen M wegen des verlorenen Schlüssels einen Schadensersatzanspruch nach § 823 I haben.

1. a) *Voraussetzung hierfür ist, dass M eines der in dieser Vorschrift genannten Rechtsgüter des V verletzt hat.* Durch den Verlust des dem V gehörenden Zweitschlüssels hat M dessen Eigentum verletzt.

b) *Die Handlung muss kausal für die Rechtsgutsverletzung sein.* Das Verlieren des Schlüssels durch M führte zur Verletzung des Eigentums.

2. *Weitere Voraussetzung ist die Widerrechtlichkeit der Handlung des M.* Ein Rechtfertigungsgrund liegt nicht vor, sodass Rechtswidrigkeit gegeben ist.

3. *M müsste vorsätzlich oder fahrlässig gehandelt haben.* Wie unter I. bereits festgestellt, hat M die im Verkehr erforderliche Sorgfalt außer Acht gelassen und folglich fahrlässig gehandelt.

4. *Ferner muss dem V ein Schaden durch vorgenannte Handlung entstanden sein.* V hat einen finanziellen Verlust durch den nicht mehr vorhandenen Zweitschlüssel erlitten. Die Handlung war für den eingetretenen Schaden ursächlich.

Somit besteht auch ein Schadensersatzanspruch gem. § 823 I. Nach § 249 S. 1 hat M den Zustand herzustellen, der bestehen würde, wenn der zum Ersatz verpflichtende Umstand nicht eingetreten wäre. V hätte dann noch einen Schlüssel. Soweit die Wiederherstellung dieses Zustandes nicht möglich ist, hat M den V gem. § 251 I in Geld zu entschädigen.

Aufgabe 3 a):

V könnte gegen M einen Anspruch auf Herausgabe der Mietsache einschließlich des von M eingebauten Marmorwaschbeckens gem. § 546 I haben.

Gem. § 546 I hat der Mieter die Mietwohnung nach Beendigung des Mietverhältnisses ordnungsgemäß zu räumen.

1. *Gem. § 539 II* könnte M hinsichtlich des von ihm in die Wohnung eingebrachten Waschbeckens ein *Wegnahmerecht* haben. *Voraussetzung hierfür ist,*

---

9 Fraglich ist, ob die Zweitschlüsselbeschaffung für V zumutbar ist. Es besteht nämlich die Möglichkeit, dass ein unredlicher Finder des Schlüssels mit diesem Missbrauch betreiben (z. B. in das Haus des V eindringen) kann. Insofern wäre eine Auswechslung der Türschlösser und Kostenerstattung durch M die sachgerechte Lösung.

dass er eine Einrichtung mit der Mietsache versehen hat. M hat das Waschbecken mit der Wohnung körperlich fest, aber abtrennbar[10] verbunden, somit steht ihm das Recht zur Wegnahme zu.

2. *Nach § 552 I kann allerdings V die Ausübung dieses Wegnahmerechts durch Zahlung einer angemessenen Entschädigung abwenden, sofern M nicht ein berechtigtes Interesse an der Wegnahme hat.*

V müsste dem M also eine angemessene Entschädigung zahlen.[11] Mit dem Argument, das Waschbecken lieber armen Leuten zu geben als dem intoleranten V zu überlassen, bringt M zum Ausdruck, dass er es nicht unentgeltlich in der Wohnung lassen will. Es reicht also für ein berechtigtes Interesse des Mieters an der Wegnahme nicht aus.

Somit hat V gegen M einen Anspruch auf Herausgabe der Wohnung einschließlich des Waschbeckens, sofern er dem Mieter eine angemessene Entschädigung zahlt.

Aufgabe 3 b):

V könnte mit seinen gegenüber M bestehenden Schadensersatzforderungen[12] gegen die Forderung des M[13] gem. §§ 387 ff. aufrechnen.

1. a) *Voraussetzung hierfür ist zunächst, dass jeder Vertragspartner eine Forderung gegen den anderen hat.* Wie bereits geprüft, stehen dem V gegen M Schadensersatzansprüche wegen der zerkratzten Spüle und dem verlorenen Schlüssel zu. M kann von V eine angemessene Entschädigung für das in der Wohnung verbleibende Marmorwaschbecken gem. § 552 I verlangen. Die Gegenseitigkeit der Forderungen liegt somit vor.

b) *Ferner müssen die Forderungen gleichartig sein.* Da beides Geldschulden (Euro) sind, ist auch diese Voraussetzung gegeben.

c) Die Aufrechnung ist dann *möglich, wenn beide Leistungen fällig sind.* Da weder V noch M eine Zeit für die Leistung bestimmt haben, kann gem. § 271 I der Gläubiger die Leistung sofort verlangen und der Schuldner sie sofort erbringen.

2. *Nach § 388 S. 1 erfolgt die Aufrechnung durch Erklärung gegenüber dem anderen Teil.* V muss also gegenüber M die Aufrechnung erklären.

3. Dies bewirkt gem. § 389, dass die Forderungen in Höhe ihrer betragsmäßigen Übereinstimmung[14] erlöschen.

---

10 Hier ist auch eine andere Argumentation möglich. Die Verfasser vertreten die Ansicht, dass ein Waschbecken – zumal es in der Regel mittels Dübeln an der Wand angeschraubt wird – jederzeit wieder (ohne dass die Wand oder das Waschbecken beschädigt werden) abgenommen werden kann. Vgl. auch Fußnote 2.

11 Diese kann z. B. dadurch ermittelt werden, dass vom Verkehrswert der Sache einschließlich der Anbringungskosten noch die Hälfte der Kosten abzuziehen sind, die der Mieter bei Wegnahme aufzubringen hätte.

12 S. o. Aufgabe 2 a) und b).

13 § 552 I.

14 „Soweit sie sich decken".

Vertiefung: **Mietrecht** [15]

Im Mietvertrag wird eine entgeltliche Gebrauchsüberlassung auf Zeit vereinbart (§ 535). Grundsätzlich ist er formlos gültig. Für Mietverträge über Wohnräume und Grundstücke, die auf längere Zeit als ein Jahr geschlossen werden, begründet § 550 S. 1 kein Schriftformerfordernis, sondern enthält lediglich die Rechtsfolge, dass entsprechende – nicht schriftliche (vgl. § 126) – Mietverträge als für unbestimmte Zeit geschlossen **gelten**.[16] Gem. § 550 S. 2 kann ein solcher Mietvertrag frühestens zum Ablauf eines Jahres nach dem vertraglich bestimmten Zeitpunkt zur Überlassung gekündigt werden.

Bei Mietverträgen (Dauerschuldverhältnissen), die vor dem 1.1.2002 abgeschlossen wurden, gilt gem. Art. 229 § 5 S. 2 EGBGB das neue Schuldrecht ab dem 1.1.2003.

I. Rechte und Pflichten der Mietvertragsparteien

1. Pflichten des Vermieters

Hauptpflicht des Vermieters ist die Gebrauchsüberlassung der Mietsache (§ 535 I 1) sowie deren Erhaltung in vertragsgemäßem Zustand während der Mietzeit (§ 535 I 2).[17] Außerdem obliegen ihm allgemeine Nebenpflichten (vgl. u. a. §§ 535 I 3, 536 a II, 539).

2. Rechte des Mieters bei Sach- oder Rechtsmängeln

Nach Überlassung der Mietsache hat der Mieter neben dem Erfüllungsanspruch einen Anspruch auf Nachbesserung (vgl. § 535 I 2) sowie die Mängelgewährleistungsrechte gem. §§ 536 ff. Letztgenannte Ansprüche bestehen **neben** dem Erfüllungsanspruch. Sofern die Mietsache mit einem Mangel (bei Gebrauchsüberlassung oder später) behaftet ist, der die Tauglichkeit der Sache zum vertragsgemäßen Gebrauch nicht nur unerheblich aufhebt oder beeinträchtigt bzw. dem Mieter aufgrund des privaten Rechts eines Dritten der vertragsgemäße Gebrauch ganz oder teilweise entzogen wird (vgl. § 536 III), ist der Mieter gem. § 536 I 1, 2 ganz oder teilweise von der Mietzinszahlung befreit. Gleiches gilt gem. § 536 II, wenn eine zugesicherte Eigenschaft fehlt oder später wegfällt.

---

15 Literatur zur Vertiefung: BERTERMANN, Teil 3, 4. Abschnitt; DAUNER-LIEB u. a./KLEIN-BLENKERS, § 17; GRUNDMANN, Die Mietrechtsreform, Wesentliche Inhalte und Änderungen gegenüber der bisherigen Rechtslage, NJW 2001, 2497 ff.; JANSEN, Das Übergangsrecht der Mietrechtsreform, NJW 2001, 3151 ff.; KINNE, Der neue Zeitmietvertrag ab dem 1. 9. 2002, ZMR 2001, 684; SCHELLHAMMER, S. 107 ff.; WENZEL/TSCHICHOFLOS/HÜTTE/HELBRON, S. 222 ff.; WÖRLEN, Schuldrecht BT, Rn. 144 ff.

16 = Fiktion (Annahme eines Sachverhalts, der in Wirklichkeit nicht besteht).

17 Diese Instandhaltungspflicht des Vermieters ist abdingbar. Meistens werden durch einen (Formular-)Mietvertrag die zur Beseitigung der normalen Abnutzung erforderlichen Schönheitsreparaturen – wie z. B. Tapezieren von Wänden, Anstreichen von Decken, Heizkörpern, Innentüren – auf den Mieter abgewälzt.

Prüfschema – Voraussetzungen der Mietminderung gem. § 536 I:

1. Wirksamer Mietvertrag
2. Sachmangel oder Rechtsmangel (§ 536 III) der Mietsache
3. Minderung der Tauglichkeit ist erheblich (§ 536 I 3)
4. Kein Ausschluss der Gewährleistung (vertraglich oder gesetzlich – §§ 536 b, d; beachte § 536 IV!)

Rechtsfolge: Mietminderung nach § 536 I 2

Ein Verschulden des Vermieters ist nicht Voraussetzung der Mietminderung!

Außerdem kann der Mieter gem. § 536 a I, II Schadens- und Aufwendungsersatz[18] verlangen.

Prüfschema – Schadensersatz wegen eines Mangels gem. § 536 a:

1. Wirksamer Mietvertrag
2. Mangel der Mietsache i. S. d. § 536
   a) bei Vertragsschluss vorhanden – **Garantiehaftung** – **(§ 536 a I, 1. Alt.) oder**
   b) nach Vertragsschluss aufgetreten und vom Vermieter zu vertreten **(§ 536 a I, 2. Alt.) oder**
   c) Verzug des Vermieters mit einer Mängelbeseitigung **(§ 536 a I, 3. Alt.)**.
3. Schaden beim Mieter
4. Kein Ausschluss der Gewährleistung

Rechtsfolge: Ersatz des Mangel- und des Mangelfolgeschadens.

Der Mieter kann bei Verzug des Vermieters mit der Mängelbeseitigung oder, wenn die umgehende Beseitigung des Mangels zur Erhaltung oder Wiederherstellung des Bestands der Mietsache notwendig ist, statt des Schadensersatzes nach § 536 a I auch den Mangel selbst beseitigen oder beseitigen lassen und Ersatz der erforderlichen Aufwendungen verlangen (§ 536 a II).

3. Haftung des Vermieters nach den allgemeinen Vorschriften

Sofern die Nichterfüllung der Pflichten weder auf einem Sach- noch auf einem Rechtsmangel beruht, haftet der Vermieter nach den allgemeinen Vorschriften der §§ 323–326. An die Stelle des dort geregelten Rücktrittsrechts tritt das Recht zur fristlosen Kündigung gem. § 543.

Sofern allgemeine Schutz- und Sorgfaltspflichten verletzt werden, kommt eine Haftung aus §§ 280 I, 241 II in Betracht.[19]

---

18 Siehe hierzu Fall 12, Aufgabe 1.
19 Dies gilt allerdings nicht für die in § 536 a geregelten Ansprüche des Mieters, da diese Vorschrift auch Mangelfolgeschäden erfasst.

4. Pflichten des Mieters

Hauptpflicht des Mieters ist die Mietzahlung (§ 535 II). Darüber hinaus darf er den vertragsgemäßen Gebrauch nicht überschreiten (vgl. §§ 538, 540, 541, 543 II); er hat hinsichtlich der Mietsache Obhuts- und Sorgfaltspflichten, Duldungspflichten (§ 554 I bei Raummiete) und eine Rückgabepflicht nach Beendigung der Mietzeit (§ 546 I).[20]

5. Folgen der Nicht- oder Schlechterfüllung der Mieterpflichten

Die Vorschriften über Pflichtverletzung wegen Unmöglichkeit[21], Pflichtverletzung wegen Verzugs[22] und „sonstige Pflichtverletzung"[23] finden Anwendung. Folgende Sonderregelungen sind im Mietrecht zu beachten: Bei Verletzung der Zahlungspflicht kommt nur die Kündigung nach § 543 II Nr. 3[24] bzw. § 573 II Nr. 1 in Betracht; sofern der Mieter Pflichten bzw. Rechte des Vermieters aus dem Mietvertrag in erheblichem Maße verletzt, ist eine fristlose Kündigung gem. § 543 II Nr. 2, 543 III unter den dort genannten Voraussetzungen möglich. Eine Entschädigung bei Verletzung der Rückgabepflicht ist in § 546 a geregelt, der Schadensersatzanspruch bei Verletzung der Anzeigepflicht in § 536 c II.

II. Beendigung des Mietvertrages

1. Aufhebungsvertrag gem. § 311 I

Die Parteien können sich jederzeit über den Beendigungszeitpunkt einigen und einen Aufhebungsvertrag (vgl. § 311 I) schließen.

2. Beendigung durch Zeitablauf, §§ 542 II, 575

Gem. § 542 II endet das Mietverhältnis nach Ablauf der für die Miete bestimmten Zeit, ohne dass es einer Kündigung bedarf.[25] Bei einem **Mietverhältnis über Wohnraum** kann ein Zeitmietvertrag abgeschlossen werden, wenn der Vermieter die Räume anschließend für sich, seine Familienangehörigen oder Angehörige seines Haushalts nutzen oder die Räume beseitigen will (wegen weiterer Voraussetzungen siehe § 575 I 1).

Frühestens vier Monate vor Ablauf der Befristung kann der Mieter vom Vermieter verlangen, dass dieser ihm binnen eines Monats mitteilt, ob der Befristungsgrund noch besteht. Entfällt der Grund, so kann der Mieter die Fortsetzung des Mietverhältnisses auf unbestimmte Zeit verlangen (§ 575 II, III).

---

20 Beispiele in Fall 7, Aufgaben 1 a) und 3; Fall 8, Aufgaben 1 und 3 a).
21 Beispiel in Fall 8, Aufgabe 2 b).
22 Beispiel in Fall 7, Aufgabe 1 b).
23 Beispiele in Fall 7, Aufgabe 2; Fall 8, Aufgabe 2 a) und Fall 11 Aufgabe 4.
24 Siehe Fall 7, Aufgabe 1 a).
25 In einem solchen Mietverhältnis ist die ordentliche Kündigung ausgeschlossen (vgl. § 542 II), eine außerordentliche jedoch möglich (s. z. B. §§ 540 I 2, 543 I, II).

3. Beendigung durch Kündigung

Alle im Gesetz genannten Arten der Kündigung (die ordentliche, die außerordentliche befristete und die außerordentliche fristlose) erfordern eine **Kündigungserklärung**. Diese ist eine einseitige empfangsbedürftige Willenserklärung des Inhalts, dass das Mietverhältnis beendet wird. Sie ist nur bei der **Wohnraummiete formbedürftig (vgl. § 568 I)**.[26]

a) Die ordentliche Kündigung

Diese Art der Kündigung kommt nur bei Mietverhältnissen über unbestimmte Zeit in Betracht (§ 542 I). Ein **Kündigungsgrund** ist nur bei der **Wohnraummiete** erforderlich:

Der Vermieter kann nach § 573 I, II grundsätzlich nur bei einem berechtigten Interesse an der Beendigung des Mietverhältnisses kündigen – wobei im Prozess nur die im Kündigungsschreiben genannten Gründe berücksichtigt werden, sofern neue Gründe nicht nachträglich entstanden sind (§ 573 III). Berechtigte Gründe sind vor allem die schuldhafte, nicht unerhebliche Vertragsverletzung (§ 573 II Nr. 1),[27] der Eigenbedarf des Vermieters, seiner Familienangehörigen oder Angehörige seines Haushalts (§ 573 II Nr. 2), die Hinderung einer angemessenen wirtschaftlichen Verwertung des Grundstücks (§ 573 II Nr. 3) oder der Ausbau von Nebenräumen eines Gebäudes (§ 573 b I).

Zugunsten des Vermieters ist der in § 573 geregelte Kündigungsschutz in einigen Fällen ausgeschlossen: Sofern der Vermieter mit dem Mieter in einem Zweifamilienhaus zusammenwohnt, ist für die Kündigung des Vermieters kein Grund erforderlich (§ 573 a I).[28] Die Kündigungsfrist für den Vermieter verlängert sich nach fünf und acht Jahren um jeweils drei Monate.

Bei der ordentlichen Kündigung sind gem. § 580 a bestimmte **Fristen** einzuhalten.[29] Hinsichtlich der Wohnraummiete ist § 573 c[30] zu beachten, wonach spätestens am dritten Werktag eines Kalendermonats für den Ablauf des übernächsten Monats gekündigt werden kann.[31]

Einen besonderen Schutz des Wohnraummieters gegenüber einer ordentlichen Kündigung enthält die sog. **Sozialklausel** des § 574: In besonderen Härtefällen kann der Mieter der Kündigung widersprechen und vom Vermieter eine Fortsetzung des Mietverhältnisses so lange verlangen, „wie dies unter Berücksichtigung aller Umstände angemessen ist" (§ 574 a).[32]

---

26 Darüber hinaus soll der Vermieter bei der Kündigung von Wohnraum die Kündigungsgründe in dem Kündigungsschreiben angeben und auf die Möglichkeit des Widerspruchs hinweisen (§§ 568 II, 573 III 1). Die Folgen der Nichtbeachtung sind in den §§ 573 III 2, 574 III geregelt. Siehe hierzu Fall 7, Aufgabe 1 a) sowie Fall 8, Aufgabe 1.

27 Beispiel hierfür in Fall 7, Aufgabe 1 a).

28 Beispiel in Fall 8, Aufgabe 1. Weitere Ausnahmen sind in §§ 573 a I und 549 II, III geregelt.

29 Es kommt hier nicht auf die Zahlungsweise des Mietzinses an, sondern auf die Zeiträume, die der Bemessung (also der Festlegung des Mietbetrages) zugrunde liegen.

30 Berechnungsbeispiele in Fall 7, Aufgabe 1 a) und Fall 8, Aufgabe 1.

31 Die Vorschriften des § 573 c I und III sind **nicht** abdingbar (vgl. § 573 c IV).

32 Kurz erörtert bei Fall 7, Aufgabe 1 a) und Fall 8, Aufgabe 1.

b) Die außerordentliche Kündigung mit gesetzlicher Frist

Gem. §§ 540 I 2, 544, 563 IV, 564 S. 2, 575 a ist eine vorzeitige Beendigung von Mietverhältnissen über Wohnraum durch außerordentliche Kündigung mit der gesetzlichen Frist möglich. Gem. § 573 d II ist die Kündigung spätestens am dritten Werktag eines Kalendermonats zum Ablauf des übernächsten Monats zulässig. Beim Tod des Mieters ist die Frist nach § 564 S. 2 zu berechnen.

c) Die außerordentliche fristlose Kündigung

Eine solche Kündigung führt zur sofortigen Beendigung des Mietverhältnisses. § 543 I enthält – generalklauselartig – das Recht beider Vertragsparteien, das Mietverhältnis aus wichtigem Grund außerordentlich fristlos zu kündigen. In Abs. 2 dieser Vorschrift werden die wichtigsten, aber nicht abschließenden Gründe für die fristlose Kündigung genannt – u. a. die Gewährleistungskündigung des Mieters (Nr. 1), die Kündigung wegen vertragswidrigem Gebrauch (Nr. 2) sowie die Kündigung wegen Zahlungsverzugs seitens des Mieters (Nr. 3). In § 569 finden sich zwei weitere Kündigungstatbestände für die Wohnraummiete: die Kündigung des Mieters bei gesundheitsgefährdender Beschaffenheit der Räume (§ 569 I) sowie die Kündigung wegen nachhaltiger Störung des Hausfriedens durch die andere Vertragspartei (§ 569 II).

Gem. § 569 IV ist der zur Kündigung führende wichtige Grund (bei Wohnraum) in dem Kündigungsschreiben anzugeben.

4. Folgen der Beendigung

Gem. § 546 I muss der Mieter die Mietsache zurückgeben, der Vermieter etwaige Verwendungen des Mieters ersetzen (§§ 536 a II, 539 I) oder dessen Wegnahmerecht dulden (§ 539 II).[33]

Prüfschema – Anspruch des Vermieters gegen den Mieter auf Räumung der Wohnung gem. § 546 I:

1. wirksamer Mietvertrag
2. Beendigung des Mietverhältnisses
   a) durch Aufhebungsvertrag (§ 311 I)
   b) durch Zeitablauf (§ 575)
   c) durch Kündigung – Schriftform der Kündigung (§ 568)
      aa) Gründe für eine außerordentliche fristlose Kündigung: §§ 543 II 1 Nr. 2 und Nr. 3, 569 III
      bb) ggf. Umdeutung in eine ordentliche Kündigung
      cc) Gründe für eine ordentliche Kündigung: §§ 573, 573 a
3. Kündigungsfrist (bei der ordentlichen Kündigung): § 573 c
4. Härtefall gem. §§ 574, 574 a, 574 b?

Rechtsfolge: „Herausgabe"/Räumung der Wohnung

---

33 Beispiel in Fall 8, Aufgabe 3 a).

Fall 9: Der undankbare Nachbar

Schwerpunkte:
Vertragliche und dingliche Herausgabeansprüche – ungerechtfertigte Bereicherung – Unterlassungsansprüche im Nachbarrecht – Unterlassungs- und Schadensersatzansprüche bei Verletzungen des Persönlichkeitsrechts

Grundstückseigentümer Paul ist Eigentümer des landwirtschaftlichen Grundstücks „Weidenhof" samt Inventar, zu dem auch zwei Traktoren gehören. Bauer Norbert ist der Nachbar von Paul.

Norbert braucht nun dringend zur Feldbestellung einen Traktor, weil sein eigener Traktor bei einem Verkehrsunfall zerstört worden war. Norbert beauftragt seinen 17-jährigen Sohn Hans, bei Paul einen Traktor zu leihen. Er gibt ihm einen Zettel mit, auf dem er geschrieben hat. „Mein Sohn Hans ist ermächtigt, bei Ihnen, Herrn Paul, für mich einen Traktor zu leihen und gleich mitzunehmen. – Unterschrift: Norbert."

Hans geht zu Paul und schildert ihm die Notlage seines Vaters. Er übergibt ihm den Zettel. Paul erklärt, damit sei er einverstanden; der Traktor müsse aber in 14 Tagen zurückgegeben werden. Damit erklärt sich Norbert, von Hans hierüber informiert, einverstanden.

Paul und Hans (H) stellen gemeinsam fest, dass einer der Traktoren voll funktionsfähig und in Ordnung ist. Paul tankt den Traktor voll und übergibt ihn Norbert, der ihn gleich zu seinem Hof fährt.

Nachdem Norbert 14 Tage lang mit dem Traktor die dringende Feldarbeit erledigt hat, weigert er sich, den – inzwischen mit leerem Tank stehen gebliebenen – Traktor des Paul herauszugeben.

Darüber hinaus fährt Bauer Norbert mit einem beim Maschinenhändler gemieteten Traktor immer wieder über die Futterwiese seines Nachbarn Paul, um den Weg zu seinem Grundstück abzukürzen. Norbert beruft sich auf Gewohnheitsrecht, weil Paul außer ständiger Abmahnungen nichts gegen ihn unternommen hat.

Als der Streit eskaliert, lässt der aggressive Norbert im Ortsblatt einen Leserbrief unter seinem Namen veröffentlichen, in dem er den Paul als Eigentümer des „Weidenhofes" übel beschimpft: Er bezeichnet den Bauern Paul als „Betrüger", weil er seine Produkte als „biologisch-dynamischer Anbau" und „kontrolliert ökologische Erzeugnisse ohne Verwendung von chemischen Düngern und chemischer Spritzmittel" verkaufe. Er (Norbert) habe aber wiederholt gesehen, dass Paul seine Felder mit Kunstdünger gedüngt habe. Weitere „Enthüllungen" droht Norbert in dem Leserbrief an. Paul kann allerdings nachweisen, dass er nur mit natürlichem Dünger aus seinen Ställen gearbeitet hat. Für eine Gegendarstellung in der örtlichen Zeitung muss er 300 € investieren.

Aufgabe 1: a) Kann Paul (P) den Traktor von Norbert (N) nach Ablauf der 14 Tage herausverlangen?
(Prüfen Sie alle in Betracht kommenden Anspruchsgrundlagen!)
b) Kann P außerdem von N eine (neue) Tankfüllung verlangen?

Aufgabe 2: Steht P gegen N ein Anspruch auf Unterlassung des Überfahrens seiner Futterwiese zu?

Aufgabe 3: Hat P gegen N einen Anspruch auf Unterlassung der Verleumdung und Beleidigungen?
Kann P von N Schadensersatz wegen Verletzung seines Persönlichkeitsrechts verlangen?

Fall 9: Prüfschema/Lösungsskizze

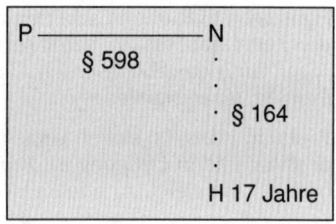

Aufgabe 1 a):

I. P ⟶ N Rückgabe des Traktors gem. § 604 I

1. Leihvertrag P – N gem. § 598 (+)
   a) Angebot durch 17-jährigen H als Vertreter des N – § 164 I 1
      • WE, § 165
      • im Namen des N
      • innerhalb der Vertretungsmacht, § 167 I
   b) Gegenangebot durch P – § 150 II (+)
   c) Annahme durch N (+)
2. Ablauf der für die Leihe bestimmten Zeit (+)

Ergebnis: P ⟶ N Herausgabe des Traktors gem. § 604 I (+)

II. P ⟶ N Herausgabe des Traktors gem. § 985

1. Besitzer = N (+)
2. Eigentümer = P (+)
3. kein Besitzrecht des N mehr gem. § 986 I 1 (+)

Ergebnis: P ⟶ N Herausgabe des Traktors gem. § 985 (+)

Anmerkung:
Die Prüfungsreihenfolge „1. Besitz, 2. Eigentum" ist nicht zwingend und kann auch umgekehrt sein. Aufgrund unserer Erfahrungen bevorzugen wir das vorgenannte Prüfungsschema, zumal der Besitz (= tatsächliche Gewalt einer Person über eine Sache) meist ohne Schwierigkeiten festzustellen ist. Bei der Anspruchsvoraussetzung „Eigentum" hingegen muss oft chronologisch vorgegangen werden; die Studierenden sollten dann alle Geschehnisse erörtern, welche hinsichtlich des Eigentums zu rechtlichen Änderungen geführt haben können (siehe Fall 12, Aufgabe 2).

III. P ⟶ N Herausgabe des Traktors gem. § 812 I 1, 1. Alt. i. V. m. S. 2

1. etwas erlangt: Besitz am Traktor (+)
2. durch Leistung des P (+)
3. ohne Rechtsgrund: Leihvertrag ist nach 14 Tagen beendet (+)

Ergebnis: P ⟶ N Herausgabe des Traktors gem. § 812 I 1, 1. Alt. i. V. m. S. 2 (+)

Aufgabe 1 b):

P ⟶ N Tankfüllung gem. § 607 I

Sachdarlehensvertrag zwischen P und N (+)

1. konkludentes Angebot durch P: Füllen des Tanks (+)
2. konkludente Annahme durch N: Wegfahren mit vollem Tank (+)

Ergebnis: P ⟶ N Tankfüllung gem. § 607 I (+)

Aufgabe 2:

P ⟶ N Unterlassung des Überfahrens der Futterwiese gem. § 1004 I 2

1. Eigentumsbeeinträchtigung (+)
2. Handlungsstörer (+)
3. keine Duldungspflicht gem. § 1004 II (+)
4. Wiederholungsgefahr (+)

Ergebnis: P ⟶ N Unterlassung des Überfahrens der Futterwiese gem. § 1004 I 2 (+)

Aufgabe 3:

I. P ⟶ N Unterlassung der Verleumdung und Beleidigungen gem. § 1004 I 2 analog

1. Verletzung des Persönlichkeitsrechts (+)
2. Handlungsstörer (+)

3. keine Duldungspflicht gem. § 1004 II (+)
4. Wiederholungsgefahr (+)

Ergebnis: P ———→ N Unterlassung der Verleumdung und Beleidigungen gem. § 1004 I 2 analog (+)

II. P ———→ N Schadensersatz wegen Verletzung seines Persönlichkeitsrechts gem. § 823 I

1. Tatbestandsmäßigkeit der Handlung des N
   a) Verletzung eines der in § 823 I genannten Rechtsgüter; hier: „sonstiges Recht" = Persönlichkeitsrecht (+)
   b) Ursächlichkeit der Handlung für die Rechtsgutsverletzung (+)
2. Rechtswidrigkeit (+)
3. Verschulden – Vorsatz (+)
4. Schaden (+)

Ergebnis: P ———→ N Schadensersatz wegen Verletzung seines Persönlichkeitsrechts gem. § 823 I (+)

Umfang des zu ersetzenden Schadens: §§ 249 ff. (§ 249 S. 2 – Geld)

III. P ———→ N Schadensersatz wegen Verletzung seines Persönlichkeitsrechts gem. § 823 II i. V. m. § 185 StGB

1. Schutzgesetz (+)
2. Verletzung des Schutzgesetzes (+)
3. Schaden (+)

Ergebnis: P ———→ N Schadensersatz wegen Verletzung seines Persönlichkeitsrechts gem. § 823 II i. V. m. § 185 StGB (+)

Fall 9: Ausarbeitung (Gutachten)

Aufgabe 1 a):

I. P könnte gegen N einen Anspruch auf Rückgabe des Traktors gem. § 604 I haben.

1. *Voraussetzung hierfür ist zunächst, dass zwischen P und N ein Leihvertrag i. S. v. § 598 zustande gekommen ist. Ein Leihvertrag setzt zwei übereinstimmende Willenserklärungen (Angebot und Annahme) des Inhalts voraus, dass der Entleiher den Gebrauch der Sache einem anderen unentgeltlich gestattet.*

a) Das erforderliche Angebot hat allerdings nicht N, sondern dessen 17-jähriger Sohn H gegenüber P abgegeben. Fraglich ist, ob diese Willenserklärung unmittelbar für N wirkt. Dies ist gem. § 164 I 1 der Fall, wenn H für N wirksam als Vertreter gehandelt hat. *Voraussetzung hierfür ist, dass H eine eigene Willenserklärung im Namen des N innerhalb der ihm zustehenden Vertretungsmacht abgegeben hat.* H ist allerdings nach § 2 minderjährig und gem. § 106 in der Geschäftsfähigkeit beschränkt. Willenserklärungen, die ein Minderjähriger für einen anderen abgibt, verpflichten ihn aber nicht selbst und sind deshalb für ihn sog. neutrale Geschäfte. Dementsprechend *schadet nach § 165 die beschränkte Geschäftsfähigkeit eines Vertreters der Wirksamkeit seiner Willenserklärung nicht.* H ging zu Paul, schilderte diesem die Notlage seines Vaters und übergab einen von N geschriebenen Zettel, in dem H ermächtigt wurde, bei P einen Traktor für ihn, d. h. N, zu leihen. Somit gab er im Namen des Vertretenen (N) das Angebot zum Abschluss eines Leihvertrages ab und handelte auch innerhalb der erteilten schriftlichen Vollmacht (§§ 167 I, 166 II 1). Folglich wirkt das von H erklärte Angebot, den Traktor zu leihen, unmittelbar für N.

b) Dieses Angebot hat P allerdings mit der „Ergänzung" angenommen, dass der Traktor in 14 Tagen zurückgegeben werden müsse. *Eine Annahme unter der Erweiterung gilt gem. § 150 II als Ablehnung verbunden mit einem neuen Antrag.* N hat diesen angenommen. Folglich ist zwischen P und N ein Leihvertrag i. S. v. § 598 zustande gekommen.

2. Nach Ablauf der Leihzeit, d. h. nach 14 Tagen, ist N gem. § 604 I verpflichtet, dem P den Traktor zurückzugeben.

II. P könnte von N Herausgabe des Traktors gem. § 985 verlangen.

1. *N muss Besitzer und P Eigentümer des Traktors sein. Besitz ist gem. § 854 die von einem tatsächlichen Willen getragene Gewalt über die Sache.* N hat die tatsächliche Sachherrschaft über das Fahrzeug, folglich ist er Besitzer.

2. P hat sein Eigentum an dem Traktor nicht verloren und ist somit Eigentümer.

3. N könnte allerdings die *Herausgabe des Traktors verweigern, wenn er nach § 986 I 1 dem Eigentümer gegenüber zum Besitz berechtigt ist.* Ein Besitzrecht bestand während der Dauer des Leihvertrages. Nach 14 Tagen ist jedoch die Leihzeit abgelaufen und das Besitzrecht somit erloschen.

Folglich kann P von N auch gem. § 985 die Herausgabe des Traktors verlangen.

III. Außerdem könnte sich ein Herausgabeanspruch des P gegen N hinsichtlich des Traktors aus § 812 I 1, 1. Alt. i. V. m. § 812 I 2, 1. Alt. ergeben.

1. *N müsste etwas erlangt haben. Darunter ist jede vermögenswerte Rechtsposition zu verstehen.* Wie oben bereits erörtert, hat N am Traktor Besitz erlangt.

2. *Dies muss durch Leistung des P geschehen sein. Unter Leistung versteht man eine bewusste und zweckgerichtete Vermehrung fremden Vermögens.* Indem P dem N bewusst den Besitz an dem landwirtschaftlichen Fahrzeug übertragen hat, wollte er damit seine Verpflichtung aus dem Leihvertrag erfüllen.

3. *Schließlich darf hierfür kein rechtlicher Grund gegeben sein.* Rechtsgrund war der Leihvertrag. Gem. § 812 I 2, 1. Alt. besteht die Verpflichtung zur Herausgabe des Erlangten auch dann, wenn der rechtliche Grund später wegfällt. Nach Ablauf der 14-tägigen Leihfrist ist dieser entfallen.

Somit ist N verpflichtet, dem P den Traktor gem. § 812 I 1, 1. Alt. i. V. m. S. 2, 1. Alt. herauszugeben.

Aufgabe 1 b):

P könnte gegen N einen Anspruch auf eine Tankfüllung gem. § 607 I haben.

Voraussetzung hierfür ist ein zwischen P und N zustande gekommener Sachdarlehensvertrag über eine vertretbare Sache. P und N müssten zwei übereinstimmende Willenserklärungen dahingehend abgegeben haben, dass die Tankfüllung *(vertretbare Sache gem.* §§ 607 I, 91) dem N als Darlehen gewährt wird.

1. Indem P den Traktor vollgetankt hat, hat er konkludent das Angebot zum Abschluss eines Darlehensvertrages erklärt.

2. N hat den Traktor benutzt und den Treibstoff verbraucht. Somit hat er konkludent die Annahme erklärt.

Folglich ist N gem. § 607 I verpflichtet, dem P das Empfangene in Sachen von gleicher Art, Güte und Menge, d. h. eine Tankfüllung, zurückzuerstatten.[1]

Aufgabe 2:

P könnte gegen N einen Anspruch auf Unterlassung des Überfahrens der Futterwiese gem. § 1004 I 2 haben.

1. *Voraussetzung des Abwehranspruchs ist zunächst eine Beeinträchtigung des Eigentums des P durch eine Handlung des N, die nicht in der Entziehung oder Vorenthaltung des Besitzes besteht.[2] Eine Eigentumsbeeinträchtigung ist gegeben bei tatsächlicher Einwirkung auf die Sache selbst.* Indem N mit dem beim Maschinenhändler gemieteten Traktor über die Futterwiese des Nachbarn P fährt, beeinträchtigt er das Eigentum des P.

2. *Anspruchsgegner ist der Störer, d. h. derjenige, der für die Eigentumsbeeinträchtigung verantwortlich ist. Dabei ist Handlungsstörer derjenige, der die Beeinträchtigung durch sein Verhalten adäquat kausal verursacht hat.* Bauer N fährt mit dem Traktor über die Futterwiese des P. Damit hat er ursächlich das Eigentum des P beeinträchtigt, ist also Handlungsstörer.

3. *Der Anspruch darf nicht nach § 1004 II aufgrund einer Duldungspflicht ausgeschlossen sein. Die Duldungspflicht kann sich aufgrund des nachbarschaftlichen Gemeinschaftsverhältnisses nach § 242 ergeben. Daraus resultiert eine Pflicht zur gegenseitigen Rücksichtnahme. Das Überfahren eines fremden Grundstücks, um den Weg abzukürzen, verletzt das Vertrauensverhältnis zwischen Nachbarn und muss nicht geduldet werden.* Norbert beruft sich auf Gewohnheitsrecht, weil P, außer ständiger Abmahnungen, nichts gegen ihn unternahm. *Die Entstehung von Gewohnheitsrecht erfordert jedoch eine lang dauernde tatsächliche Übung. Hinzukommen muss die Überzeugung der Beteiligten, durch die Einhaltung der Übung bestehendes Recht zu befolgen.[3]* Es kann dahingestellt bleiben, wie lange N den Abkürzungsweg über die fremde Wiese

---

1 Ein Darlehensentgelt (§ 607 I 2) wurde zwischen den Vertragsparteien nicht vereinbart. § 607 I ist dispositiv.
2 Hierfür ist § 985 lex specialis.
3 Siehe PALANDT/HEINRICHS, Einleitung Rn. 24 vor § 1.

benutzt hat, da N selbst zugibt, dass er von P ständig abgemahnt wurde. Daraus folgt, dass P immer wieder auf das Unrecht des N hingewiesen hat und dass dem N dies auch bewusst sein musste. Damit ist kein Gewohnheitsrecht entstanden, und eine Duldungspflicht nach § 1004 II ist nicht gegeben.

4. *Ein Anspruch des P gegen N auf Unterlassung des Überfahrens seiner Futterwiese steht dem P gem.* § 1004 I 2 zu, wenn weitere Beeinträchtigungen zu besorgen sind. Da N glaubt, ein Recht auf die Benutzung der Futterwiese seines Nachbarn als Abkürzungsweg zu seinem Grundstück zu haben und immer wieder entsprechend handelt, ist Wiederholungsgefahr gegeben.

Deshalb hat P gegenüber N einen Anspruch auf Unterlassung des Überfahrens seiner Futterwiese gem. § 1004 I 2.

Aufgabe 3:

I. P könnte gegen N einen Anspruch auf Unterlassung der Verleumdung und Beleidigungen gem. § 1004 I 2 analog haben.

1. *Voraussetzung des Abwehrrechts ist eine Verletzung des Persönlichkeitsrechts des P.* Unter dem allgemeinen Persönlichkeitsrecht ist das Recht des Einzelnen auf Achtung seiner Menschenwürde und Entfaltung seiner individuellen Persönlichkeit zu verstehen.[4] *Unmittelbar gilt* § 1004 *nur zum Schutz des Eigentums. Das allgemeine Persönlichkeitsrecht wird jedoch in entsprechender Anwendung des* § 1004 *ebenfalls geschützt.*[5] Bauer N bezeichnet seinen Nachbarn, den Bauern P, als Betrüger und behauptet Unwahres über dessen Anbauweise. Er bezichtigt P, die Käufer seiner landwirtschaftlichen Erzeugnisse zu täuschen. Diese würden die Produkte gerade deshalb kaufen, weil sie glaubten, dass die Lebensmittel frei von chemischen Rückständen seien. Damit versetzte er die Verbraucher in einen Irrtum, der zu erhöhter Geldausgabe und zu einer Vermögensschädigung führe. Das Wort „Betrüger" und die Vorgeschichte veröffentlicht N in einem Leserbrief des Ortsblattes. Damit greift N in die Individualsphäre des P ein. Er verletzt dessen Recht auf Achtung, Ansehen und Ehre in der Öffentlichkeit. Folglich hat N das allgemeine Persönlichkeitsrecht des P verletzt.

2. *Ferner muss N Störer sein. Handlungsstörer ist derjenige, der die Beeinträchtigung durch sein Verhalten, also durch aktives Tun oder pflichtwidriges Unterlassen adäquat kausal verursacht hat.* N veranlasst, dass der Leserbrief im Ortsblatt erscheint. Leserbriefe werden im Allgemeinen unter der Eigenverantwortung des Verfassers veröffentlicht. Damit hat N die Verletzung des Persönlichkeitsrechts des P durch sein Verhalten adäquat kausal verursacht und ist Handlungsstörer i. S. d. § 1004.

3. *Es darf keine Duldungspflicht seitens P bestehen.* Eine Formalbeleidigung wie das Wort „Betrüger" ist stets eine rechtswidrige Verletzung des Persönlichkeitsrechts[6], die nicht geduldet werden muss.

---

4 BGHZ 24, 76; 27, 286; JAUERNIG/TEICHMANN, § 823 Anm. VII. A, 1 a).
5 BGHZ 91, 239; JAUERNIG/JAUERNIG, § 1004 Anm. 1 b).
6 JAUERNIG/TEICHMANN, § 823 Anm. VIII, A 2. § 1004 verlangt kein Verschulden des Störers, im Gegensatz zum Schadensersatzanspruch nach § 823.

4. *Ein Unterlassungsanspruch setzt außerdem voraus, dass weitere Beeinträchtigungen zu besorgen sind.* Da N weitere Enthüllungen in dem Leserbrief androht, ist die Wiederholungsgefahr gegeben.

Folglich steht dem P gegen N ein Anspruch auf Unterlassung der Verleumdung und Beleidigungen gem. § 1004 I 2 analog zu.

II. P könnte gegen N einen Anspruch auf Schadensersatz wegen Verletzung seines Persönlichkeitsrechts gem. § 823 I haben.

1. *Voraussetzung hierfür ist, dass N durch eine Handlung eines der in § 823 I genannten Rechtsgüter des P kausal verletzt hat. In Betracht kommt die Verletzung des Persönlichkeitsrechts, das als sonstiges Recht i. S. d. § 823 I anerkannt ist.*[7] Die Verletzungshandlung kann mittelbar auch in einer Fehlinformation der Presse liegen.[8] Durch die Bezeichnung „Betrüger" im Leserbrief des Ortsblattes hat N das Persönlichkeitsrecht des P verletzt. Die Veröffentlichung in der Zeitung war ursächlich für diese Rechtsgutsverletzung.

2. *Die Handlung des N muss rechtswidrig gewesen sein.* Formalbeleidigungen und ehrverletzende unwahre Tatsachenbehauptungen sind immer rechtswidrig. Ein Rechtfertigungsgrund liegt nicht vor, sodass N rechtswidrig handelte.

3. *Weitere Voraussetzung ist das schuldhafte, d. h. vorsätzliche oder fahrlässige Handeln des N. Unter Vorsatz versteht man das Wissen und Wollen der Tatbestandsverwirklichung.* Indem N die Diffamierung des P in der Zeitung veröffentlichen ließ, handelte er mit Wissen und Wollen. Insbesondere bei Presseveröffentlichungen ist hinsichtlich des Verschuldens stets eine Güter- und Interessenabwägung in Bezug auf den Persönlichkeitsschutz einerseits und das Informationsbedürfnis der Bevölkerung andererseits vorzunehmen. Bewusst wahrheitswidrige, ehrverletzende Tatsachenbehauptungen sind nicht entschuldbar. Damit handelte N schuldhaft i. S. d. § 823 I.

4. *Durch die Rechtsgutsverletzung muss dem P ein Schaden entstanden sein.* Bei rechtswidrigen Presseveröffentlichungen steht dem Verletzten insbesondere ein Recht auf Gegendarstellung zu.[9] Von diesem Recht hat P Gebrauch gemacht. Die Veröffentlichung erfolgt grundsätzlich in der nächsten Ausgabe der Zeitung. Dadurch sind dem P Kosten, also ein materieller Schaden entstanden.

Somit hat P gegen N einen Schadensersatzanspruch gem. § 823 I. Der Schadensumfang ergibt sich aus § 249. Nach § 249 S. 1 hat N den Zustand herzustellen, der vor der Persönlichkeitsverletzung des P bestand. Die Wiederherstellung der Ehre und des Ansehens des P in der Öffentlichkeit erfolgte hier durch die Gegen-

---

7 PALANDT/THOMAS, § 823 Rn. 177. Es handelt sich allerdings nur um einen sog. Auffangtatbestand: Soweit ein spezielles Gesetz die Rechte wegen Verletzung des allgemeinen Persönlichkeitsrechts abschließend regelt (z. B. Recht am eigenen Bild gem. § 22 Kunsturhebergesetz), scheidet § 823 I als weitere Anspruchsgrundlage aus. Es kann jedoch ein Anspruch auf Ersatz des Vermögensschadens nach § 823 II wegen Verletzung eines Schutzgesetzes in Betracht kommen.

8 PALANDT/THOMAS, § 823 Rn. 183.

9 JAUERNIG/TEICHMANN, § 823 Anm. VIII, 5.

darstellung. Gem. § 249 S. 2 kann P den für die Veröffentlichung bezahlten Geldbetrag in Höhe von 300 € von N ersetzt verlangen.[10]

III. Ein weiterer Anspruch des P gegen N auf Schadensersatz wegen Verletzung seines Persönlichkeitsrechts könnte sich aus § 823 II i. V. m. § 185 StGB ergeben.

1. *Voraussetzung hierfür ist, dass § 185 StGB ein Schutzgesetz darstellt. Darunter fällt jede Rechtsnorm, die dem Schutz der Interessen anderer dienen soll.* Das StGB bezweckt mit dem Beleidigungstatbestand einen Individualschutz.

2. *Das Schutzgesetz muss verletzt sein; und zwar rechtswidrig und schuldhaft.* Indem N den P als Betrüger bezeichnete, hat er den objektiven Tatbestand der Beleidigung erfüllt. Wie bereits ausgeführt, handelte N auch rechtswidrig und schuldhaft.

3. *Aus der Schutzgesetzverletzung muss dem P ein Schaden entstanden sein.* P hat – wie oben erörtert – einen materiellen Schaden erlitten.

Somit steht dem P gegen N auch ein Schadensersatzanspruch gem. § 823 II i. V. m. § 185 StGB zu, dessen Umfang sich ebenfalls aus § 249 ergibt.

Vertiefung: **Ungerechtfertigte Bereicherung**[11]

Die Bereicherungsansprüche (§§ 812 ff.) sollen nicht gerechtfertigte Vermögensverschiebungen ausgleichen. Sofern jemand einen Vermögensvorteil erlangt hat, der ihm nach der Rechtsordnung nicht zusteht, wird die Vermögensvermehrung beim Bereicherten zugunsten des Entreicherten wieder beseitigt, d. h. rückgängig gemacht.

Den **Grundtatbestand des Bereicherungsrechts stellt § 812 I 1, 1. Alt. – die sog. Leistungskondiktion**[12] dar. Diese ist immer als Erstes zu prüfen. Nur wenn keine Leistung erfolgt ist, können andere Bereicherungtatbestände erörtert werden.

---

10 Im Sachverhalt wird in erster Linie von dem Schaden ausgegangen, der durch die Gegenerklärung entstanden ist. Deshalb kann hier dahingestellt bleiben, ob dem P gegen N auch ein Anspruch auf „Schmerzensgeld" wegen besonders schwerer Verletzung seines Persönlichkeitsrechts zusteht (BGHZ 128, 1 ff. – Caroline von Monaco; NJW 1996, 984). Eine solche Verletzung kann auch in einer Diffamierung gesehen werden, wenn sie ein besonderes Maß an Rücksichtslosigkeit und Verletzungswillen offenbart (STEFFEN, NJW 1997, 10 ff.). Interessant ist die Herleitung dieses Anspruchs durch den BGH aus § 823 I i. V. m. Art. 1 und Art. 2 GG, da bei dieser Entschädigung – anders als beim Schmerzensgeld nach § 847 – regelmäßig der Gesichtspunkt der Genugtuung des Opfers im Vordergrund steht.
Auch zur Prüfung der Frage, ob ein Schadensersatzanspruch wegen eines Eingriffs in das „Recht am eingerichteten und ausgeübten Gewerbebetrieb" als Schutzposition i. S. v. § 823 I (sonstiges Recht) vorliegt, ergeben sich aus dem Sachverhalt keine weiteren Anhaltspunkte. Es handelt sich hierbei um eine von der Rechtsprechung „entwickelte" neue Norm, die bestimmte Verletzungen der wirtschaftlichen Tätigkeit anderer (z. B. Umsatzrückgang infolge von rechtswidrigen Behauptungen über den Geschäftsbetrieb) einem Ersatzanspruch unterstellt und Vermögensschäden ausgleicht (vgl. JAUERNIG/TEICHMANN, § 823 Anm. VIII, C. 1.).

11 Literatur zur Vertiefung: BROX/WALKER, §§ 33–36; EMMERICH, §§ 16 ff.; ESSER/WEYERS, §§ 47 ff.; FIKENTSCHER, §§ 98 ff.; GURSKY, 6. Teil, 1. Abschnitt, A–C; MEDICUS, Schuldrecht BT, §§ 125–133; SCHELLHAMMER, S. 388 ff.; WÖRLEN, Schuldrecht BT, Rn. 360 ff.; WÖRLEN/METZLER-MÜLLER, Fragen 593–602.

12 Die Vorschriften gehen auf das römische Recht zurück: „condictio" = Herausgabe.

I. Die Leistungskondiktion des § 812 I

Diese betrifft in der Regel Fälle, in denen eine Leistung aufgrund eines Vertrages, der (z. B.) unwirksam ist, erbracht wurde.[13] Die Voraussetzungen der bereicherungsrechtlichen Rückabwicklung sind:

1. Der Schuldner (= Leistungsempfänger, Anspruchsgegner) muss etwas erlangt haben

Hierzu zählt jeder Vermögensvorteil, wie der Erwerb eines dinglichen oder persönlichen Rechts (Eigentum, Forderungen), der Besitz, die Ersparnis von Aufwendungen, der Wegfall von Schulden.

2. Dies muss durch Leistung des Gläubigers (= Leistender, Anspruchsinhaber) geschehen sein

Unter Leistung wird die bewusste und zweckgerichtete Vermehrung fremden Vermögens verstanden. Erforderlich ist also neben der bewussten Vermögensverschiebung,[14] dass damit ein bestimmter Zweck verfolgt wird.[15]

3. Die Leistung muss ohne Rechtsgrund erfolgt sein (§ 812 I 1, 1. Alt.).

Der Rechtsgrund fehlt, wenn die Verbindlichkeit, die der Leistende erfüllen wollte, nicht bestand; so z. B., wenn der Vertrag nichtig war oder aber das gesetzliche Schuldverhältnis (§§ 823 ff. oder Geschäftsführung ohne Auftrag) nicht existierte.

Prüfschema – Leistungskondiktion, § 812 I 1, 1. Alt.:

1. Anspruchsgegner muss etwas erlangt haben
2. durch eine Leistung des Anspruchsinhabers
3. die Leistung muss ohne rechtlichen Grund erfolgt sein

Rechtsfolge: Herausgabe oder Wertersatz (§ 818)

---

4. Weitere Tatbestände der Leistungskondiktion

In § 812 I 2 sind zwei weitere Tatbestände der Leistungskondiktion geregelt: Der Herausgabeanspruch gem. § 812 I besteht auch dann, wenn der rechtliche Grund der Leistung später wegfällt (§ 812 I 2,1. Alt – so in den Fällen einer An-

---

13 Beispiel hierfür: Fall 9, Aufgabe 1 (Vertrag ist beendet).
14 Z. B. der Zahlung eines Geldbetrages.
15 Z. B. Tilgung der Kaufpreisschuld.

fechtung (§§ 119 ff.)[16] oder einer auflösenden Bedingung (§ 158 II): Zur Leistungszeit hat der rechtliche Grund vorgelegen) oder der mit der Leistung bezweckte Erfolg nicht eintritt (§ 812 I 2, 2. Alt.[17]). Das Prüfschema (s. o.) ist nur bei der 3. Anspruchsvoraussetzung entsprechend zu ändern.

II. Die Nichtleistungskondiktion des § 812 I (Bereicherung in sonstiger Weise)

1. Anwendbarkeit der Nichtleistungskondiktion

Wegen des **Grundsatzes des Vorrangs der Leistungskondiktion** muss zunächst geprüft werden, ob nicht eine Bereicherung durch Leistung vorliegt, die die Bereicherung in sonstiger Weise hinsichtlich desselben Bereicherungsgegenstandes ausschließen würde.

2. Etwas erlangt

„Etwas" ist jeder Vermögensvorteil; hier gilt das Gleiche wie bei der Leistungskondiktion (s. o. I.).

3. In sonstiger Weise

Die Bereicherung in sonstiger Weise kann zum einen als **Eingriffskondiktion** in Betracht kommen: Der Bereicherte greift selbst (durch eigene Handlung) in das Recht eines anderen ein und vermehrt auf diese Weise auf dessen Kosten sein Vermögen ohne rechtlichen Grund[18] beziehungsweise der Eingriff erfolgt durch einen Dritten oder ohne menschliches Zutun (Naturereignis).[19] Die **Rückgriffskondiktion** ist gegeben, wenn ein Dritter den Schuldner von dessen Verbindlichkeit gegenüber dem Gläubiger befreit.[20] Eine **Verwendungskondiktion** kommt in Betracht, wenn jemand Aufwendungen zugunsten eines anderen tätigt.[21]

---

16 Bei der Anfechtung wird z. T. (wegen der Rückwirkung der Anfechtung gem. § 142 I) von der Leistungskondiktion gem. § 812 I 1, 1. Alt, ausgegangen. Da der Rechtsgrund der Leistung tatsächlich bis zur Erklärung der Anfechtung bestanden hat, wird allerdings auch § 812 I 2, 1. Alt. als einschlägige Anspruchsgrundlage angesehen (so PALANDT/THOMAS, § 812 Rn. 77).
17 Beispiel: X zahlt dem späteren Erblasser (E) 10 000 €, um als dessen Erbe eingesetzt zu werden, was E aber nicht macht (der bezweckte Erfolg ist also nicht eingetreten). Diese Fälle sind relativ selten.
18 Beispiel: N entwendet die Kohlen seines Nachbarn aus dem gemeinsamen Kellerraum und heizt damit seine Wohnung.
19 Beispiel: Die Kühe des Bauern B dringen in die Weide des Bauern N ein und grasen sie ab.
20 Fälle der Tilgung fremder Schuld. In diesen Fällen kommt § 812 allerdings selten zur Anwendung, da sich meist Ersatzansprüche aus Geschäftsführung ohne Auftrag ergeben.
21 Aus Versehen sprüht der Weinbauer W nicht seinen Weinberg, sondern den seines Nachbarn N vom Flugzeug aus mit Schädlingsbekämpfungsmitteln.

4. Ohne rechtlichen Grund

Ein Rechtsgrund liegt dann nicht vor, wenn weder Vertrag noch Gesetz ein Recht zum Behaltendürfen des „Etwas" geben.

Prüfschema – Nichtleistungskondiktion, § 812 I 1, 2. Alt.:

1. Anwendbarkeit der Nichtleistungskondiktion
2. Anspruchsgegner muss etwas erlangt haben
3. in sonstiger Weise auf Kosten des Anspruchsinhabers
4. ohne Rechtsgrund

Rechtsfolge: Herausgabe oder Wertersatz (§ 818)

III. Sondertatbestände der Eingriffskondiktion – § 816

§ 816 enthält drei Tatbestände der Eingriffskondiktion:

1. Entgeltliche Verfügung eines Nichtberechtigten, § 816 I 1

Grundsätzlich kann nur der Rechtsinhaber, z. B. der Eigentümer, wirksam über sein Recht verfügen. Das Gesetz sieht allerdings in einigen Fällen vor, dass auch die Verfügung eines Nichtberechtigten über ein fremdes Recht wirksam ist: So kann gem. §§ 929, 932 ein Dritter vom Nichtberechtigten gutgläubig Eigentum erwerben.[22] Der gegen Entgelt verfügende Nichtberechtigte erhält einen Vermögenszuwachs, der Rechtsinhaber erleidet einen Vermögensverlust.[23] Gem. § 816 I 1 muss der Nichtberechtigte das durch die Verfügung „Erlangte" dem Berechtigten (= Anspruchsteller) herausgeben, konkret: das, was er durch das der Verfügung zugrunde liegende Kausalgeschäft (z. B. einen Kaufvertrag) erlangt hat.[24]

Prüfschema – § 816 I 1:

1. Entgeltliche Verfügung eines Nichtberechtigten (z. B. nach § 929)
2. Die Verfügung ist dem Berechtigten (= Anspruchsteller) gegenüber wirksam (z. B. nach § 932 oder gem. § 185 II)

Rechtsfolge: Herausgabe des durch die Verfügung Erlangten (= die tatsächlich erlangte Gegenleistung)

---

22 Die Verfügung des Nichtberechtigten wird dem Berechtigten gegenüber auch wirksam, wenn dieser die Verfügung nach § 185 II genehmigt.
23 Siehe hierzu Fall 11, Aufgabe 4.
24 Es ist nur das erlangte Entgelt herauszugeben, auch wenn dieses niedriger ist als der Wert des Gegenstandes – denn nur insoweit ist der Anspruchsgegner bereichert. Die Wertdifferenz kann der Anspruchsteller als Schadensersatz (evtl. aus Vertrag, § 823 I oder § 823 II i. V. m. § 246 StGB) verlangen. Sollte das Entgelt höher sein als der Wert des Gegenstandes, so ist nach herrschender Meinung auch der erzielte Veräußerungsgewinn herauszugeben (= das „Erlangte").

2. Unentgeltliche Verfügung eines Nichtberechtigten, § 816 I 2

Sofern der Nichtberechtigte über den Gegenstand eines anderen unentgeltlich (z. B. Schenkung an einen Dritten) verfügt und diese Verfügung dem Berechtigten gegenüber wirksam ist, so hat der Nichtberechtigte keine Gegenleistung erlangt, die er dem Anspruchsteller herausgeben könnte. Allerdings ist der Dritte durch die unentgeltliche Zuwendung bereichert; deshalb sieht § 816 I 2 als Rechtsfolge vor, dass der Dritte das durch die Verfügung Erlangte an den Berechtigten herauszugeben hat.

Prüfschema – § 816 I 2:

1. Unentgeltliche Verfügung eines Nichtberechtigten; Anspruchsgegner = Dritter (unentgeltlicher Erwerber)
2. Die Verfügung ist dem Berechtigten (= Anspruchsteller) gegenüber wirksam

Rechtsfolge: Herausgabe des unentgeltlich erworbenen Gegenstandes durch den Dritten (Erwerber) an den Anspruchsteller

---

3. Leistung an einen Nichtberechtigten, § 816 II

Der Anwendungsbereich des § 816 II betrifft in der Regel die Fälle, in denen der Schuldner an den „falschen" Gläubiger leistet; aufgrund der Schutzvorschriften der §§ 407, 408 ist seine Leistung dem „richtigen" Gläubiger gegenüber allerdings wirksam.

Prüfschema – § 816 II:

1. Leistung an einen Nichtberechtigten (= Anspruchsgegner)
2. Die Leistung ist dem Berechtigten gegenüber wirksam (gem. §§ 407 f. oder aufgrund Genehmigung des Berechtigten)

Rechtsfolge: Herausgabe des Geleisteten

IV. Umfang des Bereicherungsanspruchs

Für alle vorgenannten Anspruchsgrundlagen ergibt sich der Umfang des Bereicherungsanspruchs aus § 818. Grundsätzlich muss der Bereicherte das Erlangte herausgeben (Herausgabe in natura). Außerdem kann der Anspruchsteller auch gezogene Nutzungen bzw. das Surrogat[25] herausverlangen (§ 818 I). Der Anspruchsgegner (Bereicherungsschuldner) muss bei Unmöglichkeit der Herausgabe gem. § 818 II Wertersatz leisten, und zwar in Höhe des Verkehrswertes. Da die Bereicherungsvorschriften nicht zu einer Vermögensminderung beim An-

---

25 = Gegenstände, die an die Stelle des Erlangten getreten sind.

spruchsgegner führen sollen (deren Zweck ist nur die Rückgängigmachung von dessen Vermögensmehrung), ist der Bereicherungsanspruch ausgeschlossen, wenn der Empfänger nicht oder nicht mehr bereichert ist (§ 818 III). Zu prüfen ist, ob die Bereicherung wertmäßig noch im Vermögen des Schuldners vorhanden ist, ob dieser ggf. Aufwendungen erspart hat. Es ist eine Gegenüberstellung vorzunehmen: Wie hätte der Schuldner gestanden, wenn der Bereicherungsgegenstand ihm nicht zugewachsen wäre? Ergibt sich aus der Gegenüberstellung der beiden Vermögenslagen keine Wertdifferenz, ist keine Bereicherung vorhanden.[26]

Allerdings kann sich der Schuldner nicht auf die Entreicherung berufen, wenn er gem. §§ 818 IV und 819 I verschärft haftet. So, wenn er den Mangel des rechtlichen Grundes kannte oder später erfuhr oder aber der Bereicherungsanspruch rechtshängig war.[27] Folge der verschärften Haftung ist, dass der Empfänger von einer Geldschuld nicht frei wird und sie nach § 291 zu verzinsen hat. Sofern der herauszugebende Gegenstand verschlechtert wird oder untergeht, hat der Schuldner nach §§ 292, 989 Ersatz zu leisten. Ist dem Empfänger die Rückgabe des gem. § 816 I 1 Erlangten nur deshalb unmöglich, weil er es einem Dritten unentgeltlich überlassen bzw. verschenkt hat, so ist der Dritte anstelle des Empfängers zur Herausgabe verpflichtet (§ 822).

Vertiefung: **Unerlaubte Handlungen (Deliktsrecht)**[28]

Das Recht der unerlaubten Handlungen[29] ist in den §§ 823 bis 853 geregelt. Sofern ein Tatbestand der §§ 823 ff. erfüllt ist, entsteht kraft Gesetzes eine schuldrechtliche Beziehung (= gesetzliches Schuldverhältnis).[30] Die **tatbestandsmäßige, rechtswidrige** und **schuldhafte** Handlung verpflichtet den Handelnden zum Schadensersatz gegenüber dem Verletzten. Das Gesetz enthält – neben einigen Sondertatbeständen[31] – drei Grundtatbestände: Verletzung be-

---

26 So bei Vornahme einer Luxusreise, die der Betroffene sonst nie unternommen hätte (vgl. BGHZ 55, 128): Der mit der Reise erlangte Vermögensvorteil ist nicht mehr im Vermögen des Schuldners, da er keine Aufwendungen erspart hat.

27 So bei Zustellung der Klageschrift gem. §§ 261, 253 ZPO.

28 Literatur zur Vertiefung: Brox/Walter, Besonderes Schuldrecht, §§ 37 ff.; Deutsch/Ahrens, 2. Teil, A.; Emmerich, §§ 20 ff.; Esser/Weyers, §§ 55 ff.; Fikentscher, §§ 103 ff.; Gursky, 6. Teil, 2. Abschnitt, B–D; Kötz, D, V, VII; Medicus, Schuldrecht BT, §§ 134 ff.; Schellhammer, S. 423 ff.; Wörlen, Schuldrecht BT, Rn. 387 ff.; Wörlen/Metzler-Müller Fragen 603–627.

29 Dieses wird auch „Deliktsrecht" genannt: „delictum" (lat.) = Vergehen. Das Deliktsrecht ist nicht mit Straftatbeständen des StGB bzw. den Ordnungswidrigkeiten zu verwechseln, die eine Bestrafung oder Bußgeldzahlung zur Folge haben, während es im Privatrecht um die Schadensersatzleistung geht.

30 Das BGB kennt insgesamt vier gesetzliche Schuldverhältnisse: §§ 677 ff. (Geschäftsführung ohne Auftrag), §§ 701 ff. (Haftung des Gastwirts), §§ 812 ff. (ungerechtfertigte Bereicherung) sowie §§ 823 ff. Im Gegensatz hierzu stehen die vertraglichen Schuldverhältnisse, die durch zwei sich deckende Willenserklärungen der Beteiligten (Angebot und Annahme) entstehen. Gem. § 311 I ist zu ihrer Begründung regelmäßig ein Vertrag erforderlich.

31 §§ 831 ff., § 18 I StVG (Haftung für vermutetes Verschulden), § 839 (Haftung für Amtspflichtverletzung), § 825 (Haftung für Verletzung der Geschlechtsehre) – wobei im Rahmen der „Vertiefung" nur § 831 erörtert wird.

stimmter absoluter Rechte (§ 823 I), Verstoß gegen ein Schutzgesetz (§ 823 II) und vorsätzliche sittenwidrige Schädigung (§ 826), wobei letztgenannte Vorschrift eine Generalklausel darstellt.

I. Der Grundtatbestand des § 823 I

Wer vorsätzlich oder fahrlässig das Leben, den Körper, die Gesundheit, die Freiheit, das Eigentum oder ein sonstiges Recht eines anderen widerrechtlich verletzt, ist dem anderen nach § 823 I zum Ersatz des daraus entstehenden Schadens verpflichtet.

1. Tatbestandsmäßigkeit

Durch die **Handlung** des Schädigers, das verletzende Verhalten, muss eines der in § 823 I genannten absoluten Rechtsgüter (Leben, Körper, Gesundheit, Freiheit, Eigentum[32]) verletzt worden sein. Zu den „sonstigen Rechten" zählen alle dinglichen Rechte, Immaterialgüterrechte (Patent-, Urheber-, Warenzeichen-, Gebrauchsmusterrechte, der Besitz). Durch richterliche Rechtsfortbildung sind außerdem das „Recht am eingerichteten und ausgeübten Gewerbebetrieb" und das „allgemeine Persönlichkeitsrecht" als sonstige Rechte anerkannt.

*Der Tatbestand des § 823 I kann auch durch ein **Unterlassen** verwirklicht werden – allerdings nur dann, wenn der Unterlassende objektiv eine ihm gegenüber dem Geschädigten bestehende Pflicht zum Tätigwerden verletzt hat. Diese kann sich aus Gesetz, Vertrag oder vorangegangenem Tun ergeben. Bedeutsam ist hinsichtlich des Letztgenannten die **Verkehrs(sicherungs)pflicht**.[33] Derjenige, der eine Gefahrenquelle schafft oder unterhält,[34] ist verpflichtet, die erforderlichen und zumutbaren Maßnahmen und Vorkehrungen zum Schutze Dritter zu treffen.*

Das Handeln muss dem Anspruchsgegner zuzurechnen sein, d. h., die Handlung des Schädigers muss für die Rechtsgutverletzung ursächlich gewesen sein (sog. haftungsbegründende Kausalität). Außerdem muss das verletzende Verhalten nach der Lebenswahrscheinlichkeit geeignet sein, eine Verletzung des betreffenden Rechtsgutes herbeizuführen (sog. Adäquanztheorie).[35]

---

32 Das Vermögen ist kein absolutes (und in § 823 I geschütztes) Rechtsgut, zumal es die Aktiva einer Person darstellt und auch relative Rechte (z. B. Forderungen aus Schuldverhältnissen) erfasst. Das Vermögen wird aber durch § 263 StGB erfasst – einem Schutzgesetz i. S. d. § 823 II.

33 Diese wurde erstmals vom Reichsgericht hinsichtlich der Streupflicht einer Gemeinde bei Schneeglätte anerkannt (RGZ 54, 33). Fallgruppen der Verletzung der allgemeinen Verkehrspflicht sind u. a. die Sorgfaltspflichten aus Verkehrseröffnung (Vermieter eines Mietshauses hinsichtlich Treppen, Beleuchtung), die Sorgfaltspflichten aus Teilnahme am Verkehr, bei Veranstaltungen usw.

34 Bzw. eine Sache beherrscht, die für Dritte gefährlich werden kann oder der gefährliche Sachen in den Verkehr bringt. Siehe hierzu auch das ProdHaftG vom 15. 12. 1989 (BGBl. I S. 2198), das eine (verschuldensunabhängige) Gefährdungshaftung des Herstellers für fehlerhafte Produkte begründet.

35 Die Erörterung dieser Theorie unterbleibt in den Falllösungen, da keine völlig unwahrscheinlichen Kausalverläufe (deren objektive Zurechenbarkeit von der Adäquanztheorie ausgeschlossen werden) vorkommen.

2. Rechtswidrigkeit

Außer der Verletzungshandlung ist stets erforderlich, dass das verletzende Verhalten rechtswidrig war.[36] Eine Rechtswidrigkeit liegt nicht vor, wenn die Rechtsordnung das Tun durch einen Rechtfertigungsgrund gestattet, wie z. B. Notwehr (§ 227), defensiver Notstand (§ 228), Selbsthilferecht (§ 229), aggressiver Notstand (§ 904), Einwilligung des Verletzten.

3. Verschulden

Eine Haftung aus § 823 I setzt Verschulden voraus.[37] Unter Vorsatz wird das Wissen und Wollen der Tatbestandsverwirklichung verstanden; die Fahrlässigkeit ist in § 276 II definiert – wobei auch „leichteste" Außerachtlassung der im Verkehr erforderlichen Sorgfalt für ein Verschulden i. R. d. § 823 I genügt. Weitere Voraussetzung ist die Verschuldensfähigkeit (vgl. §§ 827, 828), die z. B. bei einem sechsjährigen Kind nicht gegeben ist.[38]

4. Schaden

Ferner ist der Eintritt eines Schadens erforderlich. Hier kommt jede Beeinträchtigung einer Rechtsposition in Betracht. Der Schaden kann sich unmittelbar aus der Rechtsgutsverletzung ergeben (z. B. führt die Zerstörung eines Pkw unmittelbar zu einer Vermögensminderung) oder aber in einer eingetretenen Vermögensverschlechterung bestehen (z. B. entstehen durch die Körperverletzung Krankenhaus- und Arztkosten).

Es muss ein Kausalzusammenhang zwischen Rechtsgutsverletzung und Schaden bestehen, der wiederum nach der Adäquanztheorie bestimmt wird. Das heißt, nur **die** Handlung ist für den eingetretenen Schaden kausal, die vom Standpunkt eines objektiven Beobachters generell geeignet ist, unter normalen, voraussehbaren Umständen den konkreten Schaden herbeizuführen (sog. haftungsausfüllende Kausalität[39]). Der Erfolg darf also nicht außerhalb jeder Wahrscheinlichkeit liegen. Darüber hinaus ist die auf eine Wahrscheinlichkeitsbetrachtung ausgerichtete Adäquanztheorie zu ergänzen durch eine wertende Beurteilung: Eine Schadensersatzpflicht besteht nur, wenn der geltend gemachte Schaden unter den **Schutzzweck** der verletzten Norm fällt. Es müssen also solche Nachteile sein, die aus dem Bereich der Gefahren stammen, zu deren Abwendung die ver-

---

36 Damit wird die Normwidrigkeit bzw. das Unrecht des schädigenden Verhaltens festgestellt.

37 In § 823 I werden die in § 276 I 1 genannten allgemeinen Voraussetzungen des Verschuldens wiederholt. Das Gesetz sieht auch eine Haftung **ohne** Verschulden vor: Bei der **Gefährdungshaftung** kommt es nur darauf an, dass sich eine bestimmte von dem Verantwortlichen (z. B. Kraftfahrer, Tierhalter) beherrschte Gefahr verwirklicht (vgl. u. a. § 7 I StVG; § 833).

38 Diese ist allerdings nur dann zu prüfen, wenn der Sachverhalt entsprechende Anhaltspunkte liefert.

39 Die haftungsausfüllende Kausalität betrifft den Kausalzusammenhang zwischen der Rechtsgutsverletzung und dem Schaden. Bei der haftungsbegründenden Kausalität (siehe 1.) geht es um die Ursächlichkeit des Handelns für die Rechtsgutsverletzung.

letzte Norm erlassen oder die verletzte (vor- bzw.) vertragliche Pflicht übernommen worden ist.[40]

Rechtsfolge:
Der Geschädigte hat einen Anspruch auf Schadensersatz, dessen Umfang sich aus den §§ 249 ff.[41] sowie den Sonderregelungen der §§ 842 ff. ergibt. Schmerzensgeld (§ 847) setzte bisher immer einen Anspruch aus unerlaubter Handlung voraus.[42]

Prüfschema – § 823 I:

1. Tatbestandsmäßigkeit
   a) Verletzung eines der in § 823 I genannten absoluten Rechte
   b) Kausalität der Handlung für die Rechtsgutsverletzung – ggf. Adäquanztheorie
2. Rechtswidrigkeit
3. Verschulden (Vorsatz oder Fahrlässigkeit); evtl. Verschuldensfähigkeit (§§ 827, 828)
4. Schaden
   Kausalität zwischen Rechtsgutsverletzung und Schaden – Adäquanztheorie

Rechtsfolge: Schadensersatz; Umfang des zu ersetzenden Schadens: §§ 249 ff., ggf. §§ 842 ff.

II. Der Tatbestand des § 823 II i. V. m. Schutzgesetz

Bei dieser Anspruchsgrundlage – die **neben** § 823 I eingreifen kann – kommt es bei der Tatbestandsmäßigkeit nur darauf an, dass ein Schutzgesetz verletzt worden ist.[43] Darunter fällt jede Rechtsnorm, die dem Schutz der Interessen anderer dienen soll. Dies sind zahlreiche Vorschriften des Strafgesetzbuches[44], sie befinden sich allerdings auch in anderen Gesetzen[45]. Es ist zu prüfen, ob der Täter den objektiven Tatbestand (z. B.) der Strafnorm erfüllt hat und rechtswidrig sowie schuldhaft handelte. Hierdurch muss ein Schaden adäquat verursacht worden sein. Der Schutzbereich der Norm muss die Person des Geschädigten und den

---

40 PALANDT/HEINRICHS, Vorbem. vor § 249 Rn. 62 m. w. N.
41 Siehe „Vertiefung: Schadensumfang" S. 104 ff.
42 Zur neuen Gesetzeslage siehe die Ausführungen unter VIII. § 847 war (ist) für sich allein keine Anspruchsgrundlage; deshalb § 847 immer in Verbindung mit der vorliegenden unerlaubten Handlung nennen, z. B. § 847 i. V. m. § 823 I. Beispiel hierfür in Fall 10, Aufgabe 1.
43 Damit sollen vor allem die Fälle erfasst werden, in denen der Schädiger kein Recht i. S. d. § 823 I verletzt, sondern das Vermögen eines anderen – z. B. durch Verstoß gegen das „Schutzgesetz" § 263 StGB (Betrug) – schädigt.
44 Z. B. § 242 StGB (Diebstahl), § 223 StGB (vorsätzliche Körperverletzung), § 229 StGB (fahrlässige Körperverletzung), § 246 StGB (Unterschlagung), § 303 StGB (Sachbeschädigung).
45 StVG, StVO; auch Vorschriften der Verfassung u. Ä.; Beispiele in: BROX/WALKER, Rn. 465.

erlittenen Schaden umfassen. Setzt das Schutzgesetz kein Verschulden voraus, kommt ein Anspruch nach § 823 II nur dann in Betracht, wenn den Täter ein (zivilrechtliches) Verschulden, also mindestens Fahrlässigkeit trifft (§ 823 II 2).

Rechtsfolge:
Ersatz des aus dem Schutzgesetzverstoß entstandenen Schadens.

Prüfschema – § 823 II i. V. m. Schutzgesetz:

1. Schutzgesetz (z. B. StGB, StVO)
2. Verletzung des Schutzgesetzes-tatbestandsmäßiges, rechtswidriges und schuldhaftes Handeln (beachte § 823 II 2)
3. Schaden
   Kausalität zwischen Schutzgesetzverletzung und Schaden

Rechtsfolge: Schadensersatz (Umfang: §§ 249 ff., ggf. 842 ff.)

III. Vorsätzliche sittenwidrige Schädigung, § 826

Diese Vorschrift stellt eine Generalklausel dar: Jede sittenwidrige Schädigung eines anderen, unabhängig von der Art des Rechts oder des Rechtsguts, führt zu einem Schadensersatzanspruch. Sittenwidrigkeit liegt vor, wenn die Handlung gegen „das Anstandsgefühl aller billig und gerecht Denkenden" verstößt.[46] Der Täter muss vorsätzlich handeln.[47]

IV. Sondertatbestand der Verschuldenshaftung: Haftung für den Verrichtungsgehilfen, § 831

Derjenige, der einen anderen zu einer Verrichtung bestellt hat, haftet für den Schaden, den der Verrichtungsgehilfe in Ausführung der Verrichtung einem Dritten widerrechtlich zufügt. Das Gesetz geht davon aus, dass die eigentliche Ursache des Schadens in einem Sorgfaltsverstoß des Geschäftsherrn liegt: dessen schuldhaftes Handeln wird vermutet. Er haftet also – sofern er die Verschuldensvermutung nicht widerlegt – für **eigenes Verschulden.**

---

46 Die Rechtsprechung hat zu § 826 bestimmte Fallgruppen herausgebildet: arglistiges Verhalten (um einen Vertrag zum Abschluss zu bringen), Verleiten zum Vertragsbruch, Erteilen wissentlich falscher Auskünfte, Ausnutzen wirtschaftlicher Machtstellungen.
47 Da der Geschädigte für Vorsatz und Sittenverstoß darlegungs- und beweispflichtig ist, ist die praktische Bedeutung des § 826 gering. In den Fällen kommt deshalb auch kein Beispiel für diesen Schadensersatzanspruch vor.

1. Die (selbstständige) Anspruchsgrundlage des § 831 hat folgende Voraussetzungen:

Derjenige, der die Verletzungshandlung begeht, muss **Verrichtungsgehilfe** des Geschäftsherrn sein. Verrichtungsgehilfe ist, wer für einen anderen, von dessen Weisungen er abhängig ist, eine Tätigkeit ausführt.[48] Der Verrichtungsgehilfe muss eine **tatbestandsmäßige und rechtswidrige unerlaubte Handlung nach §§ 823 ff.** begangen haben; ein Verschulden ist nicht erforderlich.

Der **Schaden** muss in **Ausführung der Verrichtung verursacht** worden sein, es muss also zwischen aufgetragener Verrichtung und Schadenszufügung ein innerer Zusammenhang bestehen.

2. Ausschluss der Haftung

Die Schadensersatzpflicht tritt nicht ein, wenn den Geschäftsherrn kein Verschulden trifft. Gem. § 831 I 1 kann er sich auf zweifache Weise entlasten: Entweder er weist nach, dass er den Verrichtungsgehilfen sorgfältig überwacht und ausgewählt hat **(Widerlegung der Vermutung des eigenen Verschuldens)**[49] oder er **widerlegt die Kausalitätsvermutung** und beweist, dass der Schaden auch bei Anwendung der Auswahl- und Überwachungssorgfalt eingetreten wäre.[50]

Prüfschema – § 831 I:

1. Verrichtungsgehilfe – weisungsgebundene Tätigkeit
2. tatbestandsmäßige und rechtswidrige unerlaubte Handlung (§§ 823 ff.) des Verrichtungsgehilfen
3. Schadenszufügung in Ausübung der Verrichtung
4. Schaden
5. Exkulpationsmöglichkeit gem. § 831 I 2
   a) Widerlegung der Vermutung des (eigenen) Verschuldens
   b) Widerlegung der Kausalitätsvermutung

Rechtsfolge: Schadensersatz, falls Exkulpation nicht möglich

---

3. Abgrenzung von § 831 zu § 278

Beide Vorschriften regeln die Haftung für Hilfspersonen. § 831 ist eine (selbstständige) deliktische Anspruchsgrundlage und regelt **eigenes Verschulden** des Geschäftsherrn. § 278 behandelt Fälle der Zurechnung **fremden Verschuldens**, und zwar im Rahmen eines **vertraglichen** Anspruchs[51]; diese Zurechnungsnorm

---

48 Z. B. Angestellte, Arbeiter, nicht aber selbstständiger Unternehmer (wie z. B. Spediteur, Taxiunternehmer – es fehlt hier die Weisungsabhängigkeit). Ausführlich: PALANDT/THOMAS, § 831 Rn. 6.
49 Siehe hierzu Fall 4, Aufgabe 2; Fall 10, Aufgabe 1.
50 Für Großbetriebe und die Rechtsprechung den dezentralisierten Entlastungsbeweis anerkannt: Der Geschäftsherr muss sich nur für den – zur Aufsicht „zwischengeschalteten" – Gehilfen exkulpieren. Evtl. kommt aber in solchen Fällen eine Haftung des Geschäftsherrn wegen eigenem Organisationsverschulden gem. § 823 I in Betracht.
51 Siehe hierzu Fall 4, Aufgabe 2; Fall 10, Aufgabe 4.

setzt also ein bestehendes Schuldverhältnis voraus. Die Möglichkeit zur Exkulpation besteht im Rahmen des § 278 nicht. **§ 278 darf niemals bei der Erörterung eines deliktischen Anspruchs geprüft werden!**

Oft ist der Erfüllungsgehilfe auch ein Verrichtungsgehilfe[52]. Der Unterschied liegt allerdings darin, dass der Erfüllungsgehilfe auch eine Person sein kann, die nicht weisungsgebunden ist.[53]

4. Besonderheiten bei juristischen Personen, § 31

Ist der Geschäftsherr i. S. d. § 831 eine juristische Person, so haftet diese gem. § 31 (bzw. i. V. m. § 89, sofern es sich um eine juristische Person des öffentlichen Rechts handelt)[54] für einen Schaden, den leitende Angestellte, die als ihre „verfassungsmäßig berufenen Vertreter" (Organe) anzusehen sind, einem Dritten in Ausführung der dem Organ zustehenden Verrichtung zugefügt haben. Durch § 31 wird das Handeln der Organe im Rahmen der ihnen zustehenden Verrichtung der juristischen Person als eigenes Handeln zugerechnet. Eine Exkulpationsmöglichkeit besteht nicht.

V. Weitere Fälle der Haftung für vermutetes Verschulden[55]

Haftung des Aufsichtspflichtigen (§ 832), Haftung des Tierhalters bei einem Nutztier (§ 833), Haftung des Tieraufsehers (§ 834), Haftung für die von Gebäuden ausgehenden Schäden (§§ 836 bis 838), Haftung des Fahrzeugführers (§ 18 StVG).

VI. Haftung mehrerer Schädiger

1. Verantwortlichkeit von Teilnehmern und Beteiligten, § 830

Gem. § 830 ist jeder Teilnehmer einer unerlaubten Handlung dem Geschädigten für den vollen Schaden verantwortlich. Voraussetzung dieser **selbstständigen Anspruchsgrundlage** ist die Teilnahme an einer tatbestandsmäßig, rechtswidrig und schuldhaft begangenen unerlaubten Handlung i. S. d. §§ 823 ff., und zwar als Mittäter[56], Anstifter[57] oder Gehilfe[58] (§ 830 I und II). Sollte nicht zu ermitteln

---

52 So bei den Fällen 4; 10, Aufgabe 1.
53 So in den Fällen 8, Aufgabe 2 a); 10, Aufgabe 4.
54 § 31 ist keine selbstständige Anspruchsgrundlage, sondern setzt eine zum Schadensersatz verpflichtende Handlung des Organs (z. B. gem. §§ 823 ff.) voraus. Anspruchsgrundlage für einen Schadensersatzanspruch gegen die juristische Person ist z. B. § 823 I i. V. m. § 31.
55 Die Gefährdungshaftung wird in diesem Schwerpunkt nicht erörtert.
56 § 25 II StGB: bewusstes und gewolltes Zusammenwirken zur Herbeiführung des Verletzungserfolgs.
57 § 26 StGB: derjenige, der vorsätzlich einen anderen zu dessen vorsätzlich begangener rechtswidriger Tat bestimmt hat. Siehe hierzu Fall 10, Aufgabe 3 (III).
58 § 27 StGB: derjenige, der vorsätzlich einem anderen zu dessen vorsätzlich begangener rechtswidriger Tat Hilfe geleistet hat.

sein, wer von mehreren Beteiligten den Schaden durch seine Handlung verursacht hat, trifft nach § 830 I 2 jeden Beteiligten die volle Haftung für den eingetreten Schaden.

2. Gesamtschuldnerschaft, § 840

Bei der Haftung mehrerer Personen ist zwischen dem Außenverhältnis (d. h. der Haftung gegenüber dem Geschädigten) und dem Innenverhältnis (d. h. das Verhältnis der einzelnen Schädiger untereinander) zu unterscheiden.

a) Außenverhältnis

Täter einer unerlaubten Handlung, die nebeneinander verantwortlich sind, haften gem. § 840 dem Geschädigten als Gesamtschuldner.[59]

b) Innenverhältnis

Durch § 426 I wird ein Ausgleichsschuldverhältnis unter den Gesamtschuldnern begründet: Die Gesamtschuldner sind im Verhältnis zueinander zu gleichen Anteilen verpflichtet[60], sofern nicht das Gesetz etwas anderes bestimmt. Gesetzliche (abweichende) Regelungen sind in § 840 II und III für die Gesamtschuldner getroffen.

VII. Verjährung

Die Ansprüche aus unerlaubter Handlung unterliegen der Regelverjährung des § 195[61]. Diese beträgt drei Jahre und beginnt mit dem Schluss des Jahres, in dem der Anspruch entstanden ist und der Gläubiger von den den Anspruch begründenden Umständen und der Person des Schuldners Kenntnis erlangt hat oder ohne grobe Fahrlässigkeit erlangen müsste (§ 199 I).

Nach § 199 II verjähren Schadensersatzansprüche, die auf der Verletzung des Lebens, des Körpers und der Gesundheit oder der Freiheit beruhen – ohne Rücksicht auf ihre Entstehung und die Kenntnis oder grob fahrlässige Unkenntnis – in 30 Jahren von der Begehung der Handlung oder dem sonstigen, den Schaden auslösenden Ereignis an.

Die Schadensersatzansprüche, die nicht auf der Verletzung der vorgenannten höchstpersönlichen Rechtsgüter beruhen, verjähren nach § 199 III Nr. 1 in zehn Jahren, beginnend mit der Anspruchsentstehung.[62]

---

59 So Mittäter, Anstifter, Gehilfen (§ 830 I, II); Beteiligte (§ 830 I 2), Nebentäter nach §§ 823 ff., auch wenn der eine vorsätzlich, der andere fahrlässig gehandelt hat; Geschäftsherr nach § 831 und Verrichtungsgehilfe nach §§ 823 ff.

60 Gem. § 426 II geht, sofern ein Gesamtschuldner den Gläubiger befriedigt, die Forderung des Gläubigers gegen die übrigen Schuldner auf ihn über. Diese Vorschrift ist Beispiel für einen gesetzlichen Forderungsübergang; weitere Fälle sind z. B. § 774 (Bürgschaft), § 103 HGB (siehe hierzu Fall 6, Aufgabe 1 [II]) und § 91 BSHG.

61 Bis 31. 12. 2001 galt die Sonderregelung des § 852 a. F., die eine dreijährige Verjährungsfrist enthielt.

62 Beachte auch die Maximalfrist bei der Verletzung sonstiger Rechtsgüter ohne Rücksicht auf die Anspruchsentstehung nach § 199 III Nr. 2.

VIII. Das neue Schadensersatzrecht[63]

Bisher hatte der Gesetzgeber die Fortentwicklung des Schadens- und Deliktsrechts der Rechtsprechung überlassen. Durch das Gesetz zur Änderung schadensersatzrechtlicher Vorschriften[64], das am 1. 8. 2002 in Kraft treten soll, findet u. a. eine Neuregelung des Schmerzensgeldanspruchs statt. Bisher sah § 847 einen Schmerzensgeldanspruch nur im Bereich der verschuldensabhängigen unerlaubten Handlung vor. Durch das neue Gesetz ist Schmerzensgeld auch bei Gefährdungstatbeständen und innerhalb des Vertragsrechts möglich (§ 253 II n. F.). Dieser Anspruch wird allerdings in der Weise eingeschränkt, dass er entweder eine vorsätzliche Verletzung oder eine nicht unerhebliche Folge voraussetzt. Für kleinere, durch fahrlässiges Handeln verursachte Verletzungen gibt es in Zukunft kein Schmerzensgeld mehr.

Nach der neuen Gesetzeslage sind künftig bei Sexualdelikten nicht nur „Frauenspersonen" anspruchsberechtigt (vgl. §§ 825, 847 II a. F.), sondern sämtliche Opfer.

Fall 10: Die Geburtstagsfeier mit Hindernissen

Schwerpunkte:
Deliktische Haftung – Anstiftung – Rechtfertigungsgrund – Erfüllungsgehilfe – Verrichtungsgehilfe

G will seinen Geburtstag zünftig feiern. Auf Anfrage überlässt ihm die Stadt S eine am Stadtrand gelegene Grillhütte zu einer angemessenen Miete für einen Abend. Leider verläuft der Abend nicht so, wie von G erhofft.

Als G seinen Gästen zu den Grillsteaks Kräuterbutter servieren will, die er am Vormittag im Supermarkt M gekauft hat, stellt er fest, dass das Mindesthaltbarkeitsdatum bereits abgelaufen war. Im Interesse der Gäste sieht er deshalb davon ab, die Kräuterbutter zu servieren.

G will es sich nun bequem machen und auf einer zur Einrichtung der Grillhütte gehörenden Holzbank niederlassen. Kaum hat er sich gesetzt, kracht die Bank zusammen. Die Hose des G wird dabei zerrissen, er selbst verstaucht sich den Arm.

---

63 Ausführlich hierzu: Dauner-Lieb u. a./Huber, § 16. Siehe auch Wörlen, Schuldrecht BT, Rn. 402 f.
64 BT-Drucksache 742/01 vom 19. 2. 2001.

Doch nicht genug. Als die Stimmung sich dem Höhepunkt zuneigt, fordert der aufgrund seines Alkoholgenusses schon volltrunkene Gast A den 16-jährigen K heimlich auf, seinem ungeliebten Tischnachbarn N ein Glas Bier über den Kopf zu schütten. Als der zu Scherzen aufgelegte K sich dem N von hinten nähert und bereits zum Schwung ausholt, bemerkt N die ihm drohende Gefahr und wehrt den Arm des K mit der Hand ab, wobei die Armbanduhr des N beschädigt wird. Hierdurch verliert K das Gleichgewicht, fällt hin und verschmutzt seine Kleidung.

Als sowohl G wie auch der Abend „geschafft" waren, bittet der G seinen allgemein als ungeschickt bekannten Freund F, die Grillhütte zu reinigen, weil er wegen des verstauchten Armes hierzu nicht mehr imstande sei, andererseits die Stadt die Endreinigung in ihren Vertragsbedingungen zur Pflicht gemacht hat. Wie nicht anders zu erwarten, zerstört F dabei eine zur Ausstattung der Grillhütte gehörende Lampe.

G will anderntags bei M gegen Rückgabe der noch nicht angebrochenen Kräuterbutter seinen Kaufpreis zurückhaben. M verweist darauf, die Butter sei trotz des abgelaufenen Mindesthaltbarkeitsdatums noch in Ordnung. Außerdem sei G selbst daran schuld, da er das Datum ja bei der Entnahme der Butter hätte feststellen können.

Aufgabe 1: G verlangt von der Stadt S Schadensersatz wegen der zerrissenen Hose und Schmerzensgeld.
Ein Sachverständiger hatte festgestellt, dass die Bank seit geraumer Zeit defekt gewesen sein muss. Dieser Mangel konnte aber von dem bei der Stadt angestellten und mit der Wartung der Grillanlage beauftragten, sorgfältig ausgesuchten und überwachten Arbeiter X trotz der in hinreichenden Abständen vorgenommenen Überprüfungen nicht festgestellt werden.

Aufgabe 2: K verlangt von N die Reinigungskosten für seine verschmutzte Kleidung.

Aufgabe 3: N verlangt von K und A Ersatz der Reparaturkosten für seine Armbanduhr, die bei der Abwehrreaktion beschädigt wurde.

Aufgabe 4: Die Stadt S verlangt von G Ersatz der von F zerstörten Lampe.

Aufgabe 5: G verlangt von M Lieferung von neuer, mangelfreier Kräuterbutter. M verweigert dies.

Zu Recht? Prüfen Sie alle in Betracht kommenden Anspruchsgrundlagen.

Fall 10: Prüfschema/Lösungsskizze

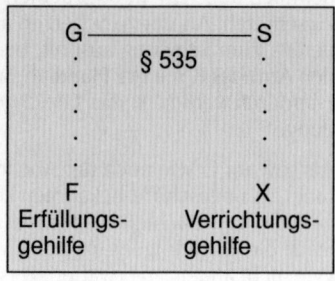

```
G ————————————— S
·          § 535        ·
·                       ·
·                       ·
·                       ·
·                       ·
F                       X
Erfüllungs-        Verrichtungs-
gehilfe               gehilfe
```

Aufgabe 1:

I. G ⟶ Stadt S Schadensersatz (Hose) gem. § 536 a I, 1. Alt.

1. Mietvertrag G–S (+)
2. Mangel der Mietsache bei Abschluss des Vertrages (+)
3. Schaden des G (+)

Ergebnis: G ⟶ Stadt S Schadensersatz gem. § 536 a I, 1. Alt. (+)
Umfang des zu ersetzenden Schadens: §§ 249 ff. (§ 249 S. 2 – Geld)

II. G ⟶ Stadt S Schadensersatz (Hose) gem. § 831 I

1. Verrichtungsgehilfe = X (+)
2. tatbestandsmäßige und rechtswidrige unerlaubte Handlung des Verrichtungsgehilfen (+)
3. Schädigung in Ausführung der (weisungsgebundenen) Verrichtung (+)
4. Schaden (+)
5. Exkulpation gem. § 831 I 2 möglich

Ergebnis: G ⟶ Stadt S Schadensersatz gem. § 831 I I (–)

III. G ⟶ Stadt S Schmerzensgeld gem. § 847 I i. V. m. § 831 I

Eine deliktische Haftung der Stadt S nach §§ 823 ff. liegt nicht vor.

Ergebnis: G ⟶ Stadt S Schmerzensgeld gem. § 847 I i. V. m. § 831 I (–)

Aufgabe 2:

Sachverhalt (Kurzbeschreibung):

A (volltrunken) stiftet K (16-jährig) an, ein Bierglas über den Kopf des N zu schütten. N wehrt sich. K: Kleidung verschmutzt; N: Armbanduhr beschädigt

K ⟶ N Schadensersatz (Reinigungskosten) gem. § 823 I

1. Tatbestandsmäßigkeit der Handlung des N

a) Verletzung eines der in § 823 I genannten Rechtsgüter; hier: Eigentum (+)
b) Ursächlichkeit der Handlung für die Rechtsgutsverletzung (+)
2. Rechtswidrigkeit (–)
   Notwehr, § 227

Ergebnis: K ⟶ N Schadensersatz gem. § 823 I (–)

Aufgabe 3:

I. N ⟶ K Schadensersatz (Reparaturkosten Armbanduhr) gem. § 823 I

1. Tatbestandsmäßigkeit der Handlung des K
   a) Verletzung eines der in § 823 I genannten Rechtsgüter; hier: Eigentum (+)
   b) Ursächlichkeit der Handlung für die Rechtsgutsverletzung (+)
2. Rechtswidrigkeit (+)
3. Verschulden – Vorsatz, § 828 II 1 (+)
4. Schaden (+)

Ergebnis: N ⟶ K Schadensersatz gem. § 823 I (+)
Umfang des Schadensersatzanspruchs: §§ 249 ff.

**II. N ⟶ K Schadensersatz (Reparaturkosten Armbanduhr) gem. § 823 II
i. V. m. § 303 StGB**

1. Schutzgesetz (+)
2. Verletzung des Schutzgesetzes (+)
3. Schaden (+)

Ergebnis: N ⟶ K Schadensersatz gem. § 823 II i. V. m. § 303 StGB (+)
Umfang des Schadensersatzanspruchs: §§ 249 ff.

**III. N ⟶ A Schadensersatz (Reparaturkosten Armbanduhr) gem. §§ 823,
830 II**

1. vorsätzlich begangene rechtswidrige Haupttat (§ 823) eines anderen,
   hier: K (+)
2. Anstiftung (+)
3. Rechtswidrigkeit (+)
4. Verschulden; A ist verantwortlich für die Tat nach § 827 S. 2 (+)

Ergebnis: N ⟶ A Schadensersatz gem. §§ 823, 830 II (+)
Umfang des Schadensersatzanspruchs: §§ 249 ff.

Aufgabe 4:

I. Stadt S ⟶ G Schadensersatz aus § 280 I (zerstörte Lampe)

1. Wirksames Schuldverhältnis – Mietvertrag i. S. d. § 535 (+)
2. Objektive Pflichtverletzung durch den Schuldner – § 241 II (+)
3. Vertretenmüssen, §§ 280 I 2, 276, 278 (+)
4. Schaden beim Gläubiger als Folge der Pflichtverletzung (+)

Ergebnis: Stadt S ⟶ G Schadensersatz aus § 280 I (+)
Umfang des Schadensersatzanspruchs: §§ 249 ff.

II. Stadt S ⟶ G Schadensersatz für die zerstörte Leuchte gem. § 831 I 1

F ist kein Verrichtungsgehilfe

Ergebnis: Stadt S ⟶ G Schadensersatz gem. § 831 I (–)

Aufgabe 5:

G ⟶ M Lieferung einer mangelfreien Kräuterbutter (Nacherfüllungsanspruch) gem. §§ 437 Nr. 1, 439, 434

1. Kaufvertrag E–T (+)
2. Sachmangel[1] bei Gefahrübergang nach § 434 I 1 Nr. 1 (+)
3. § 439: Wahlrecht des G – Lieferung einer mangelfreien Sache
4. Verweigerungsrecht des Verkäufers T?
   § 439 III (–)
   §§ 275 II, III (–).
5. Ausschluss des Nacherfüllungsanspruchs gem. § 442 I 2 (+)
   grob fahrlässige Unkenntnis des G[2]

Ergebnis: G ⟶ M Nacherfüllungsanspruch gem. §§ 437 Nr. 1, 439, 434 (–)

Fall 10: Ausarbeitung (Gutachten)

Aufgabe 1:

I. G könnte gegen die Stadt S einen Anspruch auf Schadensersatz wegen der zerrissenen Hose gem. § 536 a I, 1. Alt. haben.

1. *Voraussetzung für diesen Anspruch ist zunächst, dass G und S einen Mietvertrag i. S. d. § 535 geschlossen haben. Hierfür sind zwei übereinstimmende Willenserklärungen, Angebot und Annahme, erforderlich.* G hat bei der Stadt wegen der Vermietung einer am Stadtrand gelegenen Grillhütte angefragt und S hat diese dem G für eine angemessene Miete überlassen. Somit ist zwischen beiden ein wirksamer Mietvertrag zustande gekommen.

---

1 So PALANDT/PUTZO, 61. Aufl. 2001, § 459 Rn. 32 (für den „Fehlerbegriff"), nunmehr (62. Auflage 2002) § 434 Rn. 22.
2 Es ist auch eine andere Lösung möglich.

2. Ferner muss ein Mangel der Mietsache i. S. d. § 536 schon bei Abschluss des Mietvertrages vorhanden gewesen sein, der ihre Tauglichkeit zum vertragsgemäßen Gebrauch aufhebt oder mindert.[3] *Voraussetzung ist also eine Abweichung der Ist-Beschaffenheit der Mietsache von der vertraglich vereinbarten Soll-Beschaffenheit.* Der Vermieter war aufgrund des Vertrages verpflichtet, die Grillhütte einschließlich der hierzu gehörenden Holzbänke dem G in ordnungsgemäßem Zustand zu überlassen. Die bereits seit einiger Zeit defekte Holzbank, die beim Sitzen sogar „zusammenkracht", stellt eine Abweichung der Ist-Beschaffenheit von der Soll-Beschaffenheit dar. Man kann sie überhaupt nicht mehr als Sitzgelegenheit benutzen; ihre Tauglichkeit zum vertragsgemäßen Gebrauch ist aufgehoben. Somit liegt ein Mangel i. S. d. § 536 I vor, der bereits zum Zeitpunkt des Vertragsschlusses vorhanden war.[4]

3. Schließlich muss dem G ein Schaden entstanden sein. Die Hose des G wurde durch die zusammenstürzende Holzbank zerrissen. Somit ist eine Vermögenseinbuße eingetreten.

Rechtsfolge ist, dass G gegenüber der Stadt S einen Schadensersatzanspruch hat.[5] Für den Umfang des zu ersetzenden Schadens gelten die §§ 249 ff. Die Stadt S hat den Zustand herzustellen, der ohne das schädigende Ereignis bestehen würde (§ 249 S. 1). Nach § 249 S. 2 kann der Gläubiger wegen Beschädigung einer Sache statt der Herstellung den dazu erforderlichen Geldbetrag verlangen. G kann danach die Kosten für die Reparatur der Hose von der Stadt S verlangen. Soweit die Herstellung nicht möglich ist, hat nach § 251 I der Ersatzpflichtige den G in Geld zu entschädigen. Die Geldentschädigung erfolgt bei Zerstörung in Höhe des Wiederbeschaffungswertes, dem Betrag also, der zum Ankauf einer gleichwertigen Sache erforderlich ist.

II. Weiterhin könnte ein Schadensersatzanspruch des G gegen die Stadt S gem. § 831 I möglich sein.

1. Dann müsste X als Verrichtungsgehilfe für die Stadt tätig gewesen sein. Verrichtungsgehilfe ist X, wenn ihm vom Geschäftsherrn in dessen Interesse eine Tätigkeit übertragen worden ist und er von den Weisungen des Geschäftsherrn abhängig ist. X ist bei der Stadt S angestellt, und die Wartung der Grillanlage gehört zu seinem übertragenen Aufgabengebiet. Der Arbeitgeber (= Geschäftsherr) kann die Tätigkeit des X jederzeit beschränken, untersagen oder nach Zeit und Umfang bestimmen. X ist also Verrichtungsgehilfe der Stadt S.

2. Ferner müsste X eine tatbestandsmäßige und rechtswidrige unerlaubte Handlung bzw. Unterlassung begangen haben. Aufgrund seines Arbeitsvertrages ist X für die Wartung der Grillanlage zuständig. Zu seinem Verantwortungsbereich ge-

3 Die vorherige Bezeichnung war: „Fehler". Siehe hierzu PALANDT/WEIDENKAFF, § 536 Rn. 16.
4 Es handelt sich bei der 1. Alt. des § 536 a I um eine nicht vom Verschulden des Vermieters abhängige Einstands- und Schadensersatzpflicht für alle anfänglichen, auch unerkennbaren Mängel. Der Gesetzgeber geht – aus Gründen des Mieterschutzes – von der Fiktion aus, dass der Vermieter stillschweigend eine Garantieerklärung abgibt. Diese sehr weitgehende Haftung ist allerdings auch vertraglich abdingbar.
5 Diese Anspruchsgrundlage umfasst alle Schäden, d. h. auch die Mangelfolgeschäden (vgl. PALANDT/WEIDENKAFF, § 536 a Rn. 14). Die zerrissene Hose stellt einen Mangelfolgeschaden dar.

hört es, berechtigte Benutzer vor Gefahren im Bereich der Grillanlage zu schützen. Dieser Rechtspflicht ist X nicht nachgekommen. Er hat es unterlassen, die defekte Bank rechtzeitig zu reparieren. Weitere Voraussetzung ist, dass eines der in § 823 I geschützten Rechtsgüter verletzt wurde. Durch den Sturz wurde die Hose des G zerrissen und somit dessen Eigentum beschädigt. *Die Unterlassung muss für die Rechtsgutsverletzung ursächlich sowie rechtswidrig gewesen sein.* Hätte X die Bank repariert, wäre es nicht zu dem Unfall gekommen. Deshalb war die Unterlassung des X kausal für die Rechtsgutsverletzung. Es liegt kein Rechtfertigungsgrund vor, somit war die Unterlassung auch widerrechtlich.

3. *Als weitere Voraussetzung muss die Schädigung in Ausführung der Verrichtung geschehen sein.* X war aufgrund des Arbeitsvertrages mit der Stadt S verpflichtet, die Grillhütte einschließlich der hierzu gehörenden Holzbänke in einwandfreiem Zustand zu erhalten. Die Reparatur dieser Bank gehörte zum Leistungsbereich des X. Die Unterlassung dieser Aufgabe war eine Fehlleistung im Zusammenhang mit einer Verrichtung, die X weisungsgebunden zu erledigen hatte.

4. *Ferner muss dem G ein Schaden entstanden sein.* Die Hose des G wurde durch die zusammenbrechende Bank zerrissen. Somit ist eine Vermögenseinbuße eingetreten.

5. *Die Ersatzpflicht ist allerdings ausgeschlossen, wenn die Stadt S bei der Auswahl und Überwachung des X die im Verkehr erforderliche Sorgfalt beachtet hat (§ 831 I 2).* X wurde für diese Aufgabe sorgfältig ausgesucht und pflichtgemäß überwacht. Somit kann sich die Stadt S exkulpieren.

Ein Schadensersatzanspruch des G gegen die Stadt S gem. § 831 I 1 ist nicht gegeben.

III. G könnte von der Stadt S ein angemessenes Schmerzensgeld gem. § 847 I i. V. m. §§ 823 ff. verlangen.

Voraussetzung für einen Schmerzensgeldanspruch ist eine unerlaubte Handlung der Stadt S gem. §§ 823 ff.

Wie unter II. festgestellt, hat G keinen deliktischen Schadensersatzanspruch gegen die Stadt S.

Somit scheidet auch ein Anspruch auf Schmerzensgeld von G gegen die Stadt S aus.

Aufgabe 2:

K könnte von N Schadensersatz, d. h. die Reinigungskosten für verschmutzte Kleidung, gem. § 823 I verlangen.

1. *Dann müsste N durch eine Handlung kausal eines der in § 823 I genannten Rechtsgüter verletzt haben.* N hat mit seiner Hand gegen den Arm des K geschlagen. Durch den Schlag verlor K das Gleichgewicht, fiel hin und verschmutzte seine Kleidung. Somit war die Handlung des N ursächlich für die Verletzung des Eigentums, d. h. der Kleidung des K.

2. *Weitere Voraussetzung eines deliktischen Schadensersatzanspruchs ist ein rechtswidriges Handeln des N.* Hier könnte der Rechtfertigungsgrund der Notwehr gem. § 227 zugunsten des N eingreifen. *Gem. § 227 II ist Notwehr diejenige Verteidigung, die erforderlich ist, um einen gegenwärtigen rechtswidrigen Angriff von sich abzuwenden.* K näherte sich dem N mit einem Glas Bier von hinten, um dem N das Bier über den Kopf zu schütten. Er hatte sogar schon zum Schwung ausgeholt, als N die ihm drohende Gefahr bemerkte und den Arm des K mit der Hand abwehrte. Folglich hat N durch den Schlag mit der Hand gegen den Arm des K einen gegenwärtigen rechtswidrigen Angriff des K abgewehrt und in Notwehr gehandelt.

Ein Rechtfertigungsgrund für das Handeln des N ist gegeben, sodass N nicht rechtswidrig handelte (§ 227 I).

Ein Schadensersatzanspruch des K gegen N gem. § 823 I scheidet daher aus.

Aufgabe 3:

I. **N könnte gegen K einen Anspruch auf Schadensersatz in Höhe der Reparaturkosten für seine Armbanduhr gem. § 823 I haben.**

1. *Voraussetzung hierfür ist zunächst, dass K durch eine Handlung eines der in § 823 I genannten Rechtsgüter des N kausal verletzt hat.* K wollte dem N – von hinten kommend – ein Glas Bier über dessen Kopf entleeren. Beim Ausholen zum Schwung erkannte N allerdings die drohende Gefahr und wehrte den Arm des K ab. Dabei kam K mit seinem Arm gegen die Armbanduhr des N und beschädigte diese. Somit verletzte K das Eigentum des N; sein Schlagen gegen dessen Arm war ursächlich für die Rechtsgutsverletzung.

2. *Das Handeln des K müsste widerrechtlich sein.* Ein Rechtfertigungsgrund liegt nicht vor, K handelte rechtswidrig.

3. *Weiterhin ist Voraussetzung, dass K schuldhaft, d. h. vorsätzlich oder fahrlässig das Eigentum des N verletzte. Unter Vorsatz versteht man das Wissen und Wollen der Tatbestandsverwirklichung.* K hat gewusst und gewollt, dass Rechtsgüter des N verletzt werden. Folglich ist die Handlung schuldhaft. Fraglich ist allerdings, ob K dafür verantwortlich gemacht werden kann, zumal K erst 16 Jahre alt und somit minderjährig (§ 2) ist. *Gem. § 828 II 1 ist ein Minderjähriger nicht verantwortlich, wenn er bei Begehung der schädigenden Handlung nicht die zur Erkenntnis der Verantwortlichkeit erforderliche Einsicht hatte.* Bei einem 16-Jährigen kann man das Einsichtsbewusstsein dafür unterstellen, dass sein Verhalten eine allgemeine Gefahr darstellt und einen Schaden verursachen kann. Eine Verschuldensfähigkeit des K liegt somit vor.

4. *Dem K muss durch die Rechtsgutsverletzung adäquat kausal ein Schaden entstanden sein. Die Verletzung des Rechtsgutes muss also eine Vermögensdifferenz zur Folge haben.* Die Beschädigung der Armbanduhr führt zu einer Vermögensdifferenz; die Rechtsgutsverletzung ist folglich ursächlich für den Schaden.

Nach alledem hat N gegen K einen Anspruch auf Schadensersatz gem. § 823 I. Nach § 249 S. 1 hat K den Zustand herzustellen, der ohne den Schlag gegen die

Uhr bestand. Gem. § 249 S. 2 kann N statt der Herstellung dieses Zustandes den für eine Reparatur erforderlichen Geldbetrag von K verlangen.

II. Außerdem könnte N gegenüber K einen Schadensersatzanspruch (Reparaturkosten der Armbanduhr) gem. § 823 II i. V. m. § 303 StGB haben.

1. *Voraussetzung hierfür ist, dass § 303 StGB ein Schutzgesetz darstellt, d. h., diese Vorschrift muss gerade den Einzelnen bzw.* einen bestimmten Personenkreis schützen. § 303 StGB bezweckt den Schutz des Eigentums des Einzelnen, folglich liegt ein Schutzgesetz vor.

2. Dieses *muss verletzt sein.* K muss also durch eine ursächliche Handlung eine fremde Sache rechtswidrig und vorsätzlich beschädigt oder zerstört haben. Wie oben (s. I.) bereits erörtert, hat K vorsätzlich und rechtswidrig das Eigentum des N beschädigt.

3. Aufgrund der Verletzung des Schutzgesetzes ist dem N adäquat kausal ein Schaden entstanden.

Somit steht N gegen K auch ein Schadensersatzanspruch gem. § 823 II i. V. m. § 303 StGB zu, dessen Umfang sich ebenfalls aus § 249 ergibt.

III. Ebenfalls könnte N gegen A einen Anspruch auf Schadensersatz gem. §§ 823, 830 II geltend machen.

1. *Eine Anstiftung setzt eine vorsätzlich begangene rechtswidrige Tat eines anderen voraus.*[6] K hat eine vorsätzliche und rechtswidrige unerlaubte Handlung begangen. Folglich ist dem Erfordernis der Haupttat genügt.

2. *Der Anstifter muss den anderen zu dieser Tat bestimmt haben.* Er muss also in ihm den Tatentschluss hervorgerufen haben. A fordert den K heimlich auf, seinem ungeliebten Tischnachbarn N ein Glas Bier über den Kopf zu schütten. Ohne A hätte K nicht an diese Möglichkeit gedacht. Also hat ihn A zu dieser Tat bestimmt.

3. *Der Anstifter muss die Haupttat in allen ihren Merkmalen gekannt und gewollt haben und rechtswidrig handeln.* A wusste und wollte, dass der K dem N ein Glas Bier über den Kopf schüttet. Da keine Rechtfertigungsgründe für das Handeln des A gegeben sind, handelte er rechtswidrig.

4. *Ferner muss Verschulden seitens des A vorliegen.* A hat bewusst und gewollt den K zu seiner Haupttat bestimmt. Fraglich ist allerdings, ob er hierfür verantwortlich ist, zumal A zu diesem Zeitpunkt aufgrund des Alkoholgenusses volltrunken war. *Gem. § 827 S. 1 ist jemand, der im Zustande der Bewusstlosigkeit einem andern einen Schaden zufügt, für diesen Schaden nicht verantwortlich. Allerdings gilt dies nicht, wenn er sich durch geistige Getränke in einen vorübergehenden Zustand dieser Art versetzt. Für den in diesem Zustand widerrechtlich verursachten Schaden ist er gem. § 827 S. 2 in gleicher Weise verantwortlich wie wenn ihm Fahrlässigkeit zur Last fiele.* A hat sich durch erheblichen Alkoholkonsum selbst in einen Zustand der Volltrunkenheit versetzt.

---

6   Vgl. insofern § 26 StGB.

Folglich ist ein Schadensersatzanspruch des N auch gegen A gem. §§ 823, 830 II gegeben.[7]

Aufgabe 4:

I. Die Stadt S könnte gegen G einen Anspruch auf Schadensersatz für die zerstörte Lampe gem. § 280 I haben

1. *Voraussetzung ist ein zwischen der Stadt S und G bestehendes Schuldverhältnis.* Beide haben durch zwei übereinstimmende Willensklärungen einen Mietvertrag i. S. d. § 535 abgeschlossen.

2. *G könnte eine vertragliche Nebenpflicht verletzt haben. Nach § 241 II sind die Parteien eines Schuldverhältnisses verpflichtet, sich so zu verhalten, dass die Rechtsgüter und Rechte der anderen Partei nicht verletzt werden.* Durch die ungeschickte (vertraglich vereinbarte) Endreinigung der Grillhütte wurde eine in der Hütte befindliche, der Stadt S gehörende Lampe zerstört. Folglich ist die Sorgfaltspflicht objektiv verletzt.

3. *G muss diese Pflichtverletzung zu vertreten haben (§ 280 I 2). Nach § 276 I hat der Schuldner Vorsatz und Fahrlässigkeit zu vertreten, sofern nicht ein anderer Haftungsmaßstab vorliegt.* Im vorliegenden Fall hat G nicht schuldhaft gehandelt. *Er muss aber nach § 278 S. 1 für das Verschulden seines Erfüllungsgehilfen einstehen, sodass nur dieses nachgewiesen zu werden braucht. Erfüllungsgehilfe ist, wer mit Wissen und Willen des Schuldners bei der Erfüllung von dessen Verbindlichkeit tätig wird.* F wird auf Anweisung des G bei der Reinigung der Hütte tätig. Damit wollte F keine eigene, sondern eine dem Mieter G obliegende Pflicht erfüllen. Folglich ist F Erfüllungsgehilfe des G. Hier kommt eine fahrlässige Pflichtverletzung in Frage. *Fahrlässigkeit bedeutet nach § 276 II die Außerachtlassung der im Verkehr erforderlichen Sorgfalt.* Der F hätte die Reinigung sorgfältiger durchführen müssen, dann hätte er nicht aufgrund seiner Ungeschicklichkeit die in der Grillhütte befindliche Lampe zerstört. Somit hat F fahrlässig i. S. d. § 276 II gehandelt. G hat gem. § 278 S. 1 das Verschulden des F in gleichem Umfang zu vertreten wie eigenes Verschulden.

4. *Der Stadt S müsste aufgrund der Pflichtverletzung adäquat kausal ein Schaden entstanden sein.* Durch die nicht fachgemäße Reinigung hat die Stadt S eine unfreiwillige Vermögenseinbuße und folglich einen Schaden erlitten.

Somit sind die Voraussetzungen des § 280 I erfüllt und die Stadt S kann von G Schadensersatz verlangen. Für den Umfang des Schadensersatzes gelten die §§ 249 ff. G hat den Zustand herzustellen, der ohne das schädigende Ereignis bestehen würde (§ 249 S. 1). Da die Lampe zerstört wurde, muss G eine gleiche Lampe kaufen oder den zum Kauf erforderlichen Geldbetrag zahlen (§ 249 S. 2).

---

7 K und A haften dem N als Gesamtschuldner (§ 840 I).

II. Außerdem könnte ein Schadensersatzanspruch der Stadt S gegen G gem. § 831 I möglich sein.

Dann müsste F als Verrichtungsgehilfe für G tätig gewesen sein. Verrichtungsgehilfe ist, wer für einen anderen, von dessen Weisungen er abhängig ist, eine Tätigkeit ausführt.

F ist ein Freund des G und nicht an dessen Weisungen gebunden. Somit ist er kein Verrichtungsgehilfe und ein Schadensersatzanspruch nach § 831 I kommt nicht in Betracht.

Aufgabe 5:

G könnte gegenüber M einen Anspruch auf Lieferung mangelfreier Kräuterbutter gem. §§ 437 Nr. 1, 439 I, 434 I 2 Nr. 1 haben.

1. *Hierfür ist zunächst ein zwischen G und M geschlossener Kaufvertrag Voraussetzung. Ein solcher kommt durch zwei sich deckende Willenserklärungen zustande.* G hat bei M Kräuterbutter gekauft, somit liegt ein Kaufvertrag vor.

2. *Es müsste ein Sachmangel nach § 434 vorliegen. Ein Sachmangel liegt vor, wenn die Sache nicht die vertraglich vereinbarte Beschaffenheit hat (vgl. § 434 I 1).* Da G und M keine bestimmte Beschaffenheit vereinbart haben, kommt ein *Sachmangel nach § 434 I 2 Nr. 1 in Betracht. Ein solcher liegt dann vor, wenn sich die Kräuterbutter nicht für die nach dem Vertrag vorausgesetzte Verwendung eignet.* G und M haben (stillschweigend) einen bestimmten Verwendungszweck vertraglich vorausgesetzt, nämlich den gefahrlosen Verzehr innerhalb der Haltbarkeitsfrist. Bei der von G erworbenen Kräuterbutter war das Mindesthaltbarkeitsdatum abgelaufen. Folglich besteht der Verdacht einer Qualitätsminderung. Dem Käufer kann die Überprüfung des Lebensmittels auf Eignung zum Verzehr angesichts einer möglichen Vergiftungsgefahr nicht zugemutet werden, zumal ihm selbst eine verlässliche Überprüfung kaum möglich sein wird. Das überschrittene Mindesthaltbarkeitsdatum bei verpackten Lebensmitteln stellt daher einen Mangel dar.[8] *Der Sachmangel muss zum Zeitpunkt des Gefahrübergangs vorgelegen haben.* Zum Zeitpunkt der Übereignung und Übergabe der Ware im Geschäft (Gefahrübergang gem. § 446) war das Mindesthaltbarkeitsdatum bereits überschritten.

3. Folglich kann G gem. §§ 437 Nr. 1, 439, 434 I 2 Nr. 1 Nacherfüllung verlangen. Nach § 439 I hat er dabei grundsätzlich die Wahl zwischen Nachbesserung und Ersatzlieferung. G kann also als Nacherfüllung Lieferung von neuer, mangelfreier Kräuterbutter verlangen.

---

8 So auch PALANDT/PUTZO, Ergänzung, § 434 Rn. 22; LINDACHER, NJW 1985, 2933, 2934; vgl. auch BGHZ 52, 51, 53 (für den bisherigen „Fehlerbegriff" im Kaufrecht). Anderer Ansicht: MEYER (BB 1987, 287 ff. m. w. N.), der die Auffassung vertritt, dass die Sache noch zu dem vertraglich vorausgesetzten Zweck, dem Verzehr, geeignet sei. Das Mindesthaltbarkeitsdatum könne auch nichts über die Wertminderung oder Eignung zum Verzehr sagen, weil der Kunde dadurch nur über den Zeitpunkt unterrichtet werde, bis zu dem der Hersteller die Erhaltung der spezifischen Eigenschaften des Lebensmittels als gewährleistet ansehe.

4. Fraglich ist, ob der Verkäufer M ein *Verweigerungsrecht hat. Gem. § 439 III 1 kann er die vom Käufer gewählte Art der Nacherfüllung verweigern, wenn die Leistung für ihn nach § 275 (objektiv) unmöglich ist bzw. unter den in § 275 II und III genannten Gründen sowie dann, wenn die Nacherfüllung nur mit unverhältnismäßig hohen Kosten möglich ist (§ 439 III 1, 2. HS). Gem. § 439 III 2 sind hierbei der Wert der Sache in mangelfreiem Zustand, die Bedeutung des Mangels und die Frage zu berücksichtigen, ob auf eine andere Art der Nacherfüllung ohne Nachteile für den Käufer zurückgegriffen werden könnte.* Da es noch Kräuterbutter auf dem Markt (und wahrscheinlich auch im Supermarkt des M) gibt, liegt Unmöglichkeit der Nachlieferung i. S. d. § 275 I – III nicht vor. Eine Nachlieferung ist problemlos möglich.

Nach alledem sind § 439 III und § 275 nicht einschlägig.

5. *Dieses Gewährleistungsrecht darf nicht ausgeschlossen sein. Gem. § 442 I 2 kann ein Haftungsausschluss aufgrund grob fahrlässiger Unkenntnis des G in Betracht kommen. Grobe Fahrlässigkeit ist eine besonders schwere Vernachlässigung der im konkreten Fall erforderlichen Sorgfalt.* Fraglich ist, ob die Untersuchung der Kaufsache im vorliegenden Fall eine Obliegenheit des Käufers G war. Durch den Aufdruck des Mindesthaltbarkeitsdatums auf der Kräuterbutter erfolgt seitens des Verkäufers (bzw. der Lieferfirma) eine konkrete Warnung vor Mängeln. Deshalb hätte G die Verpackung der Butter auf dieses Datum hin untersuchen müssen.[9] Dem G ist somit der Mangel infolge grober Fahrlässigkeit unbekannt geblieben. Nach § 442 I 2 haftet M nur, wenn er den Mangel arglistig verschwiegen hat. Man kann unterstellen, dass M das Überschreiten des Mindesthaltbarkeitsdatums nicht bekannt war.

Somit muss M den vorgenannten Mangel nicht vertreten. Ein Anspruch auf Lieferung einer mangelfreien Kräuterbutterpackung gem. §§ 437 Nr. 1, 439, 434 I 2 Nr. 1 ist nicht gegeben.[10]

---

9 So auch PALANDT/PUTZO, Ergänzung, § 442 Rn. 16 m.w.N.
10 Man kann selbstverständlich auch argumentieren, dass eine Untersuchung der Kaufsache vom Käufer nur ausnahmsweise verlangt werden kann, wenn die Umstände zu besonderer Vorsicht mahnen oder der Käufer besondere Sachkunde besitzt. So braucht der Selbstbedienungskäufer nicht auf Haltbarkeitsaufdrucke zu achten [so auch JAUERNIG/VOLLKOMMER, § 460 Anm. 3 a) bb)], zumal der Verbraucher darauf vertrauen kann, dass der Verkäufer keine Lebensmittel mit abgelaufenem Haltbarkeitsdatum in den Regalen hat. Das Vorhandensein von Lebensmitteln mit abgelaufenem Mindesthaltbarkeitsdatum in Regalen, ohne dass dies gekennzeichnet wird, beruht auf einem Organisationsverschulden des Ladeninhabers. Der Händler würde – sofern man einen Haftungsausschluss nach § 442 I 2 annimmt – seine Kontrollpflichten auf den Kunden abwälzen. Das Problem ist in der Literatur umstritten; siehe hierzu LINDACHER, NJW 1985, 2933, 2934. – Mit dieser Argumentation hat G einen Anspruch auf Lieferung einer mangelfreien Kräuterbutterpackung gem. §§ 437 Nr. 1, 439, 434 I 2 Nr. 1.

Fall 11: Der enttäuschte Briefmarkensammler

Schwerpunkte:
dinglicher Herausgabeanspruch – gutgläubiger Eigentumserwerb

K ist Briefmarkensammler und hat bereits einige Marken bei dem Briefmarken-händler V erworben.

Eines Tages sieht K im Schaufenster des Händlers V eine Briefmarke ausgestellt, die er schon seit langem kaufen wollte. Im Laden erfährt K den Preis der Marke: 1 000 €. K und V einigen sich über Kaufpreis und Kaufgegenstand. K soll am Dienstag nächster Woche wieder in den Laden des V kommen, die Briefmarke abholen und den Kaufpreis zahlen.

In der Zwischenzeit sieht der Briefmarkensammler E die Marke, die sich noch im Schaufenster des V befindet. Als er seine Kaufabsichten dem V gegenüber äußert, erklärt dieser, für die Marke interessiere sich bereits K.

Als E dies hört, bietet er 1 500 €. Diesen Preis weisen auch die einschlägigen Briefmarkenkataloge für die Marke aus. Als V den Preis hört, wird er „weich". Er verkauft und übergibt E die Briefmarke gegen Bezahlung der 1 500 €.

Aufgabe 1: Hat K gegen V einen vertraglichen Schadensersatzanspruch?

Aufgabe 2: Kann K von E die Herausgabe der Briefmarke verlangen?

Variante:
Gehen Sie im oben geschilderten Fall davon aus, dass V dem K die Briefmarke bereits aushändigte. Dabei erklärte V, dass es sich um einen besonders günstigen Preis handele, für den K nunmehr die Marke erworben habe. K freute sich über die schöne Briefmarke in seinen Händen und bezahlte den Kaufpreis. Anschließend bekundete er gegenüber V: „Bewahren Sie bitte bis nächsten Dienstag meine Briefmarke gut auf. Ich muss heute auf eine Geschäftsreise, und die Mitnahme der wertvollen Marke ist mir zu riskant. Ich hole die Briefmarke am Dienstag ab." K gab die Briefmarke an V und verließ das Geschäft. Im Übrigen spielt sich der Sachverhalt so ab wie im Ausgangsfall.

Aufgabe 3: K möchte wissen, ob er jetzt die Briefmarke von E herausverlangen könne.

Aufgabe 4: Hat K gegen den als Nichtberechtigter verfügenden V einen Anspruch auf die von E an V gezahlten 1 500 €?

Aufgabe 5: Hat K gegen V einen gesetzlichen Anspruch auf Schadensersatz?

Fall 11: Prüfschema/Lösungsskizze

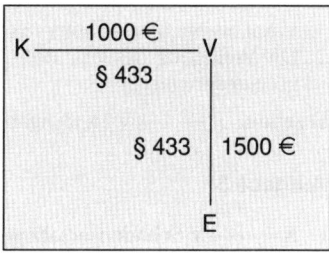

Aufgabe 1:

K ———→ V Schadensersatz statt der Leistung gem. § 280 I, III i. V. m. § 283

1. Wirksames Schuldverhältnis (+)
   Kaufvertrag
2. Leistungsbefreiung des Schuldners nach § 275 (+)
3. Pflichtverletzung des Schuldners (+)
   geschuldete Leistung wird nicht erbracht (nachträgliche Unmöglichkeit)
4. Vertretenmüssen, §§ 280 I 2, 276 (+)
5. Schaden (+)

Rechtsfolge: K ———→ V Schadensersatz statt der Leistung gem. § 280 I, III
i. V. m. § 283 (+)
Umfang: §§ 249 ff. / Schaden = 500 €

Aufgabe 2:

K ———→ E Herausgabe der Briefmarke gem. § 985

1. Besitz des E (+)
2. Eigentum des K?
   § 929 S. 1 Einigung + Übergabe zwischen V und K (–)

Ergebnis: K ———→ E Herausgabe der Briefmarke gem. § 985 (–)

Aufgabe 3:

K ———→ E Herausgabe der Briefmarke gem. § 985

1. Besitz des E (+)
2. Eigentum des K?
   K war Eigentümer: Einigung + Übergabe zwischen V und K gem. § 929 S. 1
   aber: gutgläubiger Eigentumserwerb des E gem. §§ 929 S. 1, 932 ist gegeben

Ergebnis: K ———→ E Herausgabe der Briefmarke gem. § 985 (–)

Aufgabe 4:

K ──────→ V Herausgabe der 1500 € gem. § 816 I 1

1. V hat als Nichtberechtigter verfügt / K war Eigentümer (+)
2. Die Verfügung des V ist dem K gegenüber wirksam wegen gutgläubigem Eigentumserwerb des E (+)

Ergebnis: K ──────→ V Herausgabe der 1500 € gem. § 816 I 1 (+)

Aufgabe 5:

I. K ──────→ V Schadensersatz gem. § 823 I

1. Tatbestandsmäßigkeit der Handlung des Schädigers
   a) Verletzung eines der in § 823 I genannten Rechtsgüter, hier: Eigentum (+)
   b) Ursächlichkeit der Handlung für die Rechtsgutsverletzung (+)
2. Rechtswidrigkeit (+)
3. Verschulden – (Vorsatz) (+)
4. Schaden (+)

Ergebnis: K ──────→ V Schadensersatz gem. § 823 I (+)
Umfang des Schadensersatzanspruchs: §§ 249 ff.; Schaden nach der Differenzmethode: 500 €

II. K ──────→ V Schadensersatz gem. § 823 II i. V. m. § 246 StGB

1. Schutzgesetz = StGB (+)
2. Verstoß gegen § 246 StGB (Unterschlagung) (+)
3. Schadenszurechnung (+)

Ergebnis: K ──────→ V Schadensersatz gem. § 823 II i. V. m. § 246 StGB (+)

Fall 11: Ausarbeitung (Gutachten)

Aufgabe 1:

K könnte von V Schadensersatz statt der Leistung gem. §§ 280 I, III i. V. m. § 283 verlangen.

1. *Voraussetzung ist zunächst, dass zwischen K und V ein wirksames Schuldverhältnis besteht.* K und V haben einen Kaufvertrag i. S. d. § 433 über eine Briefmarke zum Preis von 1 000 € geschlossen.

2. *V müsste nach § 275 von seiner Leistungspflicht befreit sein.* Durch die seitens des V erfolgte Übereignung der Marke an E kann V dem K gegenüber nicht mehr seine Verpflichtung aus dem Kaufvertrag (vgl. § 433 I 1) erfüllen und ihm kein Eigentum nach § 929 S. 1 übertragen. Wegen dieser Unmöglichkeit ist der Anspruch des K auf Leistung gem. § 275 I ausgeschlossen.

3. *Diese Befreiung von der Leistungspflicht müsste auf eine Pflichtverletzung des Schuldners V zurückzuführen sein. Dies ist der Fall, wenn bei Vertragsschluss eine*

Leistungspflicht bestand, das Leistungshindernis also erst auf einen nach Vertragsschluss eintretenden Umstand zurückzuführen ist. Erst nach Abschluss des Kaufvertrags zwischen K und V hat V dem E die Marke übereignet. Das Leistungshindernis ist also erst nachträglich eingetreten und eine Pflichtverletzung liegt vor.

4. *V müsste nach §§ 280 I 2 diese Pflichtverletzung zu vertreten haben. Das Vertretenmüssen richtet sich nach § 276 I 1, d. h., V hat grundsätzlich Vorsatz und Fahrlässigkeit zu vertreten.* V hat mit Wissen und Wollen den E zum Eigentümer der bereits an K verkauften Briefmarke werden lassen und folglich vorsätzlich gehandelt.

5. *Ferner muss dem K ein Schaden entstanden sein.* Hätte V seine Vertragspflicht erfüllt, so hätte K eine Briefmarke, die einen Wert von 1 500 € hat, für lediglich 1 000 € erworben.

Somit sind die Voraussetzungen des § 280 I, III i. V. m. § 283 erfüllt und K kann von V Schadensersatz statt der Leistung verlangen. Es muss der Nichterfüllungsschaden (das sog. „positives Interesse") ersetzt werden. Nach §§ 249 ff. muss V ihn so stellen, wie K gestanden hätte, wenn der Vertrag ordnungsgemäß erfüllt worden wäre. Die Berechnung des Schadensersatzes kann nach der sog. Differenzmethode[1] erfolgen: Der Gläubiger K erbringt die Gegenleistung (Kaufpreiszahlung in Höhe von 1 000 €) nicht und verlangt die Differenz zwischen der Gegenleistung und dem höheren Wert der Leistung (Listenpreis laut Briefmarkenkatalog: 1 500 €). Der dem E zu ersetzende Schaden beträgt folglich 500 €.

Somit hat K gegen V einen Schadensersatzanspruch nach § 280 I, III i. V. m. § 283 in vorgenannter Höhe.

Aufgabe 2:

K könnte gegen E einen Herausgabeanspruch hinsichtlich der Briefmarke nach § 985 geltend machen.

1. *K müsste Eigentümer und E Besitzer der Briefmarke sein.* E hat die Briefmarke in seinem unmittelbaren Besitz.

2. Fraglich ist, ob K Eigentümer der Briefmarke geworden ist. *Zur Übertragung des Eigentums an einer beweglichen Sache ist es nach § 929 S. 1 erforderlich, dass der Eigentümer die Sache dem Erwerber übergibt und beide einig sind, dass das Eigentum übergehen soll.* Eine Übergabe der Briefmarke von V an K hat nicht stattgefunden. Somit ist K noch nicht Eigentümer geworden und ein Herausgabeanspruch gem. § 985 gegen E ist nicht möglich.

Aufgabe 3:

K könnte gegen E einen Anspruch auf Herausgabe der Briefmarke gem. § 985 haben.

---

1 So DAUNER-LIEB/DÖTSCH, Fälle, S. 34 m. w. N. (In der Gesetzesbegründung findet sich im Hinblick auf die Schadensberechnungsmethode keine Stellungnahme).

1. *Voraussetzung hierfür ist, dass E Besitzer und K Eigentümer der Briefmarke ist.* E hat den unmittelbaren Besitz inne.

2. *V hat die Marke an K, bevor er sie dann in Verwahrung nahm, übergeben, und beide waren darüber einig, dass das Eigentum übergehen soll. Somit ist K Eigentümer des Kaufgegenstandes nach § 929 S. 1 geworden und V hat damit den Vertrag seinerseits erfüllt.*

Fraglich ist, ob K sein Eigentum durch gutgläubigen Erwerb des E wieder verloren hat. Nach § 932 sind hierfür eine nach § 929 erfolgte Veräußerung sowie Gutgläubigkeit des Erwerbers Voraussetzung. V und E haben sich über den Eigentumsübergang an der Marke geeinigt, die Übergabe fand statt. E war gutgläubig, zumal er nur wusste, dass sich auch ein anderer für die Briefmarke interessiere. Er konnte darauf vertrauen, dass V noch Eigentümer war. Somit hat E gutgläubig Eigentum an der Briefmarke erworben, K hat sein Eigentum verloren.

Ein Herausgabeanspruch des K gegen E gem. § 985 kommt nach alledem nicht in Betracht.

Aufgabe 4:

K könnte gegen V einen Anspruch auf Herausgabe der 1500 € gem. § 816 I 1 haben.

1. *V müsste als Nichtberechtigter über einen Gegenstand wirksam verfügt haben.* Wie oben bereits erörtert, hat V – obwohl er das Eigentum an der Briefmarke schon dem K übertragen hatte – den E gem. §§ 929 S. 1, 932 zum Eigentümer der Marke gemacht.

2. Wegen der Gutgläubigkeit des E ist diese Verfügung dem K gegenüber wirksam.

Folglich muss V dem K nach § 816 I 1 das durch diese Verfügung Erlangte, d.h. 1500 €, herausgeben.

Aufgabe 5:

I. Ein Schadensersatzanspruch des K gegen V aus unerlaubter Handlung kommt nach § 823 I in Betracht.

1. *Voraussetzung hierfür ist, dass V eines der in dieser Vorschrift genannten Rechtsgüter des K verletzt hat.* Durch die wirksame Eigentumsübertragung an E hat V das Eigentum des K an der Briefmarke verletzt.

Die Handlung muss kausal für die Rechtsgutverletzung gewesen sein. Die Verfügung nach §§ 929 S. 1, 932 führte zur Verletzung des Eigentums.

2. *Ferner muss V rechtswidrig gehandelt haben.* Ein Rechtfertigungsgrund liegt nicht vor, sodass Rechtswidrigkeit gegeben ist.

3. *V müsste vorsätzlich oder fahrlässig gehandelt haben.* V übertrug das Eigentum an E mit Wissen und Wollen, er handelte vorsätzlich.

4. Außerdem muss dem K ein Schaden durch die vorgenannte Handlung entstanden sein. K hat einen finanziellen Verlust in Höhe von 1500 € (1000 € Kaufpreis gezahlt und 500 € Schaden – s. o., Aufgabe 1) erlitten. Die Handlung war für den eingetretenen Schaden ursächlich.

Nach § 249 S. 1 hat V den Zustand herzustellen, der bestehen würde, wenn der zum Ersatz verpflichtende Umstand nicht eingetreten wäre. K hätte dann eine Briefmarke für 1000 € erworben, die laut Katalog 1500 € wert war. Der Schaden beläuft sich auf 1500 €.

Diesen Betrag kann K von V nach §§ 823 I, 249 S. 1, 251 I als Schadensersatz verlangen.

II. Weiterhin könnte K gegen V einen Anspruch auf Schadensersatz gem. § 823 II i. V. m. § 246 StGB geltend machen.

1., 2. V müsste gegen eine Rechtsnorm, die dem Schutz der Interessen anderer dienen soll, verstoßen haben. Zu den Schutzgesetzen gehören u. a. Vorschriften des StGB. Durch Verfügung über die bereits dem K gehörende, allerdings noch bei V in Verwahrung befindliche Briefmarke hat sich V eine fremde bewegliche Sache, die er in Gewahrsam hatte, rechtswidrig zugeeignet und damit den objektiven Tatbestand einer Unterschlagung nach § 246 StGB erfüllt; er handelte auch rechtswidrig und schuldhaft. § 246 StGB bezweckt den Schutz der im Gewahrsam eines anderen befindlichen Sachen.

3. Durch den Gesetzesverstoß muss ein Schaden adäquat verursacht worden sein. Aufgrund der begangenen Unterschlagung ist dem K ein Vermögensschaden (s. o.) entstanden.

Somit ist V dem K auch nach § 823 II i. V. m. § 246 StGB zum Schadensersatz in Höhe von 1500 € verpflichtet (§§ 249 S. 2, 251 I).

Vertiefung: Gutgläubiger Eigentumserwerb vom Nichtberechtigten [2]

Prüfschema – § 929 S. 1:

Den Grundfall des rechtsgeschäftlichen Eigentumserwerbs regelt § 929 S. 1. Dessen Voraussetzungen sind:
1. **Einigung** zwischen dem **berechtigten** Veräußerer und dem Erwerber über den Eigentumsübergang
2. **Übergabe** der Sache, d. h. Übertragung des unmittelbaren Besitzes vom Veräußerer auf den Erwerber

2 Literatur zur Vertiefung: BAUR/STÜRNER, § 52; GRUNEWALD, § 36 II; MÜLLER, 12. Kapitel, § 1; SCHREIBER, Dritter Teil, 2. Kapitel, A; SCHWAB/PRÜTTING, § 35; WESTERMANN, H.P., Sachenrecht, §§ 7 und 8; WÖRLEN, Sachenrecht, Rn. 114 ff.

Die **Einigung** ist ein (sachenrechtlicher) Vertrag, d. h. sie kommt durch zwei übereinstimmende Willenserklärungen zustande. Die Vorschriften des Allgemeinen Teils des BGB über Willenserklärungen und Rechtsgeschäfte (vor allem §§ 104 ff., 145 ff., 164 ff.) sind anwendbar.[3] Die **Übergabe** ist ein Realakt, die vorgenannten Paragraphen finden keine Anwendung.

In der Regel kann der Erwerber nicht überprüfen, ob der Veräußerer zur Übertragung des Eigentums berechtigt ist. Es besteht insofern ein Interessenkonflikt, als der Erwerber befürchten müsste, evtl. nicht Eigentümer zu werden, bzw. der rechtmäßige Eigentümer sein Eigentum evtl. durch die Verfügung eines Nichtberechtigten verlieren könnte. Das BGB enthält folgende Regelungen:

– Der Erwerber wird nur dann Eigentümer, wenn sich der Veräußerer ihm gegenüber durch den **Rechtsschein des Besitzes** (vgl. § 1006) als berechtigter Eigentümer ausweist (die Sache also – z. B. aufgrund eines Leih- oder Mietvertrages – in unmittelbarem[4] Besitz hat) und der Erwerber **gutgläubig** hinsichtlich dessen Berechtigung ist (§§ 932-934). Somit verliert der „richtige" Eigentümer nur dann sein Eigentum, wenn er die Sache bewusst und freiwillig einem anderen übergibt und somit den vorgenannten Rechtsschein ermöglicht. Der Erwerber ist gem. § 932 II nur dann nicht gutgläubig, wenn ihm bekannt oder infolge grober Fahrlässigkeit unbekannt ist, dass die Sache dem Veräußerer nicht gehört.[5]

– Ein Eigentumserwerb scheidet aus, wenn die Sache dem Berechtigten gestohlen wurde, verloren gegangen oder sonst abhanden gekommen war (§ 935 I 1).

Prüfschema – Gutgläubiger Erwerb vom Nichtberechtigten gem. § 932 I 1:

1. Veräußerer und Erwerber tätigen einen rechtsgeschäftlichen Eigentumserwerb gem. § 929 S. 1 (Einigung + Übergabe – s. o.)
2. Der Veräußerer ist durch den Rechtsschein des Besitzes als Berechtigter ausgewiesen
3. Der Erwerber ist im Hinblick auf das Eigentum des Veräußerers gutgläubig
4. Die Sache ist dem Eigentümer nicht abhanden gekommen (§ 935)

Rechtsfolge: Der Erwerber wird Eigentümer

---

3 Die Einigung im Rahmen des § 929 S. 1 ist allerdings von der Einigung hinsichtlich des Kausalgeschäfts (= schuldrechtliches Verpflichtungsgeschäft, wie z. B. Kaufvertrag) zu trennen. Nach dem **Abstraktionsprinzip** sind beide Verträge unabhängig voneinander. Deutlich wird dies beim Eigentumsvorbehalt gem. § 449: Es wird ein Kaufvertrag abgeschlossen mit schuldrechtlicher Einigung (Angebot und Annahme, §§ 145 ff., 433). Davon zu unterscheiden ist die sachenrechtliche Einigung gem. § 929, wonach das Eigentum erst übergehen soll, wenn der volle Kaufpreis bezahlt ist. Diese aufschiebend bedingte Einigung gehört zum Erfüllungsgeschäft (§§ 929, 158 I).

4 Der mittelbare Besitz (vgl. § 868) wird hinsichtlich der Rechtsscheinsfunktion dem unmittelbaren Besitz gleichgestellt. Dies ergibt sich aus § 1006 III.

5 Beispiel: Beim Verkauf eines Pkw unter Eigentumsvorbehalt behält der Verkäufer den Kfz-Brief bis zur Bezahlung des vollen Kaufpreises. Ein gutgläubiger Erwerb ist in der Regel ausgeschlossen, da der Erwerber grob fahrlässig handelt, wenn er den Pkw ohne Kfz-Brief kauft.

Weitere Fälle des gutgläubigen Erwerbs vom Nichtberechtigten sind in den §§ 929 S. 2, 932 I 2; §§ 929 S. 1, 930, 933; §§ 929 S. 1, 931, 934 geregelt.[6] In Klausurfällen wird der Erwerb vom Nichtberechtigten in der Regel bei Prüfung der Anspruchsgrundlage des § 985 relevant, und zwar bei der Erörterung, ob der Anspruchsteller noch Eigentümer der herausverlangten Sache ist.[7] Ein weiterer Anwendungsfall des § 932 ist der § 816 I 1, wonach der Nichtberechtigte verpflichtet ist, dem Berechtigten das durch die Verfügung Erlangte herauszugeben.[8]

Testen Sie zum Schluss dieses „Lernbuchs" Ihr erworbenes Falllösungswissen mit folgender Übungsklausur, die „Schuldrecht querbeet" enthält.

Fall 12: Eine Panne kommt selten allein

Schwerpunkte:
Schadensersatz- und Herausgabeansprüche bei der Vermietung beweglicher Sachen – Abtretung

K besichtigte bei dem Gebrauchtwagenhändler V den gebrauchten Pkw X, zu dessen Kauf er sich aber zunächst noch nicht entschließen konnte, weil er einen Getriebedefekt bemerkte, der auch V bekannt war.

M, der kurzfristig ein Fahrzeug benötigt, um eine seit längerer Zeit geplante Urlaubsreise durchzuführen, mietet am 30. 3. bei V den Pkw X für die Zeit vom 1. 4. bis 21. 4. Den Getriebedefekt bemerkt er nicht. Als Miete wird ein am Ende der Mietzeit fälliger Pauschalbetrag in Höhe von 1 500 € vereinbart.

Als M am 1. 4. den Pkw X übernimmt, bleibt dieser bereits nach wenigen Kilometern wegen eines Getriebeschadens liegen. Der sofort benachrichtigte V lässt den Pkw X abschleppen und reparieren, wofür ein ganzer Tag benötigt wird. M gelangt daher erst einen Tag später an seinen Urlaubsort, wo er aber bereits ein Zimmer für 100 € pro Übernachtung gemietet hatte.

Aufgabe 1: Steht M gegen V ein Schadensersatzanspruch in Höhe von 100 € zu, weil er das gemietete Zimmer in der ersten Nacht nicht nutzen konnte, aber gleichwohl die Zimmermiete entrichten musste?

Als K erfuhr, dass das Getriebe inzwischen repariert worden war, kaufte er am 5. 4. bei V den Pkw X. Übereignung und Übergabe des Pkw X sowie Kaufpreiszahlung sollen erst nach Rückgabe des Pkw durch M an V erfolgen.

---

6 Diese werden hier nicht vertieft, sondern können – bei Bedarf – in einem Lehrbuch zum Sachenrecht (empfehlenswert: WÖRLEN, Sachenrecht, Rn. 114 ff.) nachgelesen werden.
7 Siehe hierzu Fall 11, Aufgabe 3.
8 Vgl. Fall 11, Aufgabe 4 und Vertiefung „Ungerechtfertigte Bereicherung" S. 185 ff.

Aufgabe 2: Hat K gegen M noch vor Ablauf der Mietzeit einen Anspruch auf Herausgabe des Pkw X?

Außerdem trat V an K seine Mietzinsforderung gegen M am 5. 4. ab. Als M am 21. 4. den Pkw X an V zurückgab, zahlte er die Miete in Höhe von 1 500 € an V, nicht wissend, dass V die Mietzinsforderung an K abgetreten hatte.

Aufgabe 3: a) Steht K gegen M ein Anspruch auf nochmalige Mietzahlung in Höhe von 1 500 € zu?

b) Steht K gegen V, der zum Empfang der Leistung nicht berechtigt war, ein gesetzlicher Anspruch auf Herausgabe des erhaltenen Mietzinses zu?

Bevor V den Pkw an K übergibt, beauftragt er seinen Angestellten G, der als besonders sorgfältig bekannt ist und dessen Arbeit V regelmäßig kontrolliert, den Pkw X zu warten und zu reinigen. Infolge Unachtsamkeit verunglückt G bei einer Probefahrt, wodurch der Pkw X völlig zerstört wird. K hatte für den Pkw X bereits einen speziell angefertigten Dachgepäckträger bei Z für 300 € gekauft und bezahlt. Dieser ist nunmehr für ihn wertlos.

Aufgabe 4: a) Hat K gegen G einen gesetzlichen Schadensersatzanspruch?

b) Hat K gegen V einen vertraglichen Aufwendungsersatzanspruch und/oder gesetzlichen Schadensersatzanspruch?

Fall 12: Prüfschema/Lösungsskizze

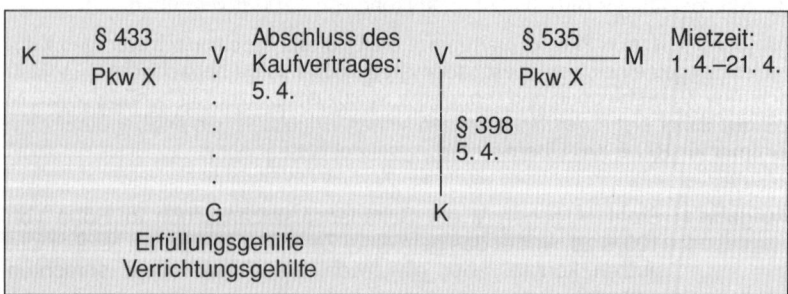

Aufgabe 1:

M ———→ V auf Schadensersatz in Höhe von 100 € gem. § 536 a I, 1. Alt.

1. Mietvertrag M–V i. S. d. § 535 (+)
2. Mangel der Mietsache, § 536 I (+)
   Mangel lag schon bei Vertragsschluss vor (+)
3. Schaden (+)
4. keine grob fahrlässige Unkenntnis des M – § 536 b S. 2

Ergebnis: M ——→ V auf Schadensersatz in Höhe von 100 € gem. 536 a I,
1. Alt. (+)
Umfang des zu ersetzenden Schadens: §§ 249 ff.

Aufgabe 2:

K ——→ M Herausgabe des Pkw gem. § 985

1. Besitz des M (+)
2. Eigentum des K (–)
   § 929 S. 1: Einigung + Übergabe – noch nicht erfolgt

Ergebnis: K ——→ M Herausgabe des Pkw gem. § 985 (–)

Aufgabe 3 a):

K ——→ M Mietzahlung gem. § 535 II i. V. m. § 398

1. wirksame Abtretung V an K gem. § 398 (+)
2. § 407 – K muss die Zahlung von M an V gegen sich gelten lassen, weil M von der Abtretung nichts wusste

Ergebnis: K ——→ M Mietzahlung gem. § 535 II i. V. m. § 398 (–)

Aufgabe 3 b):

K ——→ V Herausgabe der erhaltenen Miete gem. § 816 II

1. Bewirken der Leistung an einen Nichtberechtigten (+)
2. Die Leistung ist dem Berechtigten gegenüber wirksam (+) wegen § 407

Ergebnis: K ——→ V Herausgabe der erhaltenen Miete gem. § 816 II (+)

Aufgabe 4 a):

K ——→ G Schadensersatz gem. § 823 I

Tatbestandsmäßigkeit der Handlung des G (–)

K war noch nicht Eigentümer des Pkw X

Ergebnis: K ——→ G Schadensersatz gem. § 823 I (–)

Aufgabe 4 b):

I. K ——→ V Aufwendungsersatz gem. § 284

1. Die Voraussetzungen für Schadensersatz statt der Leistung gem. § 280 I, III i. V. m. § 283 müssen vorliegen:
   a) Wirksames Schuldverhältnis (+)
      Kaufvertrag
   b) Leistungsbefreiung des Schuldners nach § 275 (+)

c) Pflichtverletzung des Schuldners (+)
geschuldete Leistung wird nicht erbracht (nachträgliche Unmöglichkeit)
d) Vertretenmüssen, §§ 280 I 2, 276, 278 (+)
G = Erfüllungsgehilfe
e) Schaden (+)
2. Vergebliche Aufwendungen des K (+)
3. Kein Ausschluss des Anspruchs nach § 284, 2. HS (+)

Rechtsfolge: Anstelle des Schadensersatzes statt der Leistung (gem. § 280 I, III
i. V. m. § 283): Aufwendungsersatz gem. § 284 (+)

II. K ⟶ V Schadensersatz gem. § 831 I

1. Verrichtungsgehilfe = G (+)
2. Tatbestandsmäßige und rechtswidrige unerlaubte Handlung des Verrichtungsgehilfen (–)
s. o. Aufgabe 4 a)

Ergebnis: K ⟶ V Schadensersatz gem. § 831 I (–)

Fall 12: Ausarbeitung (Gutachten)

Aufgabe 1:

**M könnte von V Schadensersatz in Höhe von 100 € gem. § 536 a I, 1. Alt. ver-
langen.**

1. *Voraussetzung für diesen Anspruch ist zunächst, dass M und V einen Mietvertrag i. S. d. § 535 geschlossen haben. Hierfür sind zwei übereinstimmende Willenserklärungen, das Angebot und die Annahme, erforderlich.* Indem M am
30. 3. bei V den Pkw X mietet, ist zwischen beiden ein wirksamer Mietvertrag
zustande gekommen.

2. *Ferner muss ein Mangel der Mietsache i. S. d. § 536 I, der ihre Tauglichkeit
zum vertragsgemäßen Gebrauch aufhebt oder mindert, schon bei Abschluss des
Mietvertrages vorhanden gewesen sein. Voraussetzung ist also eine negative Abweichung der Ist-Beschaffenheit des gemieteten Pkw von der vertraglich vereinbarten Soll-Beschaffenheit.* Der Vermieter war aufgrund des Vertrages verpflichtet, dem M für dessen Urlaubsreise einen fahrbereiten Pkw zu überlassen. Der –
dem V sogar bei Vertragsschluss bereits bekannte – Getriebedefekt führt dazu,
dass der Pkw bereits nach wenigen Kilometern liegen bleibt; der Defekt stellt
eine erhebliche Abweichung der Ist-Beschaffenheit von der Soll-Beschaffenheit
dar. Die Tauglichkeit des Fahrzeugs zum vertragsgemäßen Gebrauch ist aufgehoben. Somit liegt ein Mangel i. S. d. § 536 I vor. Dieser war bereits zum Zeitpunkt
des Vertragsschlusses vorhanden.[1]

---

[1] Es handelt sich bei der 1. Alt. des § 536 a um eine nicht vom Verschulden des Vermieters abhängige
Einstands- und Schadensersatzpflicht für alle anfänglichen, auch unerkennbaren Fehler. Der Gesetzgeber geht – aus Gründen des Mieterschutzes – von der Fiktion aus, dass der Vermieter stillschweigend eine Garantieerklärung abgibt. Diese sehr weitgehende Haftung ist allerdings auch vertraglich
abdingbar.

3. *Schließlich muss dem M ein Schaden entstanden sein.* M konnte wegen des Ausfalls des Fahrzeugs seinen Urlaubsort erst einen Tag später erreichen und musste deshalb 100 € für das bereits gemietete – aber in der ersten Nacht nicht genutzte – Zimmer bezahlen.

4. Da dem M der Getriebedefekt auch nicht infolge grober Fahrlässigkeit unbekannt geblieben ist, scheidet ein Gewährleistungsausschluss gem. § 536 b S. 2 aus.

Rechtsfolge ist, dass M gegenüber V einen Schadensersatzanspruch hat.[2] Für den Umfang des zu ersetzenden Schadens gelten die §§ 249 ff. Nach § 249 S. 1 hätte V den Zustand herzustellen, der ohne das schädigende Ereignis bestehen würde. Da dies nicht möglich ist, erfolgt gem. § 251 I eine Entschädigung in Geld. D. h., V hat dem M die Kosten für das gemietete Zimmer in Höhe von 100 €, die durch den Sachmangel verursacht sind, zu ersetzen.

Aufgabe 2:

K könnte von M die Herausgabe des Pkw gem. § 985 verlangen.

1. *K müsste Eigentümer und M Besitzer des Fahrzeugs sein.* M erhielt den Pkw X von V am 1. 4. – wie im Mietvertrag vereinbart. Ihm wurde also der unmittelbare Besitz durch Verschaffung der tatsächlichen Gewalt (vgl. § 854 I) übertragen.

2. Es ist allerdings fraglich, ob K bereits Eigentümer des Pkw ist. Ursprünglich stand der Pkw im Eigentum des V. K könnte Eigentümer des Wagens geworden sein, wenn *gem. § 929 S. 1 Einigung und Übergabe der beweglichen Sache* erfolgt wären. V und K haben vereinbart, dass die Übereignung und Übergabe des Pkw X erst nach Rückgabe des Pkw durch M an V erfolgen sollte. Deshalb ist K noch nicht Eigentümer des Wagens und ein Herausgabeanspruch des K gegen M gem. § 985 kommt nicht in Betracht.

Aufgabe 3 a):

Ein Mietzahlungsanspruch des K gegen M könnte sich aus § 535 II i. V. m. § 398 ergeben.

1. *Voraussetzung ist, dass K Inhaber der Mietforderung gem. § 535 II geworden ist.* Dies ist der Fall, wenn die Abtretung des Anspruchs von V an K wirksam ist. *Gem. § 398 S. 1 ist hierfür Voraussetzung, dass V (im Zeitpunkt der Abtretung) Inhaber der Forderung war und V und K einen Abtretungsvertrag hinsichtlich dieses Anspruchs geschlossen haben.* V hatte einen Mietzahlungsanspruch gegen M aufgrund des am 30. 3. geschlossenen Mietvertrages. V und K haben sich am 5. 4. über die Abtretung dieses Anspruchs geeinigt, d. h. zwei übereinstimmende

---

2 § 536 a umfasst alle Schäden, d. h. auch die Mangelfolgeschäden (h. M.; BGH NJW 1971, 424); siehe hierzu auch PALANDT/WEIDENKAFF, § 536 a Rn. 14 m. w. N. Die Miete stellt einen Mangelfolgeschaden dar.

Willenserklärungen abgegeben. Somit ist K gem. § 398 S. 2 mit Abschluss dieses Vertrages Gläubiger der genannten Forderung geworden.

2. Dem Zahlungsbegehren des K könnte allerdings § 407 entgegenstehen. *Danach muss der neue Gläubiger (= K) eine Leistung, die der Schuldner (= M) nach Abtretung an den bisherigen Gläubiger (= V) bewirkt, gegen sich gelten lassen, sofern der Schuldner von der Abtretung bei der Leistung keine Kenntnis hatte.* V und K hatten den Schuldner M über den am 5. 4. geschlossenen Abtretungsvertrag nicht informiert, sodass dieser am 21. 4. an den Zedenten[3] zahlte. M kann deshalb dem Zessionar[4] die Wirksamkeit der Leistung entgegenhalten.

Somit ist der Mietzahlungsanspruch des K gegen M gem. § 535 II i. V. m. § 398 nicht gegeben.

Aufgabe 3 b):

K könnte von V Herausgabe der erhaltenen Miete gem. § 816 II verlangen.

1. Zunächst müsste eine Leistung an einen Nichtberechtigten erfolgt sein. Wie bei Aufgabe 3 a) bereits erörtert, hat M die Miete in Höhe von 1 500 € am 21. 4. an V, der nicht mehr Inhaber der Forderung und somit Nichtberechtigter war, gezahlt.

2. Die Leistung müsste dem Berechtigten gegenüber wirksam sein. Der Schuldner M wird durch die Leistung an den bisherigen Gläubiger gem. § 407 befreit [siehe 3 a)], sodass der Gläubiger K nicht mehr berechtigt ist, die Leistung von M zu verlangen.

Folglich kann K von V Herausgabe des von M Geleisteten (= Mietzahlung in Höhe von 1 500 €) verlangen.

Aufgabe 4 a):

In Betracht kommt ein Anspruch des K gegen G auf Schadensersatz gem. § 823 I.

Voraussetzung hierfür ist, dass G eines der in dieser Vorschrift genannten Rechtsgüter des K verletzt hat. Es könnte eine Eigentumsverletzung vorliegen. Dann müsste K bereits Eigentümer des Pkw gewesen sein. Voraussetzung *hierfür ist nach § 929 S. 1, dass sich V und K über den Eigentumsübergang geeinigt haben und die Übergabe des Wagens erfolgt ist.* Da allerdings das Fahrzeug, bevor es dem K vom bisherigen Eigentümer übergeben werden konnte, völlig zerstört

---

3 Bisheriger Gläubiger.
4 Neuer Gläubiger.

wurde, ist – mangels Eigentum des K[5] – eine Verletzung dieses Rechtsguts nicht gegeben.

Nach alledem kann K von G keinen Schadensersatzanspruch gem. § 823 I verlangen.

Aufgabe 4 b):

I. K könnte von V Aufwendungsersatz hinsichtlich der Kosten für den Dachgepäckträger gem. § 284 geltend machen.

1. Da der Ersatz für die vergeblichen Aufwendungen gem. § 284 „anstelle des Schadensersatzes statt der Leistung" – also alternativ – vom Gläubiger verlangt werden kann, müssen die Voraussetzungen für diesen Schadensersatz gem. §§ 280 I, III i. V. m. § 283 dem Grunde nach vorliegen:

a) *Voraussetzung ist zunächst, dass zwischen K und V ein wirksames Schuldverhältnis besteht.* K und V haben einen Kaufvertrag i. S. d. § 433 über den Pkw X geschlossen.

b) *V müsste nach § 275 von seiner Leistungspflicht befreit sein.* Nach Abschluss des Vertrages, aber vor Übergabe des Fahrzeugs an K, wurde der Wagen auf einer Probefahrt völlig zerstört. Somit kann V gegenüber K nicht mehr seine Verpflichtung aus dem Kaufvertrag (vgl. § 433 I 1) erfüllen und ihm kein Eigentum nach § 929 S. 1 übertragen. Wegen dieser (nachträglichen) Unmöglichkeit ist der Anspruch des K auf die Leistung gem. § 275 I ausgeschlossen.

c) *Diese Befreiung von der Leistungspflicht müsste auf eine Pflichtverletzung des Schuldners V zurückzuführen sein. Dies ist der Fall, wenn bei Vertragsschluss eine Leistungspflicht bestand, das Leistungshindernis also erst auf einen nach Vertragsschluss eintretenden Umstand zurückzuführen ist.* Erst nach Abschluss des Kaufvertrags zwischen K und V wurde das Fahrzeug zerstört. Das Leistungshindernis ist also erst nachträglich eingetreten und eine Pflichtverletzung liegt vor.

d) *V müsste nach §§ 280 I 2 diese Pflichtverletzung zu vertreten haben. Das Vertretenmüssen richtet sich nach § 276 I 1, d. h., V hat grundsätzlich Vorsatz und Fahrlässigkeit zu vertreten.* Im vorliegenden Fall hat allerdings nicht V, sondern G die Zerstörung des Pkw verursacht. *Der Schuldner könnte nach § 278 S. 1 für das Verschulden des G einstehen müssen, wenn der Angestellte G Erfüllungsgehilfe ist und in Erfüllung einer Verpflichtung des Schuldners tätig gewor-*

---

5 Die Lösung dieses Falles erfordert die einwandfreie Beherrschung des **Abstraktionsprinzips** (= Grundsatz, dass Verpflichtungsgeschäft und Erfüllungsgeschäft in ihrem Bestand voneinander unabhängig sind). Der schuldrechtliche Kaufvertrag begründet lediglich die Pflicht des Verkäufers V zur Übergabe der verkauften Sache an den Käufer und zur Übertragung des Eigentums, lässt aber die dingliche Rechtslage (Eigentum) unberührt. Das Eigentum muss erst durch besonderes dingliches Rechtsgeschäft gem. § 929 S. 1 übertragen werden. So kommt es bei Aufgabe 2 i. R. d. § 985 und bei den Aufgaben 4 a) und b) bei Prüfung des § 823 I bzw. § 831 I auf das Verfügungsgeschäft (Eigentumserwerb am Pkw X durch K) an. Bei Aufgabe 4 b) – vertraglicher Aufwendungsersatzanspruch – hingegen ist das Verpflichtungsgeschäft (= Kaufvertrag) relevant.

den ist. Erfüllungsgehilfe ist, wer mit Wissen und Wollen des Schuldners rein tatsächlich in dessen Pflichtenkreis tätig wird. G ist als Angestellter des V bei der Erfüllung von dessen vertraglichen Pflichten (Gebrauchtwagenan- und -verkauf) tätig. Folglich ist er Erfüllungsgehilfe. Es kommt Fahrlässigkeit des G in Betracht. *Fahrlässigkeit bedeutet nach § 276 II die Außerachtlassung der im Verkehr erforderlichen Sorgfalt.* Der Angestellte G war bei der mit dem Pkw X unternommenen Probefahrt unachtsam und hat folglich fahrlässig gehandelt. Dessen Verschulden hat V wie eigenes Verschulden zu vertreten.

e) *Ferner muss dem K ein Schaden entstanden sein.* Er hat zwar noch nicht seinen Kaufpreis gezahlt, allerdings nutzlos gewordene Aufwendungen für den Dachgepäckträger getätigt.

Somit sind die Voraussetzungen der §§ 280 I, III i. V. m. § 283 erfüllt, Schadensersatzanspruch des K gegenüber V statt der Leistung besteht dem Grunde nach.

2. *K müsste vergebliche Aufwendungen (freiwillige Vermögensopfer) gemacht haben.* Den speziell angefertigten Dachträger hat er im Vertrauen auf den Erhalt der Leistung (= Pkw) für 300 € gekauft und bezahlt. Diese Aufwendungen haben sich infolge der unterbliebenen Durchführung des Geschäfts als nutzlos erwiesen.

K musste die Aufwendungen „billigerweise"[6] machen dürfen. Den Dachgepäckträger hat er nicht voreilig bestellt und von der Vertragstörung nichts gewusst; insoweit bestehen keine Bedenken.

3. Der Ersatzanspruch ist nach § 284, 2. HS ausgeschlossen, wenn der Zweck der Aufwendung „auch ohne die Pflichtverletzung nicht erreicht worden wäre". Hierfür ist nichts ersichtlich.

K hat somit einen Aufwendungsersatzanspruch gegen V aus § 284 in Höhe von 300 €.

II. K könnte von V Schadensersatz gem. § 831 I verlangen

1. *Voraussetzung hierfür ist, dass G Verrichtungsgehilfe des V ist. Verrichtungsgehilfe ist, wer für einen anderen, von dessen Weisungen er abhängig ist, eine Tätigkeit ausführt.* G ist Angestellter des V, der seine Tätigkeit jederzeit nach Zeit oder Umfang bestimmen kann. Folglich ist er dessen Verrichtungsgehilfe.

2. *Der Verrichtungsgehilfe muss eine tatbestandsmäßige und rechtswidrige unerlaubte Handlung begangen haben.* Wie bei Aufgabe 4 a) bereits festgestellt, hat G durch seine Handlung nicht das Eigentum des K verletzt.

Somit scheidet ein deliktischer Schadensersatzanspruch des K gegen V aus.

---

6 Dieses Merkmal wird eng an § 254 angelehnt: Der Gläubiger darf nicht voreilig Aufwendungen machen, die er genauso gut noch aufschieben könnte, wenn Anzeichen für Vertragsstörungen schon erkennbar sind (CANARIS, JZ 2001, 499, 517).

3. Abschnitt

Zusammenfassung

Bei der Lösung eines Zivilrechtsfalles ist meist die Frage zu erörtern, ob eine Person gegenüber einer anderen einen Anspruch hat. Außerdem kann zum Beispiel auch gefragt werden, ob sich ein Vertragsteil von dem Vertrag lösen bzw. zurücktreten kann[1], ob eine Anfechtungsmöglichkeit besteht, die Kündigung wirksam ist u. Ä.

Die Studierenden sollten den Sachverhalt in Handlungskomplexe aufteilen und innerhalb der Zwei-Personen-Verhältnisse die einzelnen Ansprüche erörtern.

Die wichtigsten Anspruchsgruppen (vertragliche Ansprüche, dingliche Ansprüche, deliktische Ansprüche, bereicherungsrechtliche/ausgleichende Ansprüche)[2] sind in der genannten Reihenfolge zu überprüfen. Diese Auflistung ist zwar nicht vollständig und ausschließlich. Doch lassen sich daraus in den meisten Fällen die Anspruchsgrundlagen ermitteln. Für das Anspruchsbegehren kann **eine** Anspruchsgrundlage zu prüfen sein; es kommt aber auch die Erörterung mehrerer (verschiedener) in Betracht.[3]

Manchmal befindet sich auch in der (konkreten) Fallfrage ein „Hinweis" auf die einschlägige Anspruchsgrundlage:

Beispiel:

„Kann die Gemeinde G von der V-GmbH die Lieferung eines neuen Gerätes ABC/004 verlangen?"[4]

Ein solcher Anspruch ergibt sich aus § 433 I 1.

Beispiele:

„Kann V von K Kaufpreiszahlung verlangen?"[5] oder: „Hat die V-GmbH gegen die Gemeinde G einen Anspruch auf die Bezahlung des vereinbarten Kaufpreises?"[6] *Hier kommt nur der Anspruch gem. § 433 II in Betracht.*

---

1 Beispiele in Fall 2, Aufgabe 2.
2 Siehe die Übersicht auf S. 30.
3 So zum Beispiel Herausgabeanspruch aus Vertrag oder gem. § 985 und gem. § 812, Beispiel hierfür in Fall 9, Aufgabe 1 a). Oder: Schadensersatzansprüche aus Vertrag bzw. § 280 und Delikt, Beispiele hierfür in Fall 4, Aufgabe 2; Fall 7, Aufgabe 2; Fall 8, Aufgabe 2 a); Fall 11, Aufgaben 1 und 4.
4 Siehe Fall 3, Aufgabe 1.
5 Siehe Fall 2, Aufgabe 4.
6 Siehe Fall 3, Aufgabe 2.

Beispiel:

Kann K von A Rückzahlung des Kaufpreises verlangen?[7]

Hier sind die §§ 346 I, 323, 437 Nr. 2, 1. Alt., 434 zu prüfen.

Beispiel:

„Hat K gegen V einen vertraglichen Schadensersatzanspruch?"[8]

Hier kommt nur ein Anspruch aus der Anspruchsgruppe „vertragliche Ansprüche" in Betracht, also §§ 280 I, 281 I 1, 282, 283, 311 a II . . .

Beispiele:

„Inspektor I . . . soll prüfen, ob . . . die Stadt S von M die Räumung der Wohnung verlangen kann."[9] oder: „Muss M ausziehen?"[10] bzw. „Hat V gegenüber M einen Anspruch auf Rückgabe der Wohnung . . .?"[11]

Der vertragliche Rückgabeanspruch gem. § 546 I ist hier einschlägig.

Beispiel:

„Hat K gegen den als Nichtberechtigter verfügenden V einen Anspruch auf die von E an V gezahlten 1500 €?"[12]

Die Studierenden müssen hier im Recht der ungerechtfertigten Bereicherung (§§ 812 ff.) die einschlägige Anspruchsgrundlage (§ 816 I 1) finden.

Beispiel:

„Hat K gegen V einen gesetzlichen Anspruch auf Schadensersatz?"[13]

In diesem Fall kommt meist ein Anspruch aus der Anspruchsgruppe „deliktische Ansprüche" (d. h. § 823 I) in Betracht.

Auch die **vor** der Falllösung zu erstellende Skizze[14] ist hilfreich für die Suche nach der Anspruchsgrundlage:

Besteht zwischen dem Anspruchsteller und dem Anspruchsgegner **kein Vertrag,** so kommen selbstverständlich auch **keine vertraglichen Ansprüche** in Betracht. Verlangt in einem entsprechenden Fall der Anspruchsteller vom Anspruchsgegner die **Herausgabe** der Sache, so sind nur §§ 985 f. (dingliche Ansprüche), evtl. auch §§ 812 ff., einschlägig.[15]

Beim Auffinden der Anspruchsgrundlage können auch das Sachregister und das Inhaltsverzeichnis der benutzten Gesetzessammlung hilfreich sein.

---

7 Siehe Fall 5, Aufgabe 1.
8 Siehe Fall 11, Aufgabe 1.
9 Siehe Fall 7, Aufgaben 1 a) und 3.
10 Siehe Fall 8, Aufgabe 1.
11 Siehe Fall 8, Aufgabe 3 a).
12 Siehe Fall 11, Aufgabe 4.
13 Siehe Fall 11, Aufgabe 5.
14 Siehe die „Allgemeine Anleitung zur Lösung eines Zivilrechtsfalles", I. 2 (S. 22).
15 Beispiele hierfür in Fall 11, Aufgabe 2 und 3, Fall 12, Aufgabe 2.

Die Studierenden sollten immer nur **einen** Anspruch und nicht mehrere nebeneinander prüfen. Dabei ist nach dem Schema

Wer z. B.: V	will von wem will von K	was Kaufpreiszahlung	warum[16]	woraus? § 433 II

vorzugehen.

---

16 Dieser Zwischenschritt des „Warum" ist für die gutachtliche Prüfung nicht zwingend erforderlich.

Paragraphenregister

AGBG
13 ff.: 130

BBesG
3: 142

BeamtVG
31: 143
32: 143

BGB
2: 41 f., 45, 180, 205
13: 113, 129
14: 113, 129
31: 196
89: 196
91: 182
104 ff.: 31, 33, 118, 215
105: 33
106: 40 f., 45, 180
107: 42, 45 ff.
108: 42, 46
110: 42, 46
111: 46
112: 45
113: 45
116: 47
117: 31
118: 31, 37
119: 31, 47 ff., 127, 187
120: 50
121: 43
122: 52, 104
123: 50 f., 126
124: 52 f.
125: 167
126: 172
130: 160
134: 31, 118, 130
138: 31, 118, 130, 166
139: 112

140: 159, 167
142: 43 f., 47 ff.
143: 43, 51
145 ff.: 32, 42, 215
150: 181
151: 42
158: 187
164: 40 ff., 54 ff., 75, 180, 215
165: 40, 45, 180
166: 40, 54 ff., 181
167: 54 ff., 181
168: 55
170–173: 56
177: 41, 56
178: 56
179: 41 f., 56, 104
180: 56
183: 46
184: 46, 50
185: 188
194: 24
195: 127, 197
197: 127
199: 154, 197
202: 154
218: 128, 154
227: 192, 205
228: 192
229: 192
241: 60 f., 81, 94, 97, 207
242: 72, 134, 182
243: 72, 75 f., 87 f.
247: 161
249: 62 f., 103 ff.
250: 105
251: 63, 105, 215, 221
252: 63, 106
253: 106, 198
254: 106
269: 72, 87
271: 72, 144

273: 32
275: 33, 75 f., 78 ff., 92, 209, 212, 228
276: 60, 70 f., 92, 97, 212
277: 70
278: 92, 97, 195 f., 207
280: 60 ff., 64 ff., 81 ff., 92 ff., 96 ff., 124 ff., 151 f., 161 f., 207
281: 62 f., 66 f., 97, 124 ff., 151 f.
282: 99
283: 212 f., 223
284: 64, 67, 99, 126, 153, 223
286: 62, 64 ff., 94 f., 160 f.
287: 64, 66, 70, 88
288: 64, 66, 160 f.
291: 190
292: 190
293 ff.: 71 f.
296: 87
297: 72
300: 70, 72, 77
304: 72
305 ff.: 111 ff., 130 ff.
305 b: 112, 132
305 c: 112, 132
306: 112, 134
306 a: 132
307: 112, 133
308: 133
309: 112, 113, 133
310: 112, 131
311: 60 f., 79 f., 99 ff., 174
311 a: 118
311 b: 118
320: 32 f., 68
323: 61, 68 f., 99, 122, 141, 148
325: 68, 124, 151
326: 76 f., 84 ff., 122
346 ff.: 61, 63, 68 f., 99, 111 ff., 122, 149
347: 122
348: 114
349: 149
351: 123
362: 31
378: 31
387: 144, 171
388: 144, 171

389: 31, 144, 171
393: 139
395: 139
397: 31
398: 31, 143 f., 221
407: 189, 221
408: 189
426: 197
433: 32 ff., 40 ff., 63, 75 ff., 117 f., 225
434: 91 ff., 111, 114, 116, 118 f., 208
435: 119
437: 91 ff., 111, 114, 120 ff., 208 ff.
438: 113, 126 f.
439: 91 f., 117, 120 f., 208 ff.
440: 111, 122
441: 114, 123
442: 70, 117, 122, 126 f., 154, 209
443: 70, 124, 128
444: 70, 122, 126
446: 91, 114, 118, 155, 208
447: 88, 155
449: 216
453: 117, 120
474: 113, 115, 117, 128, 134
475: 113, 129, 134
476: 115 f., 129
477: 70, 129
497: 161
521: 70
535: 58 ff., 172 ff., 202, 220 f.
536: 172 f., 203, 220
536 a: 173, 202 f., 220 f.
536 b: 221
536 c: 174
538: 161, 168, 174
539: 170 f.
540: 168, 174, 176
541: 174
542: 162, 174 f.
543: 159, 167, 174, 176
544: 176
546: 158 ff., 166 ff., 170 f., 176
546 a: 174
548: 169
550: 172
552: 171
564: 176

568: 159, 167, 175
569: 159, 167, 176
573: 159, 175
573 a: 167, 175
573 b: 175
573 c: 160, 168, 175
573 d: 176
574: 160, 168, 175, 176
574 a: 176
574 b: 176
575: 162 f., 174
575 a: 176
580 a: 175
598: 180
599: 70
604: 181
607: 182
611: 145
611 a: 106
631: 140 ff., 144 ff.
632: 145
633: 140 ff., 145 ff.
634: 140 ff., 146 ff.
634 a: 154
635: 140, 147
637: 141, 148
638: 141 f., 150
639: 140, 148, 154
640: 140, 148, 153
651: 106, 145, 154
662: 54
677: 190
680: 70
701 ff.: 190
774: 197
812: 44 f., 181, 185 ff.
816: 188 f., 214, 221
818: 189 f.
819: 190
822: 190
823: 142 f., 162, 180, 184 f., 190 ff.,
204 ff., 214 f., 221
825: 190, 198
826: 191, 194
827: 192, 206
828: 46, 192, 205
830: 196, 206 f.
831: 93 f., 195 ff., 203 f., 224

832: 196
833: 192, 196
834: 196
836 ff.: 196
839: 190
840: 197, 207
842 ff.: 193
847: 106, 193, 198, 204
854: 44, 181, 221
904: 192
929: 44, 188, 212, 215 ff., 221 ff.
930: 215
931: 215
932: 188, 214, 215 f.
933: 215
934: 215
935: 215 f.
985: 44, 181, 212 f., 221
986: 180
989: 190
1000: 32
1004: 182 ff.
1006: 215
1626: 55
1629: 55
1793: 55
1896: 55
1902: 55
2064: 54
2174: 81

BSHG
91: 197

EGBGB
Art. 229 § 5: 172

GG
Art. 2: 185

HBG
103: 142 f., 197

HGB
352: 161

HGO
71: 75

ProdHaftG
1: 104
4: 116, 119

ScheckG
45: 161
46: 161

StGB
25: 196
26: 196, 206
27: 196
185: 185
223: 193
229: 193
242: 193
246: 188, 193, 215
263: 193
303: 162, 193, 206

StVG
7: 104, 192
18: 190, 196

UrhG
97: 106

WG
48: 161
49: 161

ZPO
253: 190
261: 190
287: 123

Sachregister

A

Absolute Rechte, Rechtsgüter 191
Abstraktionsprinzip 44, 53, 216, 223
Abtretung von Forderungen
(s. auch Forderungsübergang) 143,
221
Adäquanztheorie 98, 103, 192
Ähnliche geschäftliche Kontakte
101 f.
Allgemeine Geschäftsbedingungen
111 ff., 130 ff.
– Anwendungsbereich 131
– Begriff 131
– Nichteinbeziehung 134
– Unwirksamkeit 134
– Verbrauchsgüterkauf 134
– Vertragsbestandteil 132
– Wirksamkeitskontrolle 133
Anfängliche Unmöglichkeit 78
Anfechtung 47 ff.
– Erklärung 43, 51
– Frist 52
– wegen arglistiger Täuschung 50
– wegen Irrtums 43 f., 48 ff.
– wegen verkehrswesentlicher
Eigenschaften 49
– Wirkung 43 f., 52 f.
Angebot (s. auch Antrag) 24, 32 f.
Annahme 24, 32 f., 42 f.
Annahmeverzug (s. auch Gläubiger-
verzug) 71 f., 76 f., 85 f.
Anscheinsvollmacht 40, 56
Anspruch 23, 225
– Prüfungsreihenfolge 29 f.
Anspruchsgegner 23, 225 ff.
Anspruchsgrundlage 23, 225 ff.
Anspruchsteller 23
Anstifter 196, 206
Antrag (s. auch Angebot) 32 f., 42 ff.
Aufrechnung 144, 171
Aufwendungen 121, 223 f.

Aufwendungsersatz 99, 126, 141,
147 f., 163, 223
Auslegung 47
Ausschluss der Gewährleistung
126 f.
– durch AGB 131 ff.
– gesetzliche 126
– vertragliche 127
Auswahl- und Überwachungsverschulden 195

B

Bedingung
– auflösende 187
Bereicherung
– ungerechtfertigte 44 f., 181, 185 ff.
Beschaffenheitsvereinbarung 118,
140, 145
Beschaffungsrisiko 70, 86
Beschaffungsschuld 75, 86
Besitz 44, 181, 213, 221
Besitzrecht 180
Beweislastumkehr 115, 129
Bote 49, 54 f.
Bringschuld 72, 87 f.
Bürgschaft
– gesetzlicher Forderungsübergang
197

C

Culpa in contrahendo 100
Commodum, stellvertretendes 81

D

Deliktsfähigkeit (s. auch
Verschuldensfähigkeit) 192, 205
Deliktsrecht 190 ff.
Dienstvertrag 145
Dritte, Einbeziehung in den
Schutzbereich 107
Drohung, widerrechtliche 50 f.

Duldungspflicht 182 ff.
Duldungsvollmacht 40 ff., 56

E
Eigenbedarf 175
Eigenschaftsirrtum 49
Eigentümer 44, 181, 213, 221
Eigentumserwerb 215 f.
– gutgläubiger 215 ff.
Eigentumsübertragung 44, 188, 212,
  215 ff., 221, 223
Eigentumsvorbehalt 216
Eingriffskondition 188 f.
Einigung 215
Einreden 32
Einseitiges Rechtsgeschäft 46
Einwendungen 31 ff.
Einwilligung 46
Entgangener Gewinn 63, 106
Entlastungsbeweis 119
Erfüllungsgehilfe 71, 92, 196, 207,
  223
Erfüllungsinteresse (s. auch positives
  Interesse) 104, 213
Erfüllungsverweigerung 122
Erklärungsirrtum 43, 48
Ersatz vergeblicher Aufwendungen 99
Exkulpationsmöglichkeit 195, 204

F
Fahrlässigkeit 60, 70 f.
– grobe 70
Fallfragen 22, 34 f., 225 f.
Fälligkeit 61 ff., 72, 144
Fiktion 172
Fixgeschäft 122
Forderungsübergang
– gesetzlicher 197
Forderungsverletzung, positive 95
Fristsetzung zur Nacherfüllung 111

G
Garantie 70, 128
Garantieerklärung 129
Garantiehaftung 128
Gattungsschuld 72, 75 f., 86
– Konkretisierung zur Stückschuld
  75 f.

Gefährdungshaftung 192
Gefahrübergang 91, 114, 118, 155,
  208
Gegendarstellung 184
Gegenleistung 84 ff.
Gegenleistungsgefahr 72
Gegenseitiger Vertrag 68 f., 76, 83 ff.
Gehilfe 196
Geldersatz 104 f.
Geldschuld 87
Genehmigung 42 f., 46
Generalklausel 133 f.
Gesamtschuldner 197
Geschäft für den, den es angeht 55
Geschäftsbedingungen
– Allgemeine 111 ff., 130 ff.
Geschäftsfähigkeit 40 ff., 180 f.
– beschränkte 40 ff., 180 f.
Gesetz zur Änderung
  schadensersatzrechtlicher
  Vorschriften 198
Gesetzlicher Vertreter 55
Gestaltungsrecht 121, 123, 149 f.
Gewohnheitsrecht 182
Gläubigerverzug 71 f., 76 f.
Gutachtenstil 25 ff., 33 ff., 35
Gutgläubiger Erwerb des Eigentums
  214, 215 ff.

H
Haftung
– des Kfz-Führers 190, 196
– des Tierhalters 192, 196
– des Vertreters ohne Vertretungsmacht 42 f., 57
– für Amtspflichtverletzungen 190
– für fremdes Verschulden;
  s. Erfüllungsgehilfe 71
– für Organe 196
– für vermutetes Verschulden 196
– für Verrichtungsgehilfen 93 f.,
  195 ff., 203 f., 224
Haftungsausschluss 70, 117, 195,
  209
Haftungsbeschränkung 70
Haftungserleichterung des
  Schuldners bei Annahmeverzug 72
Haltbarkeitsgarantie 128

Handlung, unerlaubte
(s. unerlaubte Handlungen) 190 ff.
Handlungsstörer 183
Herausgabe
– wegen ungerechtfertigter
Bereicherung 44 f., 181, 185 ff.
Herausgabeanspruch
– des Eigentümers 44, 181, 213,
221
Hersteller 116
Hilfsnormen 26
Holschuld 87 f.

I
Immaterieller Schaden
(s. Schmerzensgeld) 106, 193,
204
Inhaltsirrtum 48
Interesse
– negatives (s. auch Vertrauensinteresse) 52, 104
– positives (s. auch Erfüllungsinteresse) 104, 213
invitatio ad offerendum 43
Irrtum (s. auch Eigenschaftsirrtum) 31,
47 ff.

J
Juristische Person 196

K
Kalkulationsirrtum 49
Kaufvertrag 40 ff., 63, 75 ff., 117 ff.
– Mängelrechte 120 ff.
– Minderung 114 ff.
Kausalität
– Adäquanz 191 f.
– haftungsausfüllende 192
– haftungsbegründende 191
Kausalzusammenhang
– adäquater 191 f.
Klauselverbote 133
Konkludentes Verhalten 182
Konkretisierung
– der Fallfrage 22 f.
– der Gattungsschuld 72, 75 f., 87 f.
Konkurrierende Ansprüche 127
Konkurrenzprodukte 118

Kündigung
– des Mietvertrages 159 ff., 167 f.,
175 f.
– Schriftform 159, 167

L
Leihe
– Rückgabepflicht 180 f.
Leihvertrag 180
Leistung 181, 186
– Erfüllbarkeit 72
– Fälligkeit 72
Leistungsgefahr 72
Leistungskondiktion 185 ff.
Leistungsort 72
Leistungszeit 72
Lieferkette, Rückgriff 130

M
Mahnung 65
Mangel
– der Kaufsache 111, 114, 116,
118 ff., 208
– der Mietsache 172 f., 203
– des Werks 140 ff., 145 ff.
Mangelfolgeschaden 124, 142, 151,
203
Mangelschaden 124, 151, 203
Mehrheit
– von Schuldnern 197
Mehraufwendungen 72
Methodik der Fallbearbeitung 21 ff.
Mieter
– Anzeigepflicht 174
– Gebrauchsüberlassungsanspruch
172
– Gewährleistungsansprüche 172 f.,
202 f.
– Mietzahlungspflicht 174
– Nebenpflichten 172, 174
– Rückgabepflicht 158 ff., 166 ff.
– Wegnahmerecht 171
Mietvertrag 158 ff., 202
– Aufhebung 174
– Beendigung 174 ff.
– Kündigung 159 ff., 167 f.
– Mangel 203, 220
– Miete 174

– Minderung 172 f.
– Rechte und Pflichten der Parteien 172 ff.
– Schadensersatz 173, 202 f., 220 f.
– Verjährung 165
– Zeitmietvertrag 174
Minderjährige(r) 40 ff., 180 f.
Minderung
– beim Kaufvertrag 114 ff., 123
– beim Werkvertrag 141 f., 150
Minderwert, merkantiler 105
Mittäterschaft 196 f.
Mitverschulden 106
Montage 119

N
Nachbesserung 91 f., 116 f.
Nacherfüllung
– Aufwendungen 121
– beim Kaufvertrag 91 f., 116 f., 120 f., 208
– beim Werkvertrag 140, 146 ff.
Naturalrestitution (-herstellung) 104 f.
Nebenpflichten 94, 96 f.
Nebentäterschaft 197
Negatives Interesse (s. auch Vertrauensinteresse) 104
Neutrale Geschäfte 45
Nichtberechtigter 188 f., 222
Nichtleistungskondiktion 187 ff.
Notstand 192
Notwehr 192, 205

O
Offenkundigkeitsprinzip 55
Organ (Verein) 196

P
Persönlichkeitsrecht 184 f.
Pflichtverletzung 60 f., 96 f., 161, 212, 223
– Verzögerung der Leistung 61, 64 ff., 94 f.
– wegen Unmöglichkeit der Leistung 77 ff., 223
Positive Vertragsverletzung (pVV) 95
Positives Interesse (s. auch Erfüllungsinteresse) 104, 213

Preisgefahr 72
Primärleistungspflicht 78 ff.
Produkthaftung nach dem ProdHaftG 103
Prüfungsreihenfolge für die Ansprüche 29 f.

R
Rechtfertigungsgrund 192
Rechtsgrund 181, 186
Rechtsgutsverletzung 191
Rechtsmangel 118
Rechtsschein 40, 56, 216
Rechtswidrigkeit 192
Rückgabe
– der Mietsache 158 ff., 166 ff.,
– der Leihsache 182
Rückgewährschuldverhältnis 63, 68 f.
Rückgriffskondiktion 187
Rücktrittsrecht 68 f., 100, 111 ff., 121 ff.
– beim Werkvertrag 149
– gesetzliches 61, 68 f., 111 ff.
– vertragliches 68 f.
Rückzahlung
– des Kaufpreises 113

S
Sachdarlehen 182
Sachmangel 91, 118
– beim Werkvertrag 140 ff.
Sach- und Leistungsgefahr 72
Sachwalterhaftung 102
Schaden 192 f.
– immaterieller (s. auch Schmerzensgeld) 106
– materieller 106
– Vermögensschaden 191
– Vertrauensschaden 52
– Verzögerungsschaden 64 ff.
Schadensersatz 68 f., 124 ff., 161 f., 168 f., 184 f., 204 ff., 214 f., 220 ff., 222 f.
– bei unerlaubten Handlungen 204 ff.
– „einfacher" 82, 98, 104
– „großer" 82, 98 f., 125, 151
– im Kaufrecht 124 ff.
– „kleiner" 98, 125, 151

– neben der Leistung 126
– statt der Leistung 62 f., 66 f., 82, 104
– statt der ganzen Leistung 98
– Umfang 103 ff.
– wegen Pflichtverletzung 60 ff., 95 ff., 207 ff.
– wegen Pflichtverletzung vor Vertragsschluss 100 ff.
Schadensersatzanspruch
– des Mieters 202 f., 220 f.
Schadenskompensation 105
Schadensumfang 62 f.
Schickschuld 87 f.
Schmerzensgeld 185, 193, 204
Schuldnermehrheit
(s. Gesamtschuldner) 197
Schuldnerverzug (s. auch Verzug) 64 ff., 94 f.
Schuldverhältnis
– einseitiges 82
– gesetzliches 96
– vertragliches 96
Schutzgesetz 193, 206
Sekundärleistungsansprüche 78 ff.
Selbstvornahme 141, 148
– Kostenvorschuss 141
Sittenwidrige Schädigung 194
Sorgfaltspflicht 60, 94, 97, 207
Sozialklausel 175
Speziesschuld s. Stückschuld 72, 75 f.
Stellvertreter 40, 75
Stellvertretung 40 ff., 54 ff., 75, 180 f.
Störer 183
Stückschuld 72, 75 f.
Subsumtion 24, 26 f.
Surrogat 189

T
Taschengeldparagraph 42
Täuschung
– arglistige 50 f.
Tatbestandsmäßigkeit 191
Tatbestandsvoraussetzungen 24 ff., 28
Teilgeschäftsfähigkeit 45
Tierhalterhaftung 192, 196
Treu und Glauben 134

U
Übereignung 44, 215 ff.
Umdeutung 159, 167
Unerlaubte Handlung 190 ff.
– Begriff 190 f.
– geschützte Rechtsgüter 191
– Sondertatbestände 193 ff.
– Verjährung 197
– Verschulden 192
Ungerechtfertigte Bereicherung 44 f., 181, 185 ff.
Unmöglichkeit der Leistung 75 f., 77 ff.
– anfängliche 78 f.
– nachträgliche 75, 80 ff.
– objektive 78 f., 81 ff.
– subjektive 79 f.
– Unterlassung 182 ff., 191
– ursächlicher Zusammenhang (s. auch Kausalität) 191 f.
Unternehmer 113

V
Verbraucher 113
Verbraucherschutzvorschriften 131 ff.
Verbrauchsgüterkauf 113, 129, 134
Verfügung eines Nichtberechtigten 215 f.
Verfügungsgeschäft 45, 53, 216, 223
Vergütungsgefahr (s. Preisgefahr) 72
Verjährung 32
– von deliktischen Ansprüchen 197
– von Mängelansprüchen (Kauf) 127 f.
– von Mängelansprüchen (Werkvertrag) 154
Verjährungsfrist 113
Verkehrs(sicherungs)pflicht 60, 191
Vermögensschaden 191
Verpflichtungsgeschäft 45, 53, 216, 223
Verrichtungsgehilfe 93, 194 f., 203, 208, 224
Verschulden 60, 70 ff., 92, 97, 192, 213
Verschuldensfähigkeit 46, 192

Verschuldensmaßstab 70
Verschuldensvermutung 194
Versendungskauf 88
Vertrag
– Anbahnung 101
– gegenseitiger 68 f.
– mit Schutzwirkung zugunsten
  Dritter 102
Vertragsverhandlungen
– Aufnahme von 101
Vertrauensinteresse (s. auch
  negatives Interesse) 52, 104
Vertrauensschaden 52, 104
Vertretenmüssen (s. auch
  Verschulden) 60, 69 ff., 97
Vertreter (s. auch Stellvertreter)
– beschränkt geschäftsfähiger 40 ff.,
  45, 180
– gesetzlicher 41, 55
– ohne Vertretungsmacht 41 ff., 56
Vertreterhaftung 102
Vertretungsmacht 40, 54 ff., 181
Verweigerungsrecht 92, 209
Verwendungskondiktion
  (s. auch Bereicherung) 187

Verzug
– des Gläubigers
  (s. Annahmeverzug) 71 f., 76 f., 85 f.
– des Schuldners
  (s. Schuldnerverzug) 64 ff.
Verzugsschaden 64 ff.
Verzugszinsen 64, 66, 160 f.
Vollmacht 40 ff., 55
Vorratsschuld 87
Vorsatz (s. Verschulden) 70 f.

W
Wertersatz bei Bereicherung 189
Werkvertrag 140 ff., 144 ff.
– Minderung 141 f., 150
– Schadensersatz 151
Werklieferungsvertrag 145
Willenserklärung 54

Z
Zendent 222
Zessionar 222
Zinsen
– Verzug 64, 66
– Zustimmung 42 f., 46